首批国家级线上线下混合式一流课程

小学语文
教学设计与实施

赵年秀　潘天正　著

XIAOXUE YUWEN
JIAOXUE SHEJI
YU SHISHI

南京大学出版社

本书主要内容:(1) 怎样依据课程标准、教材与学情设计小学语文阅读课、作文课、口语交际课、识字写字课与拼音课？方法策略有哪些？这些方法策略如何运用？(2) 给出教案样例与配套教学视频(这些教学视频扫描目录页的二维码可看到)。(3) 通过每章后的"思考与练习"及"各章思考与练习解析"帮助学习者掌握理论并形成能力。

本书适合下列三类人学习:(1) 准备拿小学语文教师资格证的考生;(2) 准备参加各类小学语文教师招聘面试,并且希望拿到正式编制的应届毕业生或在岗却不在编教师;(3) 希望系统提升自己关于语文教学设计本领的职后语文教师。

图书在版编目(CIP)数据

小学语文教学设计与实施/赵年秀,潘天正著.—南京：南京大学出版社,2019.8(2022.8 重印)
ISBN 978-7-305-22586-4

Ⅰ.①小⋯　Ⅱ.①赵⋯　②潘⋯　Ⅲ.①小学语文课－教学设计　Ⅳ.①G623.202

中国版本图书馆 CIP 数据核字(2019)第 160754 号

出版发行	南京大学出版社
社　　址	南京市汉口路 22 号　　邮　编　210093
出 版 人	金鑫荣
书　　名	小学语文教学设计与实施
作　　者	赵年秀　潘天正
责任编辑	钱梦菊　　　　　　编辑热线　025-83592146
照　　排	南京开卷文化传媒有限公司
印　　刷	丹阳兴华印务有限公司
开　　本	787×960　1/16　印张 17　字数 270 千
版　　次	2022 年 8 月第 1 版第 5 次印刷
ISBN	978-7-305-22586-4
定　　价	45.00 元

网　　址：http://www.njupco.com
官方微博：http://weibo.com/njupco
官方微信号：njupress
销售咨询热线：(025)83594756

* 版权所有,侵权必究
* 凡购买南大版图书,如有印装质量问题,请与所购图书销售部门联系调换

前　言

在内涵建设与质量提升成为关键词、学科教学设计与实践能力成为教师资格考试及各类招教考试重要考点的背景下，各师范院校为适应社会发展需要，纷纷开设"小学语文教学设计与实践"这门新课，并以之取代之前开设的"小学语文课程与教学论"。那么，怎样才能既有效地夯实学习者当前的考证与考编能力，又为其上岗后的可持续性发展注入后劲呢？带着这个问题，我们开始了长达四年的不懈探索，终于形成了这本独具特色的著作及与之配套的在线开放课堂(http://mooc1.xueyinonline.com/course/template60/202255241.html)。

本著作内容上由小学语文教学设计、小学语文教学实施与小学语文教学研究三个模块构成。小学语文教学的诸多问题中有相当大一部分其实是课前教学设计不成熟造成的，这几乎已成共识，因此，本书用了整整五章的篇幅重点探讨课前小学语文教学设计问题。相反，对小学语文教学实施，本书只用一章的篇幅来探讨，并且只给出若干实施策略，这与下列两个原因有关：其一，在我们看来，提高师范生课堂教学实施能力的主要途径应该是微格模拟教学实践，小学语文教学实施能力的形成程度主要取决于实践者本人的自觉程度及实践后反思的深刻程度；其二，我们发现，语文教学高手之高主要在于五个方面，一是本身学养深厚，二是能坚持长期研究，三是课前设计讲求独具匠心、别出心裁，四是课中设计与调整的本领强，五是长期坚持课后反思与再设计。而"深厚的学养"是学习与"研究"的结果，"反思"就是一种研究，所以，本书给"小学语文教学研究"这一内容留下一章的篇幅。"小学语文教学研究"能成为本书的一方面内容，还源于我们的下列两点看法：第一，懂得一点研究的门径并主动"研究"是产生好的小学语文教学设计作品的前提条件与有力保障；第二，提高研究意识、培养研究型语文教师是本门课程应该分担的责任。

本书的特色主要有：

(1) 理实一体。每一章都既有理论探讨，也有实践示范，还有极富有挑战性的设计类作业与有针对性的点评。

（2）内容守正。每一章，都以《义务教育语文课程标准》为指南，都基于现行小学《语文》教材与小学各学段学情；而且变传统的重知识传授为重分析思辨与理念建构。

（3）全面示范。小学语文拼音课、识字写字课、阅读课、写作课、口语交际课，各种课型的设计，全都有示范，让学习者有样可依，生动形象，易学易用。

（4）主动留白。本书每一章节的篇幅都不长，一是在主动适应学习者"碎片化学习需要"，二是在有意识地留下"一面空墙"等待学习者和著者"共舞"。

（5）内容原创不拼凑。各章内容，无论理论讲述，还是关于某个教学主题的教学设计，都系著者亲自撰写，有力地保障了理论课与实践课之间的内在一致性。

本书共七个部分、两条线索。一条线索旨在初步建构一个小学语文教学设计理论体系与实践体系；一条线索通过编制练习题并提供详细解析的方式满足学习者应对教师资格证与教师正式编制考试的需要。前者由我执笔，后者由潘天正教授执笔。两条线索既相互呼应，又力求保持各自的独立性。

感谢周庆元教授和张良田教授的专业指导，感谢禹建柏教授和钱梦菊等编辑为本书提出的意见和建议，感谢课程团队成员的大力支持。

赵年秀
2019.7 于松雅湖畔

目 录

微信扫码
配套慕课资源
习题原文参考

第一章　小学语文教学设计概要 ·· 1
　第一节　解读课标 ··· 3
　第二节　研读教材 ··· 8
　第三节　调研学情 ··· 17
　第四节　课题计划 ··· 23
　第五节　分课时计划 ··· 34
　第六节　教案编写 ··· 45
　第七节　微型课设计 ··· 53

第二章　小学识字写字与拼音教学设计 ·································· 59
　第一节　小学识字教学主要任务与策略 ································ 61
　第二节　小学写字教学主要任务与策略 ································ 64
　第三节　小学汉语拼音教学主要任务与策略 ························· 67
　第四节　《学习 ie》教学设计 ·· 70
　第五节　《学习音序查字法》教学设计 ································ 73
　第六节　《操场上》教学设计 ·· 76
　第七节　《学写"睁挣净"》教学设计 ··································· 84

第三章　小学阅读课设计 ··· 89
　第一节　小学阅读课的主要任务 ·· 91
　第二节　《乌鸦喝水》教学设计 ·· 95
　第三节　《去年的树》教学设计 ·· 101
　第四节　《临死前的严监生》教学设计 ······························ 108

第四章　小学写话与习作课设计 …… 115

第一节　小学写话设计概说 …… 117
第二节　小学习作课的主要任务与指导策略 …… 119
第三节　《学写提示语》教学设计 …… 123
第四节　《学写童话》教学设计 …… 130
第五节　《学写启示类散文》教学设计 …… 135
第六节　《学写竞选发言稿》教学设计 …… 140

第五章　小学口语交际课设计 …… 147

第一节　小学口语交际课主要任务与教学策略 …… 149
第二节　《转述》教学设计 …… 152
第三节　《规劝》教学设计 …… 155

第六章　小学语文教学实施与评价 …… 161

第一节　课堂讲述与讲解的策略 …… 163
第二节　课堂提问与追问的策略 …… 169
第三节　课堂意外情况的理答策略 …… 174
第四节　期末考试命题策略 …… 180

第七章　小学语文教学研究 …… 191

第一节　知晓本国语文教育史 …… 193
第二节　了解国际母语教育态势 …… 197
第三节　基于教学岗位开展教学研究 …… 201
第四节　语文教育方向毕业论文的写作 …… 203

各章习题解析 …… 209

参考文献 …… 262

后记 …… 265

第一章

小学语文教学设计概要

《礼记·中庸》说,"凡事豫则立,不豫则废","豫"是"预备,事先准备"的意思。为争取小学语文教学效果最优化,小学语文教师在课前也必须充分发挥主体性,针对教学对象、教学内容、教学目标、教学手段以及自己的教学背景等进行综合考虑并形成具有可操作性的方案。显然,教学设计是一个复杂的系统工程,也是极富个性化的活动。新学期开始前,要做小学语文学期教学安排,这是比较广义的小学语文教学设计。狭义的小学语文教学设计,俗称备课,是指对某一个小学语文教学主题进行周密细致的考虑并形成教学预设方案的过程。

第一节　解读课标

教育部印发的《基础教育课程改革纲要（试行）》明确指出："国家课程标准是教材编写、教学、评估和考试命题的依据。"[①]《义务教育语文课程标准（2011年版）》是国家课程标准，它对语文课程的性质、语文课程的学习方式、小学各阶段语文课程的内容、语文教师的角色定位，等等，都有比较明确的界定。所以，每个小学语文教师都必须认真解读这个文件并基于这个文件所倡导的理念与目标来从事小学语文教学设计工作。为求简洁，本书在一般情况下都用"课标"两字来指称《义务教育语文课程标准（2011年版）》。

一、课标基本框架与内容

课标共四个部分。第一部分，前言，主要内容为：课程性质、课程基本理念和课程设计思路。第二部分，课程目标和内容，主要内容为：九年义务教育语文课程总目标及各学段目标与内容。第三部分，实施建议，主要内容为：教学建议、评价建议、教材编写建议及课程资源开发与利用的建议。第四部分，五个附录，主要内容为：《关于优秀诗文背诵推荐篇目的建议》《关于课外读物的建议》《语法修辞知识要点》《识字、写字教学基本字表》《义务教育语文课程常用字表》。

课程目标方面，课标依循"九年一贯整体设计"思路："在'总目标'之下，按1～2年级、3～4年级、5～6年级、7～9年级四个学段，分别提出'学段目标与内容'，体现语文课程的整体性和阶段性。""学段目标与内容从'识字与写字''阅读''写作'（第一学段为'写话'，第二、第三学段为'习作'）'口语交际'四个方面提出要求。""各个学段相互联系，螺旋上升，最终全面达成总目标。"

二、语文课程的性质

语文课程的性质是什么？这是开始语文教学设计前首先要弄明白的问

---

① 中华人民共和国教育部. 基础教育课程改革纲要（试行）[J]. 人民教育，2001(9)：7.

题。这一问题,也是课标在开篇部分重点论述的问题。课标先是高度评价语言文字的重要性:"语言文字是人类最重要的交际工具和信息载体,是人类文化的重要组成部分。"继而将语文课程的性质明文界定如下:"语文课程是一门学习语言文字运用的综合性、实践性课程。""工具性与人文性的统一,是语文课程的基本特点。"

关于"工具性"和"人文性"的内涵,负责《全日制义务教育语文课程标准(实验稿)》制订工作的巢宗祺先生解释道:"'工具性'着眼于语文课程培养学生语文运用能力的实用功能和课程的实践性特点;'人文性'着眼于语文课程对于学生的思想感情的熏陶感染的文化功能和课程所具有的人文学科的特点。"①

1. 语文课程是一门学习语言文字运用的实践性课程

课标指出:"语言文字的运用,包括生活、工作和学习中的听说读写活动以及文学活动,存在于人类生活的各个领域。"这就告诉我们,语文学习的范围很宽广,既包括日常看报、写书信、便条、活动计划与总结这样一类能解决实际生活问题的本领,也包括非功利的文学作品的鉴赏与创作。

那么,怎样才能学到这些本领、怎样才能形成这些能力呢?对这一问题,课标也做了明确回答。课标指出:"语文课程是实践性课程,应着重培养学生的语文实践能力,而培养这种能力的主要途径也应是语文实践。""应该让学生多读多写,日积月累,在大量的语文实践中体会、把握运用语文的规律。"也就是说,你想通过语文课程培养学生的"通用写作能力"吗?好,你在组织活动提供写作情境的基础上让学生练写,在种种练写活动中"把握各种文章写作的基本规律",这才是形成写作这项生活能力的途径。你想让学生学会欣赏诗歌吗?好,你组织名诗名句推荐活动,让学生在诵读、咀嚼与品评等实践活动中"把握诗歌品读的基本规律",这才是发展"诗歌鉴赏能力"的基本途径。

综上,可以说,"在大量的语文实践中体会、把握运用语文的规律"进而形成"语文实践能力"是课标视点下语文课的着重点,是语文课程区别于其他课程的本质特征,是语文课程的立课之本;语文知识、语文方式方法与语文技能,是语文课的本体性学习内容。通常,"常识课"或"德育课"偏重"语言文字内容"理解,而语文课偏重"语言文字形式"学习。"语言文字形式"是一个相对于"语言文字内容"的概念,具体内涵为字音、字形、字义及组词、造句、构段

---

① 巢宗祺. 关于语文课程性质与基本理念的对话(一)[J]. 语文建设,2002(7).

与谋篇的规律,也即各种语文知识、语文方式方法与语文技能。

有这样两篇一年级课文,一篇是《小蝌蚪找妈妈》,一篇是《小壁虎借尾巴》。亲爱的朋友,你在小学应该都读过它们。下面列出三道判断题,请你运用上述关于语文课本体性学习内容的知识判断其设计是否正确。

第一题,《小蝌蚪找妈妈》重点教青蛙的演变知识,《小壁虎借尾巴》重点教小壁虎、鲤鱼、牛与燕子等动物的尾巴的功用与特点。

第二题,《小蝌蚪找妈妈》一课的教学重点应该放在学习并正确运用"迎、追、蹬、蹦"等词语上。

第三题,《小壁虎借尾巴》一课的教学难点可放在体验小壁虎遭遇意外变故时的心情与情绪变化上。

语文课的着重点应放在"语言形式"的学习上,而第一题的设计者却将教学重点放在课文内容的掌握上了。如果按此设计教学,那么,这两课就都会上成常识课。

学习并正确运用词语是小学低年级常见的语文实践活动。第二题的设计者将教学重点落在语文本体性教学内容上,是正确的。

以词语为抓手感受童话作品的人物形象与情绪变化,是阅读童话作品常用的方式方法。第三题的设计者将教学难点落在语文本体性学习内容上,其设计也是正确的。

2. 语文课程是一门学习语言文字运用的综合性课程

语文课程具有"综合性",对这一特点,课标做了多次强调。课标指出:"义务教育阶段的语文课程,应使学生初步学会运用祖国语言文字进行交流沟通,吸收古今中外优秀文化,提高思想文化修养,促进自身精神成长。"课标还指出:"语文课程致力于培养学生的语言文字运用能力,提升学生的综合素养,为学好其他课程打下基础;为学生形成正确的世界观、人生观、价值观,形成良好个性和健全人格打下基础;为学生的全面发展和终身发展打下基础。语文课程对继承和弘扬中华民族优秀文化传统和革命传统,增强民族文化认同感,增强民族凝聚力和创造力,具有不可替代的优势。语文课程的多重功能和奠基作用,决定了它在九年义务教育中的重要地位。"这就在告诉我们,所谓语文课程的"综合性"主要表现在下列两个方面:一方面,培养"运用祖国语言文字进行交流沟通"的能力,是语文课程的立课之本,是语文课程的重要功能所在;另一方面,语文课程还应承担其他多重功能,包括承传中外经典文化,培植正确的世界观、人生观、价值观,陶冶情意人格,发展思维、锻炼生活能力,等等。

正因为语文课程具有"综合性",所以,课标无论是设计"总目标"还是"阶段目标",都是"从知识与能力、过程与方法、情感态度与价值观三个方面设计",而且,这三个维度的目标都不一一分列,而是"相互渗透,融为一体"。

三、语文课程的基本理念

理念,即上升到理性高度的观念。语文课程的基本理念从语文教育实践中提炼出来,其是对语文教育教学具有指导意义的基本思想。课标明文提出了"全面提高学生的语文素养""正确把握语文教育的特点""积极倡导自主、合作、探究的学习方式""努力建设开放而有活力的语文课程"四条基本理念。

1. 全面提高学生的语文素养

"素养",即"平日的修养"。课标明文指出了语文素养的养成路径,即:"语文课程应激发和培育学生热爱祖国语文的思想感情,引导学生丰富语言积累,培养语感,发展思维,初步掌握学习语文的基本方法,养成良好的学习习惯,具有适应实际生活需要的识字写字能力、阅读能力、写作能力、口语交际能力,正确运用祖国语言文字。语文课程还应通过优秀文化的熏陶感染,促进学生和谐发展,使他们提高思想道德修养和审美情趣,逐步形成良好的个性和健全的人格。"

2. 正确把握语文教育的特点

上文谈到,语文课程具有多重功能,包括:发展语文能力,承传中外经典文化,培植正确的世界观、人生观、价值观,陶冶情意人格,发展思维,锻炼生活能力,等等。需要特别强调的是,语文课程是通过其生动形象、形式多样的听说读写实践来发挥其多重功能的。譬如,低年级的识字教学,在借助实物简笔画与古字形学习象形字"山""火"的同时,学生不仅能深刻记住这些字的字形,还能感受到汉字的"写意美";学习"男"这一会意字,运用"据形辨意"的方法,不仅能轻松地读准字音、辨别字形、掌握字义,还能在领略中国古代"男耕女织"文化的同时感受先民的造字智慧;教学"习"字,配图解字,孩子们很容易从小鸟日出便练习飞行中受到启迪,进而立志要刻苦学习,情意自然而然受到"熏陶感染";小学语文课本中有大量的帮助识字的韵文,孩子们在有节奏的朗诵与表演中,不仅轻轻松松地过了识字关,还能充分感受汉字的韵律美;等等。至于阅读课,譬如高年级学生学习《狼牙山五壮士》,由于故事情节悲壮感人,场面描写与人物刻画逼真生动,因而,在有感情地朗读课文的同时,学生自然而然地受到世界观、人生观与价值观方面的熏陶感染。"工具性与人文性的统一是语文课程的基本特点",这是课标对语文教育特点的精辟概括。

语文教育具有多重特点。语文教育的实践性，本节实际上已多次谈到了。接下来，特别强调一下语文教育的民族性。讲究"字理"是汉字的突出特点，所以，"字理"识字法，应该成为汉字教育的主要方法之一。汉语文也有自身的特点，譬如，传统写作注重"主体人格精神的修炼"，主张"文如其人"；结构上，无论是诗歌还是散文，都相当讲究起承转合，等等。因而，汉语文教育必须按汉字的特点教学汉字、按汉语的特点教学汉语，少讲多练，少分析多涵泳与吟诵，注重读书、积累和感悟，注重整体把握和熏陶感染。

3. 积极倡导自主、合作、探究的学习方式

课标指出："学生是学习的主体"，因而要鼓励他们"自主阅读、自由表达，充分激发他们的问题意识和进取精神，关注个体差异和不同的学习需求"。所以，低年级语文课上，老师惯常说的一句话是："现在请打开课文，各读各的，并让老师听得见你的读书声。"这是在培养学生自主阅读的意识。

在强调"两性一度"（"高阶性、创新性、挑战度"）这一新课程背景下，单有"自主"学习还不够，还需组织多种形式的合作学习与探究性学习，尤其要按照课标要求，多开展语文综合性学习活动。

4. 努力建设开放而有活力的语文课程

课标不仅明确提出了"努力建设开放而有活力的语文课程"这一基本理念，而且给出了多条策略，包括：(1)"应继承我国语文教育的优良传统"，还要"借鉴国外母语教育改革的经验"；(2)应"注重跨学科的学习和现代科技手段的运用"；(3)"要尽可能满足不同地区、不同学校、不同学生的需求，确立适应时代需要的课程目标，开发与之相适应的课程资源"。本书认为，在当前特别提倡"线上线下混合式教学模式"的背景下，显然，语文课程还要积极向"互联网＋"开放，积极建设"线上课程资源"，积极开展线下个别化语文教育，只有这样，语文课程才会更有活力、更有效率。

四、小学语文课与中学语文课的主要区别

"小学语文课与中学语文课的主要区别"这个问题有点大，不过也是从事小学语文教学前必须思考的问题。一个显著的区别就是开设年级不同。《义务教育语文课程标准》虽然对各个学段都提出了"识字与写字"方面的要求，但是很显然，在第四个学段中，"识字与写字"的被关注程度较之前三个学段已经降低；在《普通高中语文课程标准》中，"识字与写字"目标不被单独列出来，其必修课程只包含"阅读与鉴赏""表达与交流"两个方面的目标。这是因为，小学语文课程开设在孩童入学初始阶段，所以，按照学理，非得突出其入

门性、基础性不可。因此，通常认为，一二年级语文课的重点应在识字与写字上。识字，不光要求掌握字的音、形、义，还要求会运用这个字组词造句。譬如，学习"岸"字，利用音序查字法查找到"岸"的意义后，还要运用这个意义扩词，如海边的陆地叫"海岸"，江边的陆地叫"江岸"，河边的陆地叫"河岸"，河两边的陆地叫"两岸"，河对面的陆地叫"对岸"。写字则需从训练写字姿势起步，要求"头正肩平脚放稳，端端正正来写字"，亦即要突出入门性与基础性。另外，小学生学得快忘得也快，根据遗忘先快后慢的规律，小学教学不光要强调入门性与基础性，还要强调"牢固性"。譬如，学习生字，初读课文后学一次；待到课文能读得通顺流利后，还要抽出来学习一次，这叫"复现"。"复现"的目的是为了巩固效果，"避免遗忘"。

总而言之，把准课标精神，是做好小学语文教学设计的前提。只有认真解读课标，我们的语文教学和评价才能与语文新课程的先进理念"共舞"。大家要清楚课标对九年义务教育语文课程的设计思路，要明白九年义务教育语文课程总目标及小学各学段目标与内容；要熟悉课标对教学与评价的建议、对语文课程资源开发与利用的建议，也都要了解课标后附录的《关于优秀诗文背诵推荐篇目的建议》《关于课外读物的建议》《语法修辞知识要点》《识字、写字教学基本字表》与《义务教育语文课程常用字表》。

第二节　研读教材

解读课标，是小学语文教学设计的首始步骤。通过解读课标，我们对于国家对这门课程教与学的要求有了一些了解。接下来就该"备教材"了。所谓"备"就是研读的意思。新教师参加语文教师招聘考试，拿到语文教材后，首先犯愁的是：我该凭借考官给定的教材教哪些内容？这个时候，我会对这位新教师说："是的，新教师得凭借教材进行教学，你的教材观不错哦。那么，请先研读教材，弄明白编者编辑意图，争取与编者心灵相通。它是解决你当前困惑的基础，也是有效教学的前提条件。"

编者的编辑意图涵盖多个方面，包括课的目标定位、课的主要教学内容与方式方法等。

一、语文教材的内涵

教材,《现代汉语词典》的解释为:"有关讲授内容的材料,如书籍、讲义、图片、讲授提纲等。"语文教材的内涵有广义与狭义之别。广义的语文教材指一切可用于语文教与学的材料,譬如语文课本、教参、学辅资料,等等。狭义的语文教材单指语文教科书,或称语文课本。在讨论阅读教学的情境中,语文教材的内涵有时指某一篇具体的课文或一篇课文中的某一具体段落,甚至一个个具体的字词句。

语文教科书有不同版本。2001年,《全日制义务教育语文课程标准(实验稿)》颁布,人民教育出版社、江苏教育出版社、语文教育出版社等多个出版社纷纷出版配套《语文》教材,这些《语文》课本分别被称为人教版《语文》、苏教版《语文》、语文版《语文》,等等。2016年以来,教育部组织编写了与《义务教育语文课程标准(2011年版)》配套的《语文》课本,要求从2017年秋季开始,全国范围内各起始年级统一使用,这套《语文》教科书,称为部编版《语文》或统编本《语文》。

二、解读教材的方法

解读教材的方法,简单地说,就是要通览与定点研读相结合。通览是比较宏观的全局性阅读;定点研读是比较微观的精细解读。

建议任何一位小学语文新手教师都要通览全套小学《语文》课本,做到对小学《语文》课本的整体结构了然于胸,这是最低要求。更高的要求是通览全套九年义务教育《语文》课本。通览的目的是为了胸有全局。

通览教材要做到纵向解读和横向阅读相结合。譬如,新学期伊始,通过纵向解读,把握一册《语文》课本的教学目标、教学内容、教学重难点;通过横向阅读,弄清各单元在这册教材中的地位与作用,在此基础上把握各单元之间的内在联系和区别。

对整册教材有了一个全局性的了解后,接下来就该研读单元教材了。小学《语文》每册课本一般包含八个单元。每个单元大致由阅读、口语交际、习作与语文园地四个模块构成(低年级识字专题和拼音专题例外)。研读某个单元时也要做到纵向解读和横向阅读相结合。通过纵向解读,把握这个单元的教学目标、教学内容、教学重难点;通过横向阅读,弄清各模块在这个单元中的地位与作用,在此基础上把握各模块之间的内在联系和区别。

做了这许多的准备后,接下来就可以将视点锁定在单元中的"某一课"上了。很多新手语文教师都问过我这个问题:"应该怎样解读阅读课的课文呢?"对此我的回答是可以依次按下列三步走。

第一步，把自己当作一个普通读者，把课文当作普通的读物，依据文本体式每次选定一个合适的视点读起，同一个文本，可以根据需要读多次。注意，为了充分尊重自己作为读者的"主体性"，这第一步的阅读，是不看课文以外的任何东西的，包括课文前的"提示语"都不读。此时的阅读，如果读物为中国古代诗歌，譬如李白的《静夜思》和杜甫的《春夜喜雨》，那么，意象、意境、用字、造句、结构与章法都是合适的视点。如果读物为散文，譬如巴金的《鸟的天堂》和林清玄的《心田上的百合花开》，那么，要特别关注写作语境，作者要传播的情思韵味、文本的舒缓基调、表达的临场感和用语的朴素与清新等也都是合适的视点。如果读物为新闻作品，譬如《人民解放军百万大军横渡长江》和《开国大典》，那么，新闻事实、报道者的意图与倾向以及作品的表现形式都是合适的视点。如果读物为说明文等实用文章，譬如《鲸》和《新型玻璃》，那么，"有用信息"是合适的视点。

第二步：以语文教师的身份看课文。可以按教材编排顺序依次读下列内容：(1) 单元提示语；(2) 课文前的提示语；(3) 课文；(4) 课后练习。课标是语文教师的工作指南，所以，语文教师阅读课文时还可从课标各学段目标与内容中找视点。如果课文为叙事性作品，就按课标要求特别关注"场景、人物、细节"；如果课文为诗歌，就按课标要求特别关注"作品营造的情境、作者表达的情感"；如果课文为说明性文章，就按课标要求特别关注"说明的要点与基本说明方法"。此外，课标对每个学段的阅读都提出了标点符号的学习要求，因此，标点符号也可成为语文教师阅读课文时的视点。

第三步：广泛参考课本外的相关优秀资料。包括教学用书上的解读、《名作欣赏》上的解读，其他语文教师的备课心得或教学设计，等等。一份好的参考资料，就如一位良师益友，往往能让自己茅塞顿开。

三、教材分析的方法

编写教案，第一步是写课题，第二步是写"教材分析"，通过教材分析推出课标与教材视域下的教学目标或教学内容等。显然，此处所探讨的"教材分析"是微观层面的一个概念。其中的"教材"，内涵很狭窄，主要指小学《语文》课本中的某一课或单元中的某一个教学模块。

"分析"一词，《现代汉语》词典的解释为："把一件事物、一种现象、一个概念分成较简单的组成部分，找出这些部分的本质属性和彼此之间的关系。"（跟"综合"相对）语文教材的构成要素包括：整套教材的整体布局与结构，各单元的教学目标、某篇课文、课文后的思考与练习题、语文园地内各栏目的内容，等等。教材分析具体包括要素分析、关系分析和组织原理分析。教材分析的目的是了解教材编写的意图和所依据的原理。

"教材分析"这一步如果不做,那么,语文教学设计的理性色彩将会被完全淡化。但是,由于缺乏有效方法指导,因而很多一线教师都做不好它。笔者认为"语文教材分析的方法"如果要用一句话来表述,那就是:对照课标并基于整套教材的布局与当前文本的特点,推出课标与教材编者视域下的教学目标、教学内容与教学方法等。

假如你当前要备的课是汉语拼音第一课"aoe"。那么,你很可能有下列三个疑问:(1) 这一课应该教哪些内容?(2) 该课的教学目标是什么呢?(3) 应该使用什么样的方法来教学? 我给你的对策是分四步走。

第一步:阅读课标。你会发现,课标对汉语拼音学习的要求包括:学会汉语拼音;能读准声母、韵母、声调;能正确书写声母、韵母。

第二步:通览《语文》课本,把握教材的布局特点。这样,你会发现:部编版一年级上册《语文》第一单元是识字,第二、三单元是汉语拼音,"aoe"是第一课。这一布局特点及课标对小学汉语拼音学习的特殊要求,决定了"aoe"这一课有四个不同于其他各课的独特的教学内容:学习汉语拼音的意义、四声的发音特点、认识四线三格与描红。在第二课中,上述 4 项内容就不是新课内容了。同样,由于该课是第一课,声母还没有开始学,所以,这一教材布局特点决定了:这一课不必学习拼读音节。

第三步:细细解读当前文本并把握其特点。细览该课,你会发现,汉语拼音第一课"aoe"画面生动鲜明:河水清澈,树木葱茏,小女孩站在石凳上张大嘴巴发"a",大公鸡站在河对岸拢圆嘴巴发"o",大白鹅在水中游泳,倒影如"e"。此外,"aoe"的四声上匹配小车上坡下坡拐弯图;四线格内"aoe"成对出现,一个是黑色笔迹,一个是红色笔迹。四线格顶上是字母的笔顺。

第四步:对照课标,基于整套教材的布局析出编者视域下"这一课"的教学内容、教学目标与教学方法。

对照课标,基于部编本整套教材的布局析出编者视域下汉语拼音第一课"aoe"的教学目标、教学内容与教学方法如下:

(1) 教学目标:① 能读准"aoe"三个字母及其四声;② 能正确书写"aoe"三个字母。

(2) 教学内容:① 让刚入学的孩子明白学习汉语拼音可以认更多的字、读更多的书;②"aoe"的发音方法;③ 四声的发音方法;④ 认识四线三格;⑤"aoe"三个字母各自的笔画与笔顺;⑥ 描红的概念——可以这样告诉小朋友:所谓描红就是用铅笔按第 21 页上的笔顺在红色的字母上描。

（3）教学方法：借助插图学发音与记字形。

通过上面的分析，大家不难发现：教材的结构与布局是影响教学目标定位与教学内容选择的关键要素。为帮助大家明乎这一点，下面继续以举例的方式谈一谈。

譬如汉语拼音第二课"i u ü"。该课有这样几个特点：(1) 第一次出现声母"y w"；(2) 第一次出现整体认读音节；(3) 单韵母学习完毕，接下来学声母。这样一个教材布局，就决定了该课的教学内容除"i u ü"的发音方法与各自的笔画与笔顺外，还包括：(1) 声母"y w"的发音方法；(2) 认识整体认读音节；(3) 总结单韵母发音特点：a, o, e, i, u, ü，我们叫它单韵母；发音时，嘴巴不动，声音又响又长。

再如汉语拼音第三课"bpmf"，该课有这样几个特点：(1) 声母第一次出现；(2) 音节第一次出现；(3) 轻声音节第一次出现。这样一个教材布局，就决定了该课的教学内容除"bpmf"的发音方法与各自的笔画与笔顺外，还包括：(1) 明了声母的发音特点是轻而短，与单韵母的响而长迥异；(2) 认识音节；(3) 学习两拼法的发音方法：前音轻短后音重，两音相连猛一碰；(4) 认识轻声音节并感知其"轻而短"的发音特点。

四、识字课"教材分析"举例

以部编版一年级上册《语文》识字模块第一课为例。仍然分四步走。

第一步：读课标。你会发现，课标要求接受九年义务教育的学生"认识中华文化的丰厚博大，汲取民族文化智慧"。课标还要求第一学段的识字课教"识字"并培养识字的兴趣。

第二步：通览《语文》课本，把握教材的布局特点。你会发现，部编版第一册《语文》课本的第一课不仅不像过去那样，先学汉语拼音或者先学"山""石""田""土"，而是从"天地人"这三个字学起；而且，第一课前的入学教育的插图与内容也都变化了，分别为：我上学了、我是中国人、我是小学生、我爱学语文。对照课标，不难发现：课本编者的意图是为了通过这一课让孩子一入学就初步感受到语文课的基本学习内容：① 学汉字；② 学汉语；③ 感受中华文化的基本精神与基本思维方式。部编版语文教科书核心编者朱于国先生指出，这一课根据《三字经》中"三才者，天地人"一句编写。他说这一句又出自《易·说卦》："立天之道曰阴与阳，立地之道曰柔与刚，立人之道曰仁与义，兼三才而两之。"他解释说："才，通'材'，材料、材质之意。意思是说整个世界就是由天、地和人构成的。天由阴阳构成，地由柔和刚构成，而人之所以为人，在于仁和义。这三才，有着相同的结构，阴对柔对仁，是阴柔的一面；阳对刚对义，是阳刚的一面。因为天地是'万物之母'，所以先说'天'与'地'，但人为

'万物之灵',而'天地之性,人为贵',所以人能与天地并列,不卑不亢,独立自主。这体现出中华文化极强的人文主义倾向。"①

第三步:细细解读当前文本并把握其特点。细览该课,你会发现,该课的课题为"天地人"。课文的第一行是楷体字"天地人",第二行是楷体字"你我他"。课文后只有一个会认字表,没有会写字表;会认字表列出的就是这6个汉字。这表明,这一课不必学习书写汉字。

第四步:对照课标,基于整套教材的布局析出编者视域下"这一课"的教学内容、教学目标与教学方法。

对照课标,基于部编本整套教材的布局析出编者视域下一年级上册《语文》识字模块第一课"天地人"的教学目标、教学内容与教学方法如下:

(1) 教学目标:① 会认"天、地、人、你、我、他"6个字,初步感受汉字的美、汉语的美;② 初步感受中华民族崇尚自强不息、厚德载物的基本精神与天人合一、法天则地的基本思维方式并为孩子一生努力学习、自强不息注入精神动力。

(2) 教学内容:①"天、地、人"三个字的多个意义;②"你、我、他"三个字的多种用法;③"天、人、我"等六个字的造字规律;④ 中国字字体有楷书、行楷、行书、草书之分;⑤ "天玄地黄,宇宙洪荒""天似穹庐笼盖四野""女娲抟黄土造人""天行健,君子以自强不息;地势坤,君子以厚德载物"等相关诗句、文句与神话传说;⑥"苍天、青天、天长地久、天差地别、天打雷轰、天翻地覆、天高地厚、天荒地老、天经地义、天罗地网、天怒人怨、天造地设、天作之合"等日常词语与成语的意思及其中蕴含的文化。

(3) 教学方法:① 联系"入学教育"中的插图与内容理解人有国别之分、民族之别,以及作为小学生应该"爱学习、爱劳动,长大为国立功劳"。② 因为汉语拼音还没有学,所以,不根据拼音学字音,而用传统方法教字音。

五、阅读课"教材分析"举例

课文是阅读课阅读的主要对象。但一篇课文的内容相当丰富,究竟该教哪些内容呢?正确的做法是:依据课标要求对整套教材的编排特点及这篇课文本身的情况做综合分析,在此基础上定夺。那种一味孤立地做课文本身的分析的做法,会导致只见树木不见森林,因而是不可取的。

譬如部编版三年级下册《语文》第七单元第一课《我们奇妙的世界》。课标要求第二学段能使用略读的方法把握整篇文章的大意或主要内容。教材层面,部编版中年级《语文》课本每个单元前都有提示语了。其三年级下册《语文》第

---

① 朱于国.说说"天地人"[N].中国教育报,2019-02-13:第004版.

七单元提示语共三句话:"天地间隐藏着无穷无尽的奥秘等待着我们去寻找。""了解课文是从哪几个方面把事情写清楚的。""初步学习整合信息,介绍一种事物。"其第一句提示本单元的人文性目标;第二句提示运用略读的方法概括课文的主要内容,与课标要求一致;第三句是提示本单元写作模块的任务。《我们奇妙的世界》一文主要"从天空和大地两个方面介绍世界的奇妙与美好",文中关键句有:"你看天空""再看大地"。课文后的"会认字表"中有"呈、幻、辉"等10个生字,"会写字表"中有"呈、幻、蜡"等13个字。

  练习题一要求"有感情地朗读课文。说说课文分别从哪几个方面写出了天空与大地的奇妙"。练习题二为"结合生活经验,说说你对'一切看上去都是有生命的'这句话的理解"。练习题三为"小练笔":"读一读下面的句子,体会从'极普通的事物'中找到的美。你也来找一找,写一写。"

  该课生字除"会认字表"中的10个外,还有"雕、檐"等7个字。但"雕、檐"等7个字只需教到在本课中能认读并能理解的程度,而不必教到在其他场合"会运用"的程度,这是由教材的编排体例决定了的。阅读课文"会认字表"中的生字主要依据课文语境学习,这也是由"随文识字词"这一教材编辑初衷决定了的。所以,少数教师用一个课时将这17个生字从课文中拎出来另外创设语境——学,这一做法是不合编辑意图的。

  "一切看上去都是有生命的",这句话是课文中的关键句。课标要求第二学段"能联系上下文,理解词句的意思,体会课文中关键词句表达情意的作用"。因此,练习题二要求说说对这句话的理解,这是不错的。但阅读课主要是引导学生与"课文"对话,课标也要求结合课文上下文去理解,所以,该题题干只说"结合生活经验"理解,这既不合乎阅读课的特性,也与课标精神不一致。

  练习题三要求在阅读的基础上"小练笔",这走的是读写结合的路子,大体是不错的,可惜并没有给出诸如"按照'时间—发现'这一顺序来说"这样的方法与策略提示,失之笼统含糊,仍让"表达形式"处在"秘密"状态。因此,教师应该引导学生在发现这些范句"表达上的秘密"的基础上去仿写。

  练习题一提示运用略读的方法把握课文的基本结构与主要内容,与课标要求一致。

  综上,课标与编者视域下部编版三年级下册《语文》第七单元第一课《我们奇妙的世界》的教学目标与内容如下:

  (1)会认"呈、幻、辉"等10个生字,会写"呈、幻、蜡"等13个字。

  (2)运用略读的方法说说课文分别从哪几个方面写出了天空与大地的奇妙。

(3) 根据课文体会作者从"极普通的事物"中发现的美并仿照课文按照"时间—发现"这一顺序写一写自己从"极普通的事物"中发现的美。

课文教学内容的随意性与重复性已饱受诟病。之所以会出现这种情况，是因为：(1) 课标层面，各学段阅读课的目标与内容比较宏观。(2) 教材层面，阅读课的教学内容基本上都藏在课文中，都处在等待语文教师自行开发的状态。(3) 语文教师层面，只有极少数教师会在课标与整套教材体系的基础上做关于某一篇课文的"教材分析"；相当一部分教师把"教材分析"简单地理解成对"单篇课文"做"分析"；如果课文为《望庐山瀑布》，无论是教小学一年级还是教小学高年级，这些人绝对就是一个教案，他们上课常常简单搬用别人的或自己过往的现成教案。事实上，按照课标要求，李白的《望庐山瀑布》这首诗，如果用作低年级课文，教学重点应该落在字音、词义与句义上；如果用作高年级课文，教学重点则应落在意象、意境与章法结构及表现手法的品味上。

为帮助大家进一步明白教材分析的意义与方法，下面再举几个例子。

【例1】对《夸父追日》一课的教材分析

神话故事《夸父追日》被选入人教版三年级下册《语文》第八单元。通览人教版小学《语文》课本，你将会发现：该套课本选录了神话、童话、寓言、散文、小说、科普文等各体文章。神话故事方面，通共三篇，都是中国本土故事。三年级上有《盘古开天地》，三年级下有《女娲补天》《夸父追日》；三篇神话故事，《夸父逐日》排在最后，并且是略读课文。对照课标在语文学习过程中"吸收人类优秀文化的营养"这一要求，基于人教版教材对中国本土神话故事的这一编排布局特点，可知："初步学会解读神话故事的方式方法，并在感受夸父伟大神格力量的同时受到其所蕴含的民族精神的熏陶感染"是本文的一个独特的教学点。所谓教学点，就是"教学内容"的意思。

教材还要求学生学完该单元后"展开想象的翅膀，编一个故事"。但是，由于学生认识不到无论是编故事，或是写其他想象类作文，想象一定要有依据，故事情节发展一定要合乎逻辑这一道理，因而写起想象作文来常常胡编乱造。基于上述教材与学情，可以发现本课的第二个教学点：在梳理《夸父逐日》这个神话故事的内在逻辑的基础上，懂得写想象作文，想象得有根据、得合乎逻辑这一道理。《夸父逐日》这个神话故事最初是先民对当时出现的大变异的一种解释。因其编得能让当时的多数人感觉"合理"，所以传播久远，流传至今。

【例2】《长城》一课的教材分析

人教版有不少课文都是介绍历史文化遗产的,三年级上册有《赵州桥》、四年级上册有《长城》《颐和园》《秦兵马俑》。通过横向比较,王崧舟老师发现,这些课文中独独《长城》用了"起承转合"这一结构体式:首段从远望长城所见起笔,第二段写近观,承接首段思路继续谈长城,第三段"转",从写见闻到写联想,从写"物"到写人,写古代修筑长城的劳动人民的伟大,第四段"合",总说长城的特色、地位与价值。于是,他认为使用具有民族特色的"起承转合"式结构来介绍独具民族特色的长城这一珍贵文物,这就是《长城》这篇课文有价值的教学点。王老师基于对教材的横向解读与分析所得出的这一结论可以在以历史文化遗产为介绍对象的文章中推广使用,极具应用价值。

【例3】《自己的花是给别人看的》一课的教材分析

小学语文教材中有不少课文都是介绍民俗风情的,五年级下册有季羡林的《自己的花是让别人看的》、马克·吐温的《威尼斯小艇》、赵丽宏的《与象共舞》,六年级下册有老舍的《北京的春节》。笔者发现,同是介绍民俗风情,季先生的《自己的花是让别人看的》这篇课文有下列几点是同类文章所不具有的,可以作为该文的教学点。

其一,该文末段有三个句子颇值得玩味:"变化是有的,但是美丽并没有改变。""多么奇特的民族!""我仿佛又回到了四五十年前,我做了一个花的梦,做了一个思乡的梦。"三个句子中的"美丽""奇特""花的梦"除字面意思外,根据上下文或自己的积累,都可读出多重意蕴来。而课标要求五六年级学生"能联系上下文和自己的积累,推想课文中有关词句的意思"。所以,"应用推想词句意思的方法理解文中的难词难句"可以成为本文的一个教学目标。如果学生缺乏为理解所具备的背景知识,教师则要适时补充。

其二,与《威尼斯小艇》《与象共舞》《北京的春节》不同,这篇课文不仅在写法上、结构布局上都独树一帜,而且还写得相当舒缓、含蓄与耐人寻味。因此,"感受民俗风情的新写法、新结构体式与新风格"可以成为本文的第二个教学目标。

其三,文中"姹紫嫣红、花团锦簇、莞尔一笑、耐人寻味、如入山阴道上应接不暇"等词语或高频词,或用典,都值得积累,都可以成为本文的教学点。解读课标,可知:积累词句,是小学阶段的重要任务。因此,"积累一批富有表现力的新词句"可以成为本文的第三个教学目标。

【例4】《月光曲》一课的教材分析

人教版六年级上册第八单元有一篇课文《月光曲》。该单元"提示语"提示本单元教学目标为"走近艺术名家、感受艺术魅力、体会课文表达的情感"。细细解读该课文,我们会强烈地感到这篇课文有些词语与句段含义必须结合语境才能把握。而第三学段课标要求"能联系上下文和自己的积累,推想课文中有关词句的意思,辨别词语的感情色彩,体会其表达效果。"因此,对照课标这一要求,基于《月光曲》这篇课文必须借助语境方能完全理解的这一特点,可以推出:"学习并运用结合语境领会内容的读法"正是这篇课文的独特的有价值的教学目标。具体教学内容包括:(1) 第 3 段"我不过随便说说罢了"这句口是心非的话语所透露出的关于盲姑娘的品性信息;(2) 贝多芬"走近""走进""再弹一曲"三个行为动作所包含的意义;(3) 第 9 段贝多芬琴声所体现的内心情绪和情感的变化;(4) 第 9 段盲姑娘眼睛"睁得大大的"这一表情的语境意义;(5) 第 10 段"苏醒"的语境意义。

相比中高年级,低年级阅读课的"教材分析"因为更有规律可循,所以相对比较容易做,因此本节不再单独举例,只粗略点拨如下:

阅读课标第一学段的目标与内容,会发现,课标视域下低年级课文基本功能为:充当认字学词、学习朗读与标点符号的语境。研读教材后将发现,部编版低年级《语文》每个单元前都没有提示语,但每篇阅读课文后都有会认字表、会写字表及若干练习题;这些练习题大多是关于朗读课文、背诵课文与积累词汇句式与标点符号的。由此可见,编者视域下的低年级课文教学目标要求与课标是一致的。新手教师教低年级课文,就可以以课后这些会认字表、会写字表及若干练习题为抓手进而确定该课的教学目标与内容,因为它们其实就是编者视域下该课教学内容的载体,而课文只不过是学习这些内容的语境而已。

通常情况下,"教材分析"对于职前与职后教师,都是难点。为巩固学习成果,建议及时做第一章后的相关练习题,并参阅第二至第五章中呈现的"教材分析"样例。

第三节　调研学情

上一节,通过"教材分析",我们学会了梳理编者视域下当前课文或某个教学主题的教学目标、教学内容与教学方法等。这一节学习做"学情分析"。

一、学情的内涵及获得学情的方法与途径

什么是学情呢?一个常见的界定为:所谓学情就是影响学生学习的各种因素,主要包括智力因素和非智力因素。智力因素包括认知方法、认知方式、认知能力、基本知识和生活经验,等等;非智力因素主要指动机兴趣与心理状况两个方面。

学情的内涵还可通过其他途径去把握。譬如,从学习环境与过程这个角度去考察,"学习情境""学习起点""学习状态""学习结果"不都是"学情"吗?从学习者知识状态这个角度去看,"已知""未知""想知""能知""难知"不都是"学情"吗?目前,语文教材的主体内容基本上是课文。从情感态度这个维度去区分,不是有"喜欢的"与"不喜欢的"之别吗?从能力角度去鉴别,不是有"读不懂的""读不好的""感受不到、欣赏不了"等种种情况吗?

只要用心,获得学情数据并不难。观察、谈话、前测、后测、问卷调查、实验研究、行动研究、叙事研究,等等,都是可用方法与途径。课中,放眼一望,语文课堂上学生听讲专注度与课堂参与情况则尽收眼底。学生预习课文后,动嘴一问:存在哪些疑问?则"想知""不知"等学情立刻可知。

二、学情分析的理论依据与实践依据

所谓"学情分析",就是围绕教学目标针对必学的教学内容进行学情判断与评估,借此弄清楚哪些内容是学生已知的,哪些内容是学生未知的;未知的内容中,哪些内容是学生想知的,哪些是学生不喜欢的,哪些是学生意识不到的,等等。

分析学情是教学决策前的必做工作,这既有理论依据,也有实践依据。

理论方面,建构主义学习理论认为应把学习者原有的知识经验作为新知识的生长点。奥苏贝尔说:"如果我不得不将教育心理学还原为一条原理的话,我将会说,影响学习的最重要的因素是学生已经知道了什么,我们应当根据学生原有的知识状况去进行教学。"[1]由此可见,教学设计前,探明学生的"已知"是多么重要。当代教育重视个性教育、主张实施个别化教学。教育部2001年颁布的《基础教育课程改革纲要(试行)》要求教育适合不同发展水平的学生的个性发展的需要。由此可见,学情分析,不能止于对某一年段学情或某个班级学情的共性分析,还要有个性分析,要关注群体内不同

---

[1] 奥苏贝尔.教育心理学:认知观点[M].北京:人民教育出版社,1994.

发展水平的学生。

实践方面,课堂上时常存在这一现象:你懂了的内容老师反复讲,你不懂的内容老师偏偏不讲。之所以会出现这一结果,主要是因为有为数不少的教师无视学情,眼中只有"教材"与《教学参考用书》。笔者通过文献调研发现:公开发表的《语文教学设计》中,有"教材分析"与"学情分析"这两个项目的少;有"学情分析"的设计作品中,直接针对"教学目标"做"学情分析"的很少,空话、套话居多。笔者调研还发现,目前比较公认的适用于语文教学设计的"学情分析"方法似乎还没有。

三、学情分析的路径与方法

企业管理有一种常用的分析工具叫鱼骨图,又称"因果图",能直观、醒目、条例分明地呈现因果关系。教材、学情与教学设计之间存在因果关系,教材、学情是"因",教学设计是"果"。基于教材、学情与教学设计三者之间的因果关系,笔者主张借用鱼骨图做设计分析。

那么,在课文教学设计前,怎样借助鱼骨图分析学情呢?上一节,通过对人教版五年级下册《自己的花是让别人看的》这篇课文做"教材分析",我们发现:"联系上下文和自己的积累推想文中'美丽''奇特'等词所包含的多重意蕴"可以成为该文的一个教学目标。现在,我们借助鱼骨图做"三步学情分析"。

第一步,画出鱼骨框架,标出鱼头名称:推想"美丽""奇特"等词句的多重意蕴。(如图1-1)

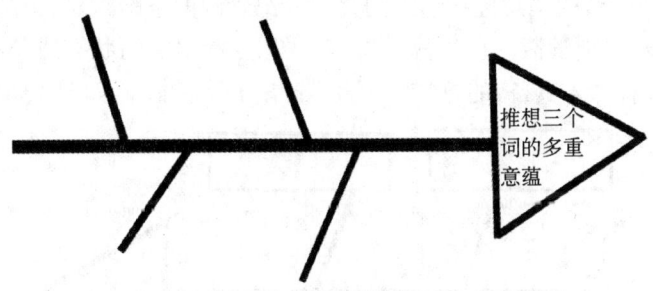

图1-1 鱼骨框架

第二步:完成"需知""需有"分析图。具体做法为:按照学的逻辑探寻达到教学目标的"需知""需有",并分级填写在各级鱼骨处。(如图1-2)

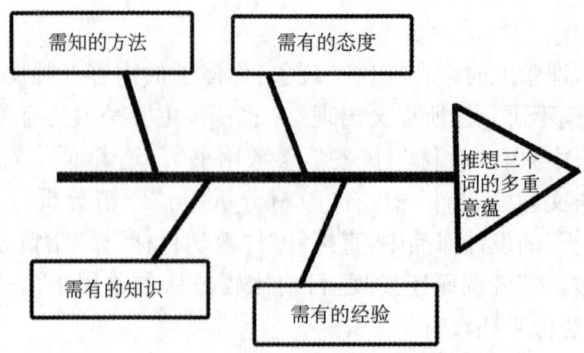

图1-2 "需知""需有"分析图

"需知",即需掌握的认知方式方法、需具备的生活经验等。"需有",即需具备的认知能力、需有的情感态度与价值观等。"学的逻辑"也是个内涵很丰富的概念。本教学目标属于理解方面的,主要使用"优化前理解"法来探寻"需知""需有"。"需有"的情感态度为:喜欢这篇文章。需具备的生活经验为:在街头抬头看家家户户窗前鲜花的经验。需掌握的认知方式方法为:通过联系上下文和自己的积累两条途径推想文中关键词句的意思。需具备的与作品相关的知识包括:(1) 文体知识:散文写的是作者本人真实经历与真实思想情感。(2) 关于作者的知识,包括作者的身份、两次赴德经历:季羡林,著名语言学家、散文家、东方文化研究专家,1935年赴德国哥廷根大学学习,1945年回国,1980年率中国社会科学代表团重访哥廷根市。(3) "二战"及相关知识:1935—1945年,世界反法西斯战争;"二战"中德国纳粹犯下令人发指的罪行;1970年,德国总理在遇难的犹太人纪念碑前下跪默哀。

第三步:判别学情。在"需知""需有"图上,标出学情状态或类型,"已有"的打√,"未有""未具备"的打×。至此,学情分析结束。(如图1-3)

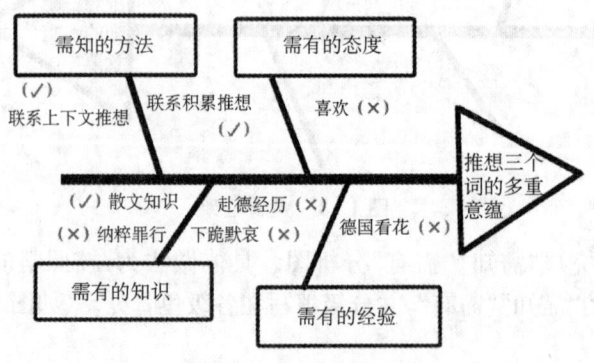

图1-3 判别学情

认真解读课标,能让我们走近语文新课程新理念;整体分析教材,能让我们透过课文找到有价值的语文教学点;借助鱼骨图分析学情,能为语文教学设计提供有针对性的准确具体的"学情数据"。做足做好了上述三项准备工作,接下来开始课文教学设计便是水到渠成之事了。"需知的"如果"已有",则激活之;"需知的"如果"未有""未具备"则学习之。凭借这一过程,推动学习者进入课文作者视域并与之发生"对等互动",将读不懂的读懂,读不好的读好,去欣赏原先不欣赏的但实际上却值得欣赏的地方。

四、阅读课"学情分析"再举例

借助鱼骨图分析"学情",其最大优点是目标明确,分析与判断的针对性强。其不足之处是,每次都要画图,一些人可能会不习惯。如果你不习惯,那么,待到三个步骤熟悉后,只需心中存图就可,不必用笔一一画出。为帮助大家掌握"三步学情分析"法,下面再举几个例子。

上一节,我们对人教版六年级上册第八单元《月光曲》这篇课文做过"教材分析"。我们发现:"学习并运用结合语境领会内容的读法"正是这篇课文的独特的有价值的教学目标。现在,我们借助鱼骨图做"三步学情分析"。

第一步:画出鱼骨框架,标出鱼头名称:"结合语境领会内容"。

第二步:完成"需知""需有"分析图。其一,需有比较强大的阅读驱动力,能够使学生不会因为这篇课文情节比较平淡而降低阅读兴趣,不会因为这篇课文新词难句多而停止研读。其二,需具备德国是世界上著名的音乐之乡、德意志民族是极具音乐天赋的民族这样一些乡土背景知识,才不至于觉得穷兄妹俩家有一架旧钢琴是不可思议的,不会感到穷兄妹俩都颇能欣赏音乐是荒诞不可理解的。其三,需了解贝多芬一生的苦难遭遇与其同情穷苦人、赞赏善良与高尚人格等品性,才理解在这则传说中贝多芬无论是"走进"还是"再弹一曲"都合乎情理。其四,需学得"结合语境领会内容"的解读方法并形成了阅读习惯,才会去自觉琢磨课文语言与事件背后的意义。

第三步:判别学情,为教学决策提供学情数据。《月光曲》一课的课堂教学,我在多所小学观摩过。通过课堂观察和课前课后谈话与测试,发现:"需知""需有"分析图上的"需知""需有"学生都不怎么具备。其一,通过课前谈话了解到这篇课文学生几乎普遍不喜欢,也就是"需知""需有"分析图上的第一项学生缺失。学生之所以普遍不喜欢,主要因为下列两个原因:第一,课文情节似乎平淡没吸引力;第二,课文新词难句多,给理解造成障碍。其二,课文读完后不少学生对课文情节发展的合理性提出质疑,譬如:"穷人家怎么会有钢琴?""盲姑娘眼睛怎么会睁得大大的?""听完贝多芬弹了一曲后盲姑娘怎么就能断定来人是贝多芬?""贝多芬这样一位知名大音乐家怎么会走近茅屋并且弹了一曲还弹一曲?"根据学生上述种种质疑,可以做出下列推测:"需知""需有"分析图上的第二、三、四项知识学生缺失,该掌握的"结合语境领会内容"等解读方法未曾充分掌握。其三,课后,抽出文中人物话语让学生朗读,发现语调语气普遍不怎么到位,由此可以断定——对课文语境中表达者心里的情绪和情感学生尚没有充分领会。

五、拼音课"学情分析"举例

上一节,通过对部编版一年级上册《语文》汉语拼音第一课"aoe"做"教材分析",我们已经找出了"鱼头"——该课的两个教学目标:能读准"aoe"三个字母及其四声,能正确书写"aoe"三个字母。

我们还梳理出了达到这两个教学目标的"需知"与"需有"——该课的6项教学内容:(1) 让刚入学的孩子明白学习汉语拼音可以认更多的字、读更多的书;(2) "aoe"的发音方法;(3) 四声的发音方法;(4) 认识四线三格;(5) "aoe"三个字母各自的笔画与笔顺;(6) 描红的概念。

接下来,我们走第三步:判别学情。课前与孩子及家长谈话发现:第一项内容即对汉语拼音学习于认字与读书的意义,孩子们大多还缺乏充分的认识,显然,这将是本课的新知识;对第二至第六项内容,有的学生在幼儿园学过,有的跟着哥哥姐姐及家长学过;但水平参差不齐,有的发音不标准,有的称名不规范。

六、识字课"学情分析"举例

上一节,通过对部编版一年级上册《语文》识字模块第一课"天地人"做"教材分析",我们找出了"鱼头"——该课的两大教学目标:(1) 会认"天、地、人、你、我、他"6个字,初步感受汉字的美、汉语的美;(2) 初步感受中华民族崇尚自强不息、厚德载物的基本精神与天人合一、法天则地的基本思维方式并为孩子一生努力学习、自强不息注入精神动力。

我们还梳理出了达到这两个教学目标的"需知"与"需有"——该课的六大教学内容:(1) "天、地、人"三个字的多个意义;(2) "你、我、他"三个字的多种用法;(3) "天、人、我"等六个字的造字规律;(4) 中国字字体有楷书、行楷、行书、草书之分;(5) "天玄地黄,宇宙洪荒""天似穹庐笼盖四野""女娲抟黄土造人""天行健,君子以自强不息;地势坤,君子以厚德载物"等相关诗句、文句与神话传说;(6) "苍天、青天、天长地久、天差地别、天打雷轰、天翻地覆、天高地厚、天荒地老、天经地义、天罗地网、天怒人怨、天造地设、天作之合"等日常词语与成语的意思及其中蕴含的文化。

接下来,我们走第三步:判别学情。课前与孩子及家长谈话发现:有五分之二的孩子能认读"天""地""人"三字,但有的发音很不规范;对"天、地、人"的自然意义,孩子们一般能辨识;三人手持"你""我""他"字卡玩指认游戏,少数孩子都能指对;6 项教学内容中的其余内容,孩子们知之甚少,都属新课。

解读课标,能让我们的语文教学设计始终不偏离航向;分析《语文》教材,能让我们与编者心心相通;而学情分析,则是"因材施教"的必经步骤。通常情况下,"学情分析"对于职前与职后教师,也都是难点。为巩固学习成果,建议及时做第一章后的相关练习题,并参阅第二至第五章中呈现的"学情分析"样例。

第四节　课题计划

本节所说的"课题"指某一个小学语文教学主题。阅读课常以课文标题为课题,如《乌鸦喝水》《去年的树》;作文课常以写作任务为课题,如《竞选发言稿》《二十年后回故乡》;口语交际课常以交际任务为课题,如《商量》《劝说》。"课题计划"是对某个课题教学的总体谋划,主要包括教学目标设计、教学重点难点确定、教学方法设计、教学准备设想与课时安排这几项内容。

一、教学目标设计

本节所谓的教学目标特指语文任课教师对某一个小学语文教学主题学习结果的预期,是学生学完该教学主题之后要达到的水平。所以,它是每一个小学语文教学主题教与学的方向,也是评价各个小学语文教学主题之教学质量的直接依据。教学目标定位是非常重要的备课环节,是教学设计的首始步骤。教学目标的设计策略主要有:

(一) 主要依据课标、教材与学情定位

唐代大诗人李白的《望庐山瀑布》被过去的人教版二年级下册、苏教版三年级下册分别选作课文,霍懋征老师给小学高年级学生也上过这篇课文。现

今的部编版二年级上册仍选作课文。同一篇课文,所在学段不同,教材不同,学生不同,那么,教学目标、教学内容、教学方法就都应该有所变化。根据霍老师当年上课的课堂实录,可以将她那年上这一课的教学目标还原如下:

1. 全面理解诗句中字义与词义,能用自己的话正确无误地讲解整首诗。当堂背诵这首诗并抄写到抄诗本上。

2. 体会诗人写这首诗的目的,感受祖国河山之美及作者的表达之美。

在现今的部编版二年级上册中,《望庐山瀑布》这篇课文后的"会认字表"中有"瀑、布、炉、烟、遥、川"6个生字,"会写字表"中有"照、炉、烟、挂、川"5个字。练习题共3道。第一题要求"朗读课文,背诵课文。"第二题要求读读"飞流直下三千尺,疑是银河落九天"这句诗,想画面,再用自己的话说一说。第三题要求"读一读,记一记""山川、名山大川、烟云、烟消云散、遥远、山遥路远"。显然,部编版二年级上册把该课重点放在认字学词与朗读感受上,这与课标对第一学段阅读课的要求是一致的。学情方面,第一学段学生主要还处在直观感知阶段。依据课标、教材与学情,可将部编版二年级上册《望庐山瀑布》一课的教学目标定位如下:

1. 会认"瀑、布、炉、烟、遥、川"6个生字,会写"照、炉、烟、挂、川"5个字,积累"山川、名山大川、烟云、烟消云散、遥远、山遥路远"这些词语。

2. 借助课文插图边朗读课文,边想象画面,领会课文中词句的意思,感受庐山瀑布的雄伟壮观,感受李白用语的生动传神,体会作者对庐山美景的热爱之情,并背诵课文。

(二) 兼顾"三个维度"定位并力求正确全面

课标从"知识与能力、过程与方法、情感态度与价值观"这三个维度来设计课程总目标与各阶段目标,这与党的十八大和十九大都特别强调教育要"立德树人"是一致的。我们定位语文课的教学目标时也应兼顾上述"三个维度",力求正确全面。但正如课标所指出的,这三个维度是"相互渗透,融为一体"的关系,所以即便是陈述九年义务教育阶段语文课程总目标,课标也采用条款式。霍懋征、袁瑢、斯霞、王崧舟、李卫东、吴琳等一代代全国知名的语文特级教师对语文课教学目标都采用条款式的陈述方式。请看王崧舟苏教版国标本《小学语文》六年级下册第23课《孔子游春》一课的教学目标定位。

1. 能正确、流利、有感情地朗读课文。
2. 初步感受孔子作为一位老师的伟大形象。

3. 依托课文重点语段,感受和理解水的品格,进而感受和理解君子的品格。
4. 能揣摩课文第2、第8两个自然段的写法,并熟读成诵。

王老师的目标定位正确全面,陈述干净利落。

(三) 从学生角度定位并力求具体可检测

教学旨在解决学生发展问题,学生的发展是教师与学生共同的追求。因此,目标定位得着眼于学生的发展,目标陈述也得把学生作为行为的主体,从学生的角度陈述。

为满足教学效果交流和教学评价的需要,学习目标界定必须明确具体。而结合课文实际陈述则是使课文教学目标陈述明确具体的一条可行的策略。譬如《月光曲》一课,根据第三学段阅读教学标准和我们在此之前对该课所做的教材分析与学情分析,笔者认为该课的教学目标可以这样表述:

1. 会认"券、恬、汹"等3个生字,知晓"断断续续、走近、走进、幽静、清幽、苏醒、陶醉、波光粼粼"等12个词语在文中的含义,能读准文中人物话语的语气。
2. 学习并运用结合语境领会内容的读法。
3. 感受贝多芬的高尚人格和勤奋创作的精神,从中受到感染和教育。

二、教学重点与难点确定

笔者一生观摩了为数不少的语文公开课,发现其中有两个通病:一个是眉毛胡子一把抓,教学重点不突出;另一个是学生已经知道的拼命讲,问题不容易解决的地方或者不讲或者不组织学或者轻描淡写,也就是教学难点没突破。之所以会出现这两种通病,其中一个原因是高等教育教材中几乎都集体不谈论语文课教学重难点设计策略,另一个原因就是教师自身在课标、教材与学情解读上做的程度不够、火候不到,从而导致捕捉不到真正的教学重点与教学难点。

如果把课堂教学看作一个问题解决的过程,那么,找准教学重点与难点对于问题解决则具有举足轻重的意义。

(一) 教学重点

1. 概念内涵

重点,指同类事物中的重要的或主要的。语文课的教学重点指语文课教学目标或语文课教学内容中的重要的或主要的语文基础知识、基本技能与基本方法。

2. 确定策略与判断标准

理论上，语文教科书编者会根据课标的要求、语文学科知识的内在逻辑与学生的接受水平，将语文课程的重点知识、技能与方法有意识地、科学地分置于整个语文课本体系中。因此，教学重点从理论上说，应该是客观存在于课本中，并且对每一位学生都是一致的。据此，可以推出确定教学重点的策略与判断标准。确定策略为：研读课标与教材。判断标准可以有多种，包括：(1) 该目标点或该教学内容在课标或教材中是不是处于重要位置？(2) 它是不是学生后继学习的基础？(3) 是不是将来要被学生经常运用？(4) 是不是在学生思维发展中起重要作用？

3. 应用举例

(1) 部编本二年级下册《语文》第21课《青蛙卖泥塘》一课的教学重点

《青蛙卖泥塘》这篇课文课后共三道题目。其中，第二题为："说一说青蛙为卖泥塘做了哪些事，最后为什么又不卖泥塘了。"解答这个题目，需要运用"略读"的方法；而学习略读法是课标要求第二个学段学习的新内容。因此，可以断定，第二题够不上本课的学习重点。第三题是选做题，指向教学难点，下文将对该题做详细的说明。第一题为"朗读课文。分角色演一演这个故事。"无论是朗读课文还是演课文中的故事，都是为了帮助学生将课文后特别列出的"卖、烂"等15个生字学到能准确认读并会正确应用的程度。课文后还特别列出"蛙、搬"等8个"会写字"。课标中，"认字学词"是低年级的教学重点。教材编写思路上，则将这一阶段的课文当作"随文识字词"的语境。综上，可见：该课课文后特别列出的"卖、烂"等15个"会认字"及"蛙、搬"等8个"会写字"就是编者视域下本课的教学重点。

但是，实际课堂教学中，该课的教学内容常被随意教。有的将第8段当作重点段落，学习重点为：巧用动词；有的老师将学会讲故事作为该课的学习重点。这两种处置办法都与部编版编者编辑该课的意图不合。在语文教材统编背景下，语文教师应该细做解读课标及教材的功夫。

(2)《月光曲》一课的教学重点

在第二节中，我们已经知道，学生只有学会了"结合语境领会内容"这一读法，才能正确理解该文的五处字词句含义及其表达的情绪与情感；在第三节中，我们了解到，这一读法，学生未曾充分掌握。而充分学得了这一读法，对学生今后的阅读具有重要意义。综合上述三个情况，可以断定"结合语境领会内容"这一方法就是本课必须重点学习的基础知识和基本技能，亦即本课的学习重点。

（二）教学难点

1. 概念内涵

难点，指问题不容易解决的地方。教学难点是指为达成课的学习目标所必须学但对大多数学生来说理解和掌握起来比较困难、容易出现混淆或错误的知识与技能。

2. 判断策略

可以使用下列两项策略来判断某个问题、某个知识或某项技能是不是教学难点。其一，看看这个知识、技能或者思想方法本身是不是比较复杂？如果本身比较复杂，那就有可能成为教学难点。其二，看看学生能否凭借已有的经验来解决或掌握？如果能用已有经验来解决或掌握，说明能被原有认知结构"同化"，学起来比较容易，就不是教学难点；如果不能凭借已有的经验来解决或掌握，说明新知识跟已有认知结构冲突比较大，需要通过"顺应"来学习，那么，就是教学难点，需要教师下力气去教，需要学生下功夫去学。

3. 应用举例

（1）部编本二年级下册《语文》第21课《青蛙卖泥塘》一课的教学难点

分析该课教学重点时提到该课课后有三道题，其中第三题为"选做：青蛙最后吆喝了些什么？如果向同学推荐一样东西，如一本书、一种文具，你会说些什么？""选做"这个词公开了编者的态度：这道题是难题，是教学难点。为什么难呢？因为编者这次不是要求凭借原有的知识与经验去推荐一样东西，而是要求使用青蛙的"推荐套路"去推荐，也就是说，是要学生学得一种全新的表达形式。这是需要通过顺应来学习的，那么，就是教学难点。而且，在练习推荐前，学生还得先去"发现"青蛙表达的"形式秘密"："先总说再分说。总说是先夸赞，再连用好几个'有'字列举，极力渲染，加大感染力度。分述时连连使用好几个'你可以'领起的句子，不仅站在对方的立场上说话，让对方感觉贴心，而且很有语势。"这表明，这是道很复杂的题目，自然是难题了。总而言之，这道题难就难在要"仿照青蛙的推荐办法去推荐一样东西"。而一些上该课公开课的教师将这一课的难点写成："在'吆喝'中推介一种物品"，显然，其对该课教学难点的表述有欠准确。

（2）《月光曲》一课的教学难点

如前所述，"读准文中人物话语的语气"是该课的学习目标之一。而要"读准文中人物话语的语气"就得对语境中表达者心里的情绪和情感充分领会。而要领会，除了要懂得"结合语境领会内容"这一方法外，还得具备好几项课文之外的语境知识。这就表明,领会文中人物话语及行为动作背后的心里情绪和情感,在学生一面,很不容易达到,有相当大的难度,所以,其是本课的学习难点。

(三) 教学重点和难点有时会发生重叠

教学重点有时就是教学难点,两者会一致,会重叠。譬如苏教版国标本第十二册课文《孔子游春》。课后练习第4题为:"联系上下文,理解孔子论水那番话的含义"。这番话为:

"水奔流不息,是哺育一切生灵的乳汁,它好像有德行。水没有一定的形状,或方或长,流必向下,和顺温柔,它好像有情义。水穿山岩,凿石壁,从无惧色,它好像有志向。万物入水,必能荡涤污垢,它好像善施教化……由此看来,水是真君子啊!"

这番话既有表层含义,也有中层含义,还有深层含义。表层含义为:论水的品格,相关文字为"水奔流不息,是哺育一切生灵的乳汁……水没有一定的形状,或方或长,流必向下……水穿山岩,凿石壁,从无惧色……万物入水,必能荡涤污垢"。表层含义,联系上文——"活泼欢快的泗水从大山中滚滚而来,又不知疲倦地奔腾而去",并通过多媒体播放关于水的图片或视频,就可感受到,不难。

这番话的中层含义为:论君子的品格——有德行、有情义、有志向,并能善施教化。小学六年级学生若要理解这一中层含义,难度比较大,除了必须联系课文中水的形象外,还必须联系生活中有德行的人物、有情义的人物、和顺温柔的人物、有志向的人物与善施教化的人物及其表现。

这番话的深层含义为:既体现了孔子本人的人格追求,也是孔子本人人格的写照。无疑,上文中的"孔子动情地望着泗水河",下文中的"赞许的眼光""微笑着说"等言行都是感受孔子人格与情意的抓手,但若要充分感受到这一深层含义,还需凭借其他资料,譬如,孔子为实现政治理想奔走于各诸侯国并修订教材培养弟子等事迹。

同学们,在上面的分析中,我们已看到:要求小学六年级学生"比较全面地深入地感受孔子论水那番话的含义"需要凭借很多资料,需要有意识地多次运用联系上下文及生活经验理解关键词句意思的方法,需要花很多时间与精力。那么,显而易见,"比较全面地深入地感受孔子论水那番话的含义"就是《孔子游春》一课的教学难点。

本节中,我引用过著名特级教师王崧舟对本课的教学目标定位。王老给该课定了4个目标,其中第三个目标为:"依托课文重点语段,感受和理解水的品格,进而感受和理解君子的品格。"显然,"理解这番话的中层含义"是达成这一目标的关键内容。其中第二个目标为:"初步感受孔子作为一位老师的伟大形象",显然,"理解这番话的深层含义"是达成后面这一目标的关键内容。这样看来,课文第8段就是该文的重点段落,"比较全面地深入地感受孔子论水那番话的含义"就是《孔子游春》一课的教学重点。据此可见,该课的教学重点与教学难点是一致的。

三、教学方法设计、教学准备及课时安排

同学们,关于课题计划,我们已经探讨了教学目标设计与教学重难点设计两项内容。在对这两项内容的学习过程中,你也许已经发现,教学目标设计、教学重难点设计与教材分析、学情分析之间显然存在逻辑上的因果关系。接下来,要做的教学方法设计、教学准备计划及课时安排这三项设计与教材分析、学情分析之间也是因果关系。

(一)教学方法设计

1. 概念内涵

日本著名课程专家佐藤正夫认为"方法"具有下列五大本质特点:"第一,方法是旨在实现目标的手段。第二,方法受客体的制约,并适合于客体的操作系列,即方法是受内容制约的。第三,方法的基础是理论,方法接受理论的指导。第四,方法是规则的体系,具有指令性。第五,方法具有结构,它是构成一个体系有计划的一连串行为或操作。"[①]

顾明远先生主编的《教育大辞典》认为,教学方法指"师生为完成一定教学任务在共同活动中所采用的教学方式、途径和手段"[②]。

教学方法有多种类型。从教学组织形式角度看,有讲授法、讨论法、情境教学法、合作学习法、演示法、参观法,等等;从学生知识获得方式角度看,有接受学习法和发现学习法,等等;从使用媒体角度划分,有多媒体教学方法与非多媒体教学方法之分。上列教学方法,各学科可通用。"方法是受内容制约的",所以,若从学科内容角度来给教学方法分类,则有语文教学方法、数学教学方法、物理教学方法、体育教学方法等;若从小学语文教学内容角度给小

---

① 佐藤正夫.教学原理[M].北京:教育科学出版社,2001:285-286.
② 顾明远.教育大辞典[M].上海:上海教育出版社,1998:713.

学语文学科划分教学方法,则有识字教学方法、写字教学方法、阅读教学方法、写话教学方法、习作教学方法和口语交际教学方法之分别;等等。

教法和学法本来应该是统一的,"教的法子"应该根据"学的法子",合称为教学方法。当今,有一些人为了强调学生"学"在教学中的意义,人为地将"教法"和"学法"区分开来,这是不对的。

2. 设计策略

（1）依据教学内容、教材与学情选择适用的教学方法

小学语文课是依据特定的语文教材针对特定的一群学生教学特定的语文内容,目的是为了达到特定的教学目标。此处的"教材"用其广义,除语文课本外,还包括可供利用的其他现有设施设备。而教学设计是为课堂教学实践服务的。因此,小学语文教学方法设计必须具有教学目标与教学内容的针对性、教材的针对性及学情的针对性。

譬如,教学内容的性质不同,就该选用不同的教学方法。① 核心性知识内容,采用教师讲授法,配合使用练习法。所谓核心性知识内容是指学生难以理解的或其知识点在整个内容结构中起核心作用并对后继知识的学习起决定作用的教学内容。小学语文学科中的基本字的字音、字形与字义对后继学习的影响非常深远,应该算核心性知识内容,因此,学习这些基本字不能止于"知",还要会"运用"。② 一般性知识内容,采用学生自学法。低年级阅读课开始后,教师惯常说的话是:"打开课本,各读各的,遇到不认识的字,根据拼音多读几次。"③ 开放性知识内容,采用课后查阅法。如苏教版国标本第十二册课文《望月》一课:"课文中引用了许多描写月亮的诗句,这些古诗你熟悉吗? 把它们找来读一读。"④ 学生可以驾驭的知识内容,采用学生讲授法。譬如五年级学生上《望庐山瀑布》一课,在学生对课文中的生字字音、难词与难句的意义都掌握了之后,霍懋征老师对这些学生依次说:"谁能讲讲这首诗?""能讲下来很好,谁还有什么意见吗?""讲得好,谁能再讲一讲?"

（2）多种方法配合使用

巴班斯基说:"每一种教学方法,从本质看,都是辩证的。就是说,每一种方法都有自己的优点和不足之处,都能有效地完成某些任务,而不能有效地完成其他任务,能有助于达到某些目的,而不利于达到其他目的。"①根据每一种教学方法都集优劣于一体这一本质特征,为达到教学效果最优化,他建议

---

① 转引自孙春成. 给语文教师的101条建议[M]. 南京:南京师范大学出版社,2007:180.

多种方法配合使用。他说:"教学方法的最优化程序中一个最重要的、也是最困难的问题是合理地去选择各种教学方法并使之达到这样的结合,即能在该条件下,在有限的时间内获得最好的教学效果。"①

在信息技术和课程教学高度融合的今天,信息技术含量高的多媒体教学法在小学语文教学中颇受青睐,因为它色泽鲜明、画面生动,能很好地再现情境,使人身临其境,能很好地弥补小学生生活经验与积累不足的短板,从而使他们与课文对话更为容易。譬如读苏教版国标本第三册课文《小动物过冬》,小朋友边读就边想小青蛙是怎样钻到泥土里去的呢? 它又是怎样在泥土里"睡上一大觉"的呢? 顺应学生这一心理,播放相关视频,既能满足小朋友的好奇心,又能让他们感到课文中这"钻"字确实使用得很精致、很妥帖。但是,语文教学只运用多媒体法是不够的,传统的朗诵涵泳法、讲授法、练习法等都可根据需要使用。低年级写字课,既可借助多媒体软件呈现汉字在田字格中的书写过程,还要综合运用观察法、临摹法、点评法等多种方法,指导学生学习笔顺、分析字形和书写汉字等。

3. 应用举例

(1) 部编版二年级下册第16课《雷雨》的教学方法

部编版二年级下册第16课《雷雨》逼真细腻地再现了雷雨前、雷雨中和雷雨后景色的变化;全文共 8 个段落,一个段落一幅画面。该课课后列了"压、蝉、垂、户、扑"等5个"会认字"及"雷、黑"等8个会写字,还有三道练习题。第一题:"朗读课文。说说雷雨前、雷雨中和雷雨后景色的变化。背诵课文。"第二题:"读句子,注意加点的词,再把句子抄写下来。"加点的词有"压、垂、挂"三个,用意在于借助所在句子语境感受用词的妥帖。第三题:"读一读,说说你见过什么样的雨,当时是怎样的情景。"该题下提供的词语有"毛毛雨、阵雨、雷雨、暴雨"。很明显,编者编这道题的目的是要求学生运用本课学得的生字新词与感受到的用词要妥帖,可以按时间顺序描写自然过程等知识练习说话,所以,这第三道题是一道创造性运用题,是高阶性题目;因而放在压轴位置。显然,该课的重点在会认"压、蝉、垂、户、扑"等 5 个生字、会写"雷、黑"等 8 个字并会背诵课文。难点在运用已学词语"压""满天""黑沉沉""挂"等及习得的章法说清楚自己见过的下雨情景。

情境教学法即通过信息技术,运用多媒体为学生提供和创设语文学习所必需的情境进行教学的方法。这一教学方法对部编版二年级下册第16课《雷

---

① 顾明远.教育大辞典增订合编本(上)[M].上海教育出版社,1998:33.

雨》一课特别适用。首先,在现代信息技术背景下,教师亲自录制关于雷雨全过程的视频并根据需要剪辑已不是奢望,并且,网上这方面的视频资料也很容易找。其次,低年级学生必须借助正在播放的关于雷雨的视频才能对雷雨的景象保持清晰的印象,才能更好地感受课文描述的情景。再次,借助生动形象的关于雷雨的视频资料,本课的教学内容的学习就会都变得比较容易了。

实施方面,教师可以根据吻合度,剪辑8个及以上的微视频,然后按照下列三大步骤教学。第一步,初读课文,整体感知课文描述的雷雨全过程,在此基础上读准生字字音。第二步,精读各个自然段。每个自然段都可以按这三个步骤进行:① 先观看微视频,再边做动作边各自出声读读这个段落;② 边播放视频,边给视频配音并点评配音情况,对准确运用了来自新学段落中词语(譬如第一段中的"压""满天""黑沉沉"等)的同学加以表扬;③ 背诵这一段。第三步:按照"雨前—雨中—雨后"这一顺序完成练习题第三题,先在小组内说,之后是各小组说得最好的同学面向全班同学说。

显然,情境教学法只是本文的主打教学方法而已,实际上,教学过程中还会结合运用朗读法、练习法与提问法等多种教学方法。譬如,教"垂"字,除了直观的情境教学法外,教师还可以运用侧面提问法:"这只蜘蛛从这么高的地方被吹落下来,它受伤了吗?为什么它不会受伤呢?"还可借助"万条垂下绿丝绦"等已学词句学习。

(2)苏教版国标本第十二册课文《望月》第二段的教学方法

《望月》是赵丽宏的一篇散文。选入课文后,编者要求学生"听写课文的第二自然段"。该文第一自然段就一句话:"夜深人静,我悄悄地走到江轮甲板上坐下来。"第二自然段写月下所见:"月亮出来了,安详地吐洒着它的清辉。月光洒落在长江里,江面被照亮了,流动的江水中,有千点万点晶莹闪烁的光斑在跳动。江两岸,芦荡、树林和山峰的黑色剪影,在江天交界处隐隐约约地伸展着,起伏着。月光为它们镀上了一层银色的花边……"

该段用字精准妥帖,层次分明,写得细腻生动逼真。可是,怎么样才能让学生对这些特点产生感觉呢?王崧舟执教这一段时是以传统的"朗读涵泳"法为主打教学方法的。他这一选择与课标对第三学段阅读课的下列要求正相吻合:"诵读优秀诗文,注意通过语调、韵律、节奏等体味作品的内容和情感。"他是这样分6步教的。① 感知性朗读。先让一女生试读,再全班齐读。② 体验性朗读。王崧舟对学生说:"此时此刻,夜深人静,假如你就在这一轮皓月之下,在长江江轮甲板上,你会产生一种什么样的感觉?"学生的回答五花八门,但都带着自己的体验,有的说"安静",有的说"美丽",有的说"美妙"。王崧舟接着要求学生把自己的感觉渗入到朗读声中。③ 圈出带"江"字的词语,借此理清写景的顺序。④ 师生交互读。先是学生读带"江"字的词语,老师读其他词句,接着再换过来。王老师舒缓的并带思索的语调与轻重有别的节奏感染了学生,学生再次交互读时水平大为提高。⑤ 拓展提升,边说边结合各自生活经验想象,师生一块感受"千江有水千江月"的美妙境界。王老师对学生说:月亮出来了,安详地吐洒着它的清辉。月光"不光"洒落在长江里,还洒落在(　　);"不光""长江"江面被照亮了,(　　)江的江面也被照亮了……⑥ 有感情地全班齐读。至此,王老师对这一段的教学到此结束。很显然,王老师综合运用了圈点、朗读、想象等多种教学方法,取得了较好的教学效果。笔者认为,这一段的教学还可增加"背诵"与"听写"或默写两个环节。背诵阶段,先是教师有韵有节、抑扬顿挫地示范背诵,接着以"台下同学谁能背?""还有谁能背?"启动学生中先进分子的示范背诵,再是各背各的,最后全班齐背。课本要求听写,那么,听写阶段,一人在黑板上写,其余在自己的座位上写,写完后点评。笔者倾向于默写。因为,默写这一段时,段法、句法、标点符号、字词全都纳入了审视范畴。默写完后,相互批改点评。

(3) 人教版国标本第十一册课文《月光曲》一课的教学方法

该篇课文是一则传说。学情方面,因为为数不少的学生怀疑这则传说在情节发展方面的合情合理性,而事实上只要结合相关语境知识解读,就能发现这篇课文的每一情节恰恰都在"情理之中",所以,学法方面,自然必须使用结合语境阅读法。再者,在学情方面,由于课文新词难句多并且情节似乎平淡,从而导致学生几乎普遍不喜欢它,所以,学法方面,除了运用结合语境阅读法外,还得使用一种能产生比较持久的阅读驱动力的方法。研究性学习方式就是符合这一要求的方式,因为小学高年级学生普遍对探究比较感兴趣。本次研究性学习的课题可以设定为:"这则传说的情节发展合情合理吗?"

(二) 教学准备

每一堂课教师都要做多方面的准备。识字课常常要运用字理识字法,所以,教师不仅要准备字卡,还往往要找出这个字的古字形并配上实物图片。写字课要带上磁性田字格,要准备演示书写过程的多媒体课件。上阅读课《乌鸦喝水》,为了学生感受水位上升的过程并领会"一颗一颗、放进、渐渐升高"等词语的意思,教师要准备小石子、锥形瓶子这些实验器材。

人教版国标本第十一册课文《月光曲》一课,为让学生领会文中人物话语及行为动作背后的心理情绪和情感,教师必须提供这方面的课程资源,具体教学准备主要有:①《关于德国是世界著名音乐之乡的简介》。②《关于贝多芬经历与人格品性的简介》。

（三）课时安排

课时方面，一般每课2个课时，但也有例外。譬如阅读课，精读课一般计划2课时，略读课一般计划1个课时。

亲爱的朋友，当你写完"课时安排"后，你的课题计划工作便告一段落了。显然，当一个课题的课题计划完成后，该课题的主要教学思路也就清楚明白了。

第五节　分课时计划

分课时计划在课题计划确定下来后进行，是对各分课时教学的详细具体的策划。分课时计划主要包括各分课时教学目标拟定、各分课时教学程序选择与板书设计这几项内容。

一、拟定各分课时教学目标

分课时教学目标是课题教学总目标在各节课中的分化，是各节课的主要学习任务，也可称呼为"课时教学要点"。课题教学目标在各课时中的具体分化方案受教学方式方法等因素的制约。譬如《月光曲》，如果采用研究性学习方式，则第一课时的任务为：提出研究课题并开展阅读探究。第二课时的教学目标为：报告交流与总结评估。

如果不用研究性学习方式而用传统接受式学习方式，那么，按照循序渐进、由易到难、由浅到深的教学原则，《月光曲》这一课第一课时具体完成下列教学任务：通读全文，记下阅读过程中各自的疑问，梳理基本情节，会认"券、恬、汹"等3个生字，知晓"断断续续、走近、走进、幽静、清幽、苏醒、陶醉、波光粼粼"等12个词语在文中的含义；第二课时的教学要点包括：学习并运用结合语境领会内容这一读法，体会皮鞋匠兄妹话语背后的思想情感与心理状态、梳理故事中贝多芬思想情感发展的脉络、领会《月光曲》旋律的变化状态，读准文中人物话语的语气，读出第9段的意蕴与意境，感受贝多芬的高尚人格和勤奋创作的精神并从中受到感染和教育。

二、选择教学程序

课堂教学程序,简称教程,也称课堂教学流程,是一个为着达成课堂教学目标而展开的师生交互活动的过程。学情、学习内容、学习方式等都可以成为选择与研制教程的视点。

(一) 依据学情选择教学程序

依据学情研制教程方面,上海育才中学创制的"读读—议议—练练—讲讲"这一教学流程堪称经典。该教程针对的是中小学生活泼喜动、有意注意力维持时间较短这一学情。读读—议议—练练—讲讲,既顺乎学情,又促成了学生主体与教师主导之间的平衡,师生活动交互,课堂节奏有变化。《月光曲》一课也可以运行该教程。"读读"是让学生在课堂上主动阅读这篇课文并记下自己的疑问。"议议"为的是解决疑问。疑问解决了,接下来,就各自读读、比赛读读,力求读准"券、恬、汹"等字词的读音、读准兄妹俩话语的语气、读出第 9 段的意蕴与意境,这就是"练练"。语文课上的"练练"就是进行听说读写思等种种活动。"讲讲"的主体是教师,内容为读法指导、背景知识补充、总结评估等,它是一个可以灵活穿插的环节,随学情需要出现。

(二) 依据学习内容选择教学程序

小学语文教学内容有识字与写字、阅读、习作与口语交际之别。学习内容不同,教学程序往往不一样。

1. 汉语拼音教学的程序

读准字母音、会写字母形,是汉语拼音课各课的基本教学内容与基本的教学流程。当然,具体运用时也会根据各课的具体内容有所变化。譬如部编版汉语拼音第一课《ɑ o e》。该课的教学内容我们在本章第二节中做过梳理。课时安排方面,一般为二个课时。如果将第一课时学习要点定为:(1) 懂得拼音学习的意义;(2) 会发 ɑ o e,会在四线三格内将 ɑ o e 写得周正规范。那么,教学程序上,第一课时可以分如下四步走。

第一步:看图激趣,揭示课题。老师可以对学生说:同学们,你们喜欢读书吗?学了拼音,就可以读更多的书了。所以今天啊,我们就学习汉语拼音第一课。请打开书看第 20 页上的插图……

第二步:看口形想画面,学口诀记 ɑ o e 发音。先学习单韵母 ɑ,可说:阿姨的 ɑ,嘴巴张大 ɑ ɑ ɑ。接着学习单韵母 o,可说:公鸡高声叫,嘴巴圆圆 o o o,一只小白鹅,嘴巴扁扁 e e e。然后小结并布置练习:a、o、e,我们叫它单韵母。发音时,嘴巴不动,声音又响又长。请同学们各自对照小镜子发音;请同桌对练;请听老师发音,判断是哪个单韵母……

第三步:规范书写 a o e。这一步可以先认识四线三格再指导书写。指导书写时,先介绍描红的概念,再示范。介绍描红概念时这样对刚入学的孩子说:"描红"就是用铅笔按第 21 页上的笔顺在红色的字母上描;看老师描红……

第四步:总结与延伸。老师可以对学生说:这一节课上,小朋友学得很认真。老师奖励大家,将小镜子送给你们,让它一直陪伴你们,永远做好朋友,好吗?

检查语文老师教案,看到有些新手每节课的教学程序都是"复习—新授—练习巩固—小结",鲜有变化。可是,上述四个步骤中,第二步、第三步都需要"新授—练习巩固—小结"呢。建议在遵循学习规律的基础上依据学习内容安排教学程序并以体现学习内容的动宾句给各个步骤起名。

孩子喜欢玩游戏,因而可以将游戏活动引入拼音教学并结合游戏名称给各个步骤起名。部编版汉语拼音第 11 课课题是 ie üe er。第一课时的教学程序可以按下列五个步骤展开:(1)玩开门游戏,请出韵母"老朋友";(2)从书上情境图切入,迎接韵母"新朋友";(3)读准 ie üe er 音,认清 ie üe er 形;(4)读读 ie üe er"带帽音";(5)指导书写,将韵母宝宝送回家。

2. 识字与写字教学的程序

特级教师张敏华教部编版第二册识字课《人之初》时,在课前了解到的学情是:该班学生几乎都能背诵《三字经》。但是,当她把生字从课文中抽出来让学生认读时,一些学生就不会了。所以,识字课的重点是利用识字课课文学习生字并做到"四会"(会字音、会字形、会字义、会运用);要义是突出"生字"。识字课文的教学程序一般分四步展开。第一步:初读课文并圈出生字,读准字音。第二步:借助画面、图片与古字形,记住字形,理解词义并组词说话。第三步:将生字送回课文中,朗读课文并理解课文内容。第四步:眼睛看着黑板上的生字新词板书并运用"定位联想法"背诵课文。

当然,识字课课文有各样,具体设计时在程序上也可以有所变化。譬如部编版第一册识字课《日月明》,该课一般分两个课时教。第一课时教前四行词串部分,学习生字"明、力、尘、从、众、双、木、林、森"。第二课时教后四行儿歌部分。第一课时的教学程序可按如下四步展开。

第一步:主要使用加一加的方法学习生字,读准字音,记住字形,理解词义并组词说话。上课一开始,教师可对学生说,看老师在黑板上写两个字(日、月),谁认识?谁知道它们的意思?现在,老师使用加一加的方法,将这两个字组成一个新字,谁认识?谁知道这个生字的意思?说得对。这个"明"字,会合"日"与"月"两字表示一个意义,这种造字方法,叫作"会意"。谁能用这个生字组词说话?接着出示字卡"男",对学生说,这个字也是"会意"字,谁能猜出这个字的意思……

第二步:打开书,朗读词串部分,读出节奏与韵味。

第三步:眼睛看着黑板上的生字板书并运用"定位联想法"背诵课文。

第四步:拓展提升——运用会意字的造字原理猜猜该课课后练习题第三题中的"泪、休、歪"等字的意思。

写字教学方面,课标要求从每天的语文课中安排 10 分钟时间写字,教师随堂指导。写字教学的程序一般分四步进行。第一步:提出写字任务。第二步:讨论字形特点与运笔方法。第三步:描红书写。第四步:点评作业并总结。具体运用方案参见本书第二章第七节笔者撰写的《〈学写"睁挣净"〉教学设计》。

3. 口语交际课的教学程序

口语交际课,贵在让口语交际行为真实地发生。但口语交际课也要适时提供交流方法,使学生能有话会说。基于这些要求,审视部编版口语交际教材,发现口语交际课的教学程序基本按"提出问题—探讨方案—在新情境中运用—总结并提升"这样四个步骤展开。如果口语交际的课题为"商量",那么,第一步,径直提出口语交际问题,如:"你想和小丽调换一下值日的时间,该怎样跟她商量呢?"第二步,通过讨论归纳出操作流程与知识要点,如:"要用商量的语气,要把自己的想法说清楚"。第三步,在新情境中运用:"遇到下面两种情况,你会怎么跟别人商量?"第四步,总结并提升。

4. 习作教学的程序

如果练习的是某项写作基本功,如学写提示语,那么,基本的教学程序可分三步进行。第一步,学习基础知识:认识提示语并明了提示语前后标点符号的使用规律。第二步,练习运用:按要求改写对话,用对提示语后面的标点符号。第三步,点评作业并归纳总结。具体运用方案参见本书第四章第三节笔者撰写的《〈学写提示语〉教学设计》。

如果练习的是整篇文章的写作,从读写结合这个角度看,基本的教学程序可分四步进行。第一步,布置写作任务。第二步,带着写作任务回读课文找写作策略。第三步,仿照课文完成草稿。第四步,作品交流与分享。具体运用方案参见本书第四章第五节笔者撰写的《〈学写启示类散文〉教学设计》。

整篇文章的写作,譬如要求四年级上册的学生写一篇童话故事,若以过程写作理论为指导,那么,这次写作教学的程序可以按如下7个步骤展开:(1)引发写作兴趣;(2)确定作品主要的元素;(3)构思并修改故事框架;(4)做人物虚构笔记;(5)建立词汇库;(6)打草稿并修改草稿;(7)编辑排版并发表。

5. 阅读课的教学程序

阅读课的教学程序与所在学段关系密切。假定所学课文为部编版第一册《乌鸦喝水》。因为第一学段重在认字学词,所以,该课的教学程序分四步进行。第一步,自学课文,标出自然段,认识生字,掌握新词。第二步,再读课文,圈出文中带"喝"字的词语,梳理出故事的大结构。第三步,依次精读课文各自然段,以生字新词为抓手,感受乌鸦找水与喝到水的全过程,读出乌鸦内心的情感变化。第四步,复习本课的生字新词,领会故事寓意并布置课后作业。具体运用方案参见本书第三章第二节笔者撰写的《〈乌鸦喝水〉教学设计》。

假定所学课文为部编版三年级上册《去年的树》。因为"学习运用略读的方法把握诗文大意"是在第二学段新出现的教学内容,所以,该课的教学程序分如下三步进行。第一步,运用略读法梳理故事大结构。第二步,细读课文,以生字新词与句式为抓手走进鸟儿和树的内心世界并感受用语的浅显与精炼。第三步,拓展提升并布置课后作业。具体运用方案参见本书第三章第三节笔者撰写的《〈去年的树〉教学设计》。

假定所学课文为人教版国标本五年级下册《临死前的严监生》。因为关注文章的章法与结构是在第三学段新出现的教学内容,且本文是古代白话文小说《儒林外史》的节选,所以,该课的教学程序分如下四步进行。第一步,初读课文,把握词意,读通句子。第二步,研读课文,领会文中各出场人物言行背后的真实的心理状态。第三步,用恰当的口吻与语气朗读全文,增进对文章内容与表达形式的理解。第四步,总结并布置课后作业。具体运用方案参见本书第三章第四节笔者撰写的《〈临死前的严监生〉教学设计》。

(三)依据学习方式选择教学程序

传统语文教学大多采取接受性学习方式。如果所学课文为《月光曲》并且选择研究性学习方式来学,则可使用下列"四步"研究性学习教程。

第一步:确定探究问题。从第一段中的"传说"二字切入,激发疑问,引起探究兴趣。问题为:"传说有真有假。如果这则传说是编造的,那么,其情节的发展合乎情理吗？请同学们以《月光曲》一文为主要阅读材料，探究问题的答案，写一篇小型研究报告，题目为《〈月光曲〉：情节发展悖乎常情》或《〈月光曲〉：情节发展合乎常情》。"

第二步：依据学情提供学习指导。根据第二节中我们所做的"学情分析"推断，教师必须对《月光曲》一课的研究性学习提供至少三个方面的指导。建议将指导意见做成提示卡分发给学生。

其一，关于语境的概念、关于"结合语境领会内容"的解读方法及关于这一方法的应用策略。相关知识点有：(1) 语境不仅仅包括语言本身的上下文及在语言出现的环境中人们所从事的活动，还包括文化、信仰、参与者的身份、经历、相互之间的关系以及整个社会环境等。(2) 语境是解读本文情节发展是否合情合理的重要抓手。(3) 当你遭遇到貌似悖乎情理的细节时，马上用红笔标划出来。待你读完全文后再结合上下文与相关背景资料逐个推敲。

其二，给予分步探究策略：(1) 建议以5大问题为视点对《月光曲》一课开展研究性学习；(2) 要求每次只带着一个问题阅读，边读边记下自己的感受与体验。五个问题如：① 第3段"我不过随便说说罢了"这句话是盲姑娘的心声吗？从这句话中你读出了她怎样的品性？② 贝多芬这样一位知名大音乐家怎么会走近茅屋并且弹了一曲还弹一曲？③ 第9段贝多芬琴声所体现出的内心情绪和情感变化的轨迹是什么样的？④ 第9段盲姑娘眼睛"睁得大大的"这一表情的具体含义是什么？⑤ 第10段"苏醒"这个词语的文中含义是什么？

其三，告知学生：完成《月光曲》一课的研究性学习，除了凭借课文外，还需要阅读教师整理的下列两份资料：(1)《关于德国是世界著名音乐之乡的简介》。(2)《关于贝多芬经历与人格品性的简介》。

第三步：阅读探究。学生带着问题按照老师的指导意见通过阅读等方式解决问题。

第四步：报告交流与总结评估。首先是各小组书面报告交流与总结评估，然后是各组代表在全班书面报告交流与总结评估。

三、设计板书

(一) 概念内涵

"板书"一词在《现代汉语词典》中有两个义项：(1) 在黑板上写字；(2) 在黑板上写的字。小学语文课上，黑板上不光有字，还有各种线条与图形。其中,有些是课堂学习内容的要点,由于重要,一般安排在黑板的抢眼位置,因此,被称为"主板书";有些内容对主板书起辅助与说明作用,因为相对主板书较次要一些,所以被称为"辅板书",分散在黑板的两边,或者偏居一隅。

(二)主板书设计要求

现代认知心理学家认为,信息的提取主要依赖编码时线索的清晰程度。课堂上,教师的板书过程就是帮助学生进行信息编码的过程。所以,阅读课课堂主板书务必做到如下三点:(1)目标要明确,务必紧扣教学重点或难点;(2)版式要简明,逻辑关系要简单;(3)要顺应课标积累语言要求,尽量使用课文中的关键词句。

(三)主板书设计策略

笔者认为,主板书设计的关键策略就是:从课题切入、结合教学重点或难点构思主板书框架。从课题切入构思主板书框架,能确保主板书在逻辑上与课题一致。结合教学重点与难点构思主板书框架,能确保设计板书时思维不走弯路、方向正确。

(四)应用与评析

1. 人教版国标本二年级下册第 23 课《三个儿子》的主板书(如图 1-4)

懂得"孝顺父母"的道理是该课的教学难点。学会"一个……一个……另一个"这一句式是本课的教学重点。该板书的突出特点在于同时兼顾了上述两大教学内容。版式简明,逻辑关系简单明白。从课题切入、结合教学重点与难点构思主板书框架应该是该板书设计时的主要策略。

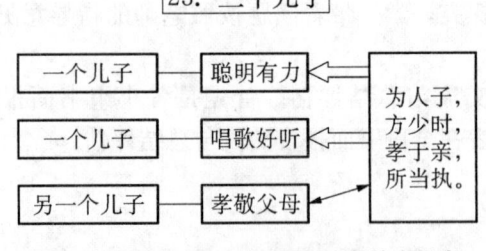

图 1-4 低年级《三个儿子》一课的主板书

2. 语文 A 版四年级下册课文《心田上的百合花开》的主板书(如图 1-5)

《心田上的百合花开》是林清玄的一篇借花事喻人事的美文,生动形象与意味深长是该文的突出特点;领会作者要表达的情思既是本课的教学重点也是难点。该板书从标题切入,巧妙地捕捉住了体现"成长"过程的两个关键性时间词语"起初""后来",以之分别领起能体现寓意的其他关键词语并使用能表示因果关系的线条,版式简明,是一幅紧扣教学重难点的好板书。

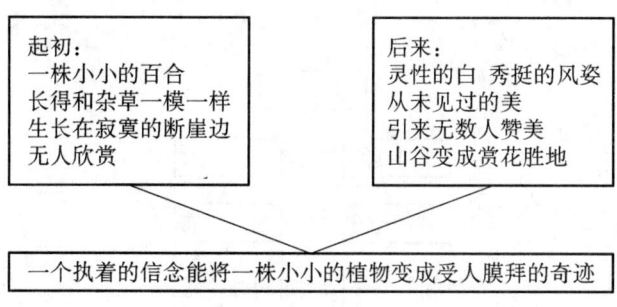

图 1-5　中年级《心田上的百合花开》一课的主板书

3. 人教版国标本五年级上册《地震中的父与子》一课的主板书(如图 1-6)

《地震中的父与子》是美国作家马克·汉林的短篇小说。从标题切入、利用故事人物的经典话语与特色行为构建板书框架,是这则板书设计的主要策略。形象生动、具有张力是这则板书的突出特点。

<pre>
        17 地震中的父与子
                挖38个小时
        父亲 ⇌⇌⇌⇌⇌ 儿子
                等待38个小时
        不论发生什么,我总会跟你在一起!
</pre>

图 1-6　高年级《地震中的父与子》一课的主板书

4. 人教版国标本五年级下册《晏子使楚》一课的主板书(如图 1-7)

在人教版国标本五年级下册中,《晏子使楚》一课的教学重难点为:感受并学习晏子巧妙的应对策略。显然,从标题切入并结合重难点构思板书框架也是该板书设计的主要策略。版式简明、重点突出是该板书的突出特点。

<pre>
            11 晏子使楚
                  ┌ 将计就计 有理有节
         应对策略 ┤ 故意误会 顺水推舟
                  └ 借题发挥 类比反击
</pre>

图 1-7　《晏子使楚》一课的主板书

5. 人教版国标本六年级上册《月光曲》一课的主板书(如图 1-8)

《月光曲》是一则美丽的传说故事。该板书从标题切入,有意选择能体现贝多芬创作《月光曲》心理过程的关键词语与能表示因果关系的箭头符号,版式简明,是一幅紧扣教学难点的好板书。

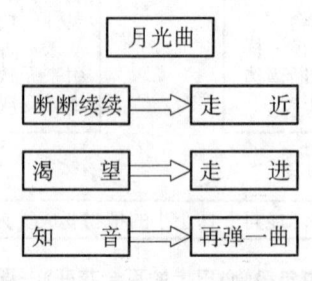

图 1-8 《月光曲》一课的主板书

6. 部编本一年级下册《口语交际:打电话》的主板书(如图 1-9、图 1-10)

在部编本一年级下册中,《打电话》一课的教学重难点为:① 打电话时要先说自己是谁;② 接电话没听清时请对方重复。图 1-9 所示的板书,尽管版式简洁,但是由于板书内容没有扣住本课重难点,因此,是一幅比较劣质的板书。图 1-10 所示的板书,不单紧扣了教学重难点,而且线索清晰、版式简明,能很好地导引学生完成打电话与接电话的任务,是一幅质量不错的板书。

说:完整
听:认真 } 积极互动

图 1-9 《打电话》一课的主板书 1(存在问题)

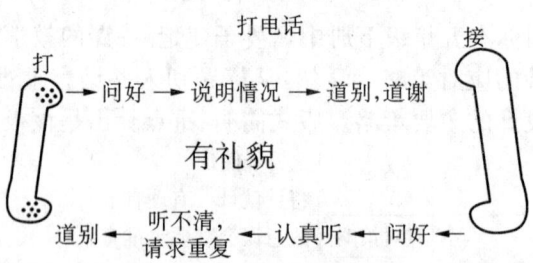

图 1-10 《打电话》一课的主板书 2

7.《名字里的故事》的主板书(如图1-11、图1-12、图1-13)

在部编本三年级上册中,《名字里的故事》一课的教学重难点为:① 讲时把名字的含义或来历讲清楚;② 听时要礼貌地回应。图1-11所示的板书,尽管版式还过得去,但是由于板书内容没有扣住本课重难点,因此,是一幅比较劣质的板书。图1-12与图1-13所示的板书质量都不错。图1-12,尽管简单,但是突出了重难点;图1-13,清晰地显示了听与说的内容与要求,版式简明,要点齐全。

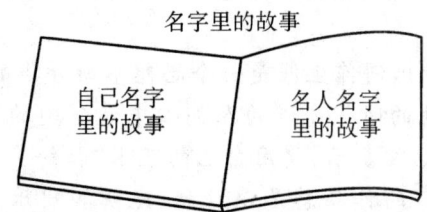

图1-11 《名字里的故事》一课的主板书1(存在问题)

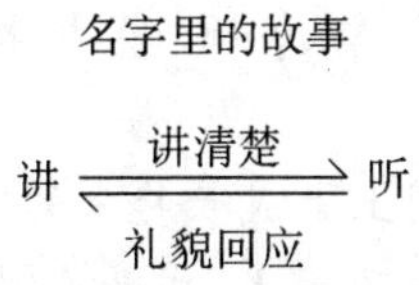

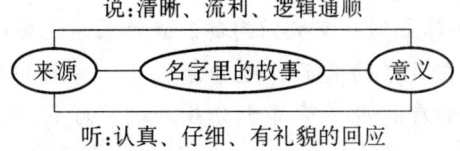

图1-12 《名字里的故事》一课的主板书2

说:清晰、流利、逻辑通顺

来源 — 名字里的故事 — 意义

听:认真、仔细、有礼貌的回应

图1-13 《名字里的故事》一课的主板书3

附录1-1 关于贝多芬经历与人格品性的简介

(1) 1770年12月17日,贝多芬出生于德国波恩的一个音乐世家,他从小就有音乐天赋,八岁便开始登台演出。他的父亲是当地宫廷唱诗班的男高音歌手,碌碌无为,嗜酒如命,对他的训练严苛,常常是半夜被拖下床开始训练,有时天明才结束上课,而每当弹错的时候就打他的耳光。

(2) 贝多芬一生贫穷,儿童时期上学的权利也被剥夺。5 岁时患上中耳炎。26 岁开始连续 4 年耳朵日夜作响,听力开始减弱。45 岁完全失聪。

(3) 贝多芬 17 岁开始跟随莫扎特、海顿等大师学习作曲。19 岁的时候,法国大革命爆发给他带来自由、平等、博爱的希望。他个人生活际遇的坎坷,他对社会不平等和压迫的个人感受,与当时暴风雨般的革命变革形势一起,激荡着他的心灵,这使他早年阶段(1782—1802 年)的作品呈现出十分矛盾的风貌。一方面作品有着强烈的抒情风格,有着明朗、欢快、光明的思绪;另一方面,又同时会流露出一种阴郁和愤懑不平之情。《月光曲》就是这一阶段的作品之一。

(4) 贝多芬的音乐创作生涯是一个思想不断升华的心路历程,他用音乐语言说出了他所处的时代先进的人们心中最深刻的忧思,他憧憬光明,渴望幸福和欢乐。他曾表示,要用自己的艺术"指给穷人们看到最美好的前景"。因此,贝多芬的作品总是以胜利、光明和欢乐作为最后乐章或终曲。罗曼·罗兰说得好:"贝多芬自己并没有享受过欢乐,但是他把伟大的欢乐奉献给所有的人!"他的作品对世界音乐的发展有着非常深远的影响,因此被尊称为"乐圣",与海顿、莫扎特一起被后人称为"维也纳三杰"。①

(5) 贝多芬是在音乐的国土上成长起来的德国文化巨人。他与那一时代所有最伟大的思想家站在同一高度上,成为全体进步人类的良心。贝多芬从来都把音乐创作看成是促进人类进步的手段,这种音乐观,使贝多芬把他的音乐创作事业看成是最崇高、最神圣的事业。②

(6) 一天,贝多芬来到一家饭馆用餐。点过菜后他突然来了灵感,便顺手抄起餐桌上的菜谱在菜谱的背面作起曲来。不一会儿他就完全沉浸在美妙的旋律之中了。侍者看到贝多芬那十分投入的样子便不敢去打扰他而打算等一会儿再给他上菜。大约一个小时之后侍者终于来到贝多芬身边问道:"先生,上菜吗?"贝多芬如同刚从梦中惊醒一般立刻掏钱结账。侍者如丈二和尚——摸不着头脑。"先生您还没吃饭呢!""不,我确信我已经吃过了。"贝多芬根本听不进侍者的一再解释,他照菜单上的定价付款之后抓起写满音符的菜谱冲出了饭馆。③

(7) 贝多芬于 1827 年 3 月 26 日在维也纳辞世。死时没有一个亲人在他

---

① 参考资料:陈越红.贝多芬音乐创作的哲理分析[J].中国音乐学(季刊),1998(4).
② 参考资料:陈越红.贝多芬音乐创作的哲理分析[J].中国音乐学(季刊),1998(4).
③ 材料来源:https://baike.so.com/doc/5349035-5584490.html.

身旁,但是在同月29日下葬时却形成了群众性的一个浪潮,所有的学校全部停课表示哀悼,有两万群众护送着他的棺枢。①

附录1-2　关于德国是世界著名音乐之乡的简介

奥地利首都维也纳是世界著名的音乐之都……18世纪以来,世界上许多著名的音乐家,如海顿、莫扎特、贝多芬、舒伯特、施特劳斯等,都在这里度过大部分音乐生涯,谱写了许多优美的乐章……维也纳几乎一天也离不开音乐。人们在漫步时,随时可以听到那优雅轻快的华尔兹圆舞曲。夏天的夜晚,公园里还举行露天音乐演奏会,悠扬的乐声掺和着花草的芬芳,在晚风中飘溢、回荡。维也纳的许多家庭有着室内演奏的传统,尤其在合家欢乐的时候,总要演奏一番,优美的旋律传遍街头巷尾。更有趣的是,在举行集会、庆典甚至政府会议时,会前会后也要各奏一曲古典音乐,这几乎成了惯例……在维也纳,歌剧院、音乐厅星罗棋布……每到新年,在"金色大厅"里都要举行世界一流的新年音乐会,奥地利总统和维也纳各界名流都要出席。一年一度的文化节期间,世界各地的音乐家也在这里登场。他们的精彩表演,吸引着成千上万的国内外观众。(苏教版国标本第十二册课文《音乐之都维也纳》)

第六节　教案编写

著名特级教师于永正在自己名气很大时还声称自己如果不备课,或者备得不充分,是不敢进课堂的。由此可见,他把备课(教学设计)看得很重要。关于"教案",于老师将之比作"作战计划",认为"教案一定要写。"②笔者从教三十多年,深有同感,觉得编写教案的过程也是理顺教学设计思路的过程。

---

① 材料来源:https://baike.so.com/doc/5349035-5584490.html.
② 于永正.我这样备课[J].福州:福建论坛(社科教育版),2009(1):6.

一、教案的概念

教案是"教学方案"的简称。这一称名,由来已久。笔者认为,"教"的方案与"学"的方案应该是统一的;当今一些人为了强调学生"学"在教学中的意义,人为地将"教案"与"学案"区分开来,这是不对的。在对话理论与学习者中心理论视野下,学生的发展是师生共同的追求。基于对话理论与学习者中心理论视野,笔者认为,所谓教案是作为引导者的教师个人为完成某一个教学主题的教学任务而事先所做的安排与打算,是作为引导者的教师本人为做好某个教学主题的教学工作而事先设计的工作方法与步骤。教师站在引导者的立场上编写的教案是一切为了学生发展的教与学的方案。致力于设计出一流的教案是教师个人"富有个性的"的体现,是担当感与责任心的体现。

"方案""安排""设想"都是"计划"的"衍生形式"。而计划是一种常用的"事务文书",是有行文格式要求的。

二、教案的特点

一是预设性。计划是某项工作尚未开展时的预先构想。教师本人一定要对教材与学情进行细致的分析,考虑到种种可能发生的情况,才能对工作的步骤和结果做出正确的预见,从而制订出科学的计划来。

二是周密性。中国文化崇尚"谋定而后动,知止而有得"。所以,对每一个阶段所欲达到的目标,对每一个步骤、每一项措施,都要精心思考。

三是可行性。或曰可操作性。无论是总目标还是各阶段目标都要是可以达到的,每一个层级的步骤都要合乎学理,每一项措施都要有针对性并能施行。那种一到实施阶段就无法施行的教案,都是预见性差、周密性差、可行性差的教案。

四是制约性。教师承担着"立德树人"的重任,因而课堂教学不能随心所欲,而要用"教材"教学,并按照课前精心设计的教案开展课堂教学。每一个阶段,都要达到预期的分目标,最后达到总目标。所以,领导推门听课的同时,还往往检查教师课堂教学情况与教材、教学日历及教案的一致性。

五是时效性。时效性是计划的突出特点。任何教案都是依据某一课程标准、基于某一套教材,为某一些特定的学生研制的。其中任何一个因素发生了变化,教案都要有相应变动。那种照搬他人同课题教案上课的做法显然是错误的。

三、教案的结构

计划一般由标题、正文、落款、成文时间四个部分组成,标题一般写在第一行的正中位置。教案的标题,有的将之称为课题,一般写在第一行的正中间,如《〈乌鸦喝水〉教学设计》或《〈乌鸦喝水〉教案》。教案一般不公开发表,笔者写作本节时,以"教案"为关键词或主题,在中国知网上搜索斯霞、袁瑢、霍懋征、贾志敏、于永正、王崧舟等著名小学特级教师的教案,搜索结果都为零。教师个人私有的教案一般不落款,也不写成文时间。但公开的教案,一般在标题下具上单位名称与编写者姓名。

计划的正文一般由前言、目标与任务、措施与步骤构成,但具体行文时往往根据内容有所变通。教案的正文习惯上变通成三个部分:课题计划、分课时计划与教学后记。

(一) 课题计划

如本章第四节所述,课题计划主要包括 7 大模块内容:教材分析、学情分析、教学目标、教学重难点、教学方法、教学时长、教学准备。"教材分析""学情分析"可看作计划的"前言","教学方法""教学时长""教学准备"都可看作"措施"。

文章写作,每个自然段都要另起一行空两格书写。教案写作也遵循这一规定。课题计划的具体样式如下:

【课题】
【教材分析】
……
【教学目标】
1. ……
2. ……
【重点难点】
……
【教学方法】
……

(二) 分课时计划

课题计划写完后,接着写各分课时计划。如本章第五节所述,各分课时计划包括该课教学要点、教学过程与板书设计三个部分。"第×课时",写在一行的正中间。"教学要点""教学过程""板书设计"如同三个自然段,都要另起一行空两格书写。

(第×课时)

【教学要点】

1. ……

2. ……

【教学过程】

……

【板书设计】

……

(三) 教学后记

执教完毕后,每每要对执教过程与效果进行反思,思考:(1)这堂课在哪些方面比较成功?是哪些原因促成了这一成功?(2)这堂课在哪儿进行不顺畅甚至被迫修改?是哪些原因造成了这一结果?(3)这堂课如果再次执教的话,该怎样优化完善?把上述几个方面一一写下来,就成了教学后记。

显然,教学后记究其实质是一种教后反思与再设计。此时的设计比之执教前的设计更具有教材与学情方面的针对性。著名的特级教师于永正说:"认真写三年教学反思的人,必定成为有思想的教师,说不定还能写出一个专家来。"[1]他这话有一定道理。

四、教学过程的写作要求

(一) 内容要全面

细致考虑、周详计划,是办好事情的前提和保障。所以,于永正老师不仅认为"教案一定要写",还认为不可以过于简单,他告诫青年教师,教师课堂上要讲的重要的话、要求学生课堂上要回答的问题、写的片段、造的句子以及重要的参考资料都要在教案上有记录。[2] 教案中的"教学过程"或被写成"教学内容与步骤"。笔者认为,教案中的"教学过程"这一部分要涵盖下列内容:

1. 教师课堂上要讲的重要的话与要采取的重要的行动与姿态

此处的"重要的话"包括:(1)新环节前的导入语、教学环节与环节之间的

---

[1] 于永正. 我这样备课[J]. 福州:福建论坛(社科教育版),2009(1):7.

[2] 于永正. 我这样备课[J]. 福州:福建论坛(社科教育版),2009(1):7.

过渡语及课的结束语;(2)教师课上要提的问题的具体表述;(3)教师课上对学生提问、答问、朗读、书写乃至调皮捣蛋行为的应答语。学生所在学段不同,学习目标不同,教师使用的词汇、句式与用语风格也要有别。

教师课上采取的重要行动包括:(1)示范发音、示范书写、示范朗读;(2)书写课题、板书、出示画面、播放视频;(3)各种演示:譬如,大幅度比画山峰连绵起伏的样子;譬如,整整衣裳、振作振作精神,让学生感受"精神饱满"的状态;等等。

2. 要求学生课堂上要回答的问题、要做的练习、解题思路方法与正确答案

观著名特级教师于漪老师的教案,这些内容都写得清清楚楚。请看她《珍珠赋》一课教案的部分文字:"《珍珠赋》这篇课文已请同学们预习,现请试答下列两个问题:(1)'赋'是什么意思……指导学生读注释①,指出'赋'是我国古代诗歌中常见的一种铺叙风物、倾诉感情的表现手法,后来发展成为一种文体……"①

3. 学生学习的完整历程

华东师范大学教授崔允漷先生强调:"整个教学过程的设计都围绕或聚焦学生何以学会,从期望学生学会什么出发,设计何以学会的完整学习历程,配合指向目标监测的形成性评价。"②立足学习者中心视域,你会发现,崔先生这一强调是非常切合新时代新要求的。

观摩斯霞、袁瑢、霍懋征老师的课例,你会发现在她们的课堂教学中,学习者的中心地位其实都得到了相当充分的落实,学生学习的历程也都非常清晰、非常完整。譬如,《颗粒归公》这篇小学二年级课文,共5个段落,袁瑢老师教两个课时,主要按八个步骤教学,分别为:(1)学习课题;(2)自学课文,提出问题;(3)认读生字,理解字义;(4)学习第一段,理解句间关系;(5)学习第二段,把握代词和过渡句;(6)学习第3段,领会写具体;(7)学习第4段,理解"好样的";(8)学习第5段,理解"颗粒归公"。③

建议新手教师编写教案时,不仅要把学生学习某课的主要流程像袁瑢老师一样清晰完整地规划出来,而且还要将其中每一个学习环节都规划得很具体。

---

① 于漪.《珍珠赋》教案[J].临汾:语文教学通讯,1979(5):39-40.
② 崔允漷.学历案:学生立场的教案变革[N].中国教育报,2016-06-09:006版.
③ 崔峦,陈先云.斯霞、霍懋征、袁瑢语文教育思想与实践[M].北京:人民教育出版社,2003.

4. 支持学生学习的设备与参考资料

新课程倡导探究性学习与综合性学习方式。在此背景下,教师备课的一个重要内容就是备参考资料。现成的参考资料,只需注明出处就可。散在的参考资料,还需要教师本人去整理并记录在教案上,如本章第四节中我们提到的支持《月光曲》一课学习的两份参考资料:《关于德国是世界著名音乐之乡的简介》《关于贝多芬经历与人格品性的简介》。

(二)条理要清晰,各阶段的任务目标要鲜明

通过一线调研,笔者发现,步骤千篇一律、层次混乱、各阶段任务目标含糊不明,这些毛病在新手教师编写的教案中很普遍地存在着。建议对策有二。

1. 给步骤起名要兼顾共性与个性

譬如小学课文教学一般都遵循下列四个步骤:(1)初读课文,整体感知;(2)精读课文、深入了解;(3)熟读课文,读出思想感情;(4)总结拓展。但具体书写某一课的教案时则要融入本次课的"个性"。假如教学对象为部编本一年级下册识字课文《人之初》。上述四个步骤可做如下变化:(1)初读课文,读准生字字音;(2)精读课文,深入了解生字字形与字义;(3)熟读课文,读出节奏与韵律;(4)复现生字并练习写字。

再如口语交际课,一般的教学程序是:(1)提出问题;(2)探讨解决方案;(3)应用练习;(4)总结提升。但具体书写某一课的教案时也要融入本次课的"个性"。假如课题为"商量",那么教学步骤可以做如下变化:(1)创设情境提出要商量的具体问题;(2)探讨打商量的方案;(3)在二个新情境中应用练习;(4)总结提升。

2. 结合阶段目标与任务拟写简明易记的小标题

课堂上,随时都会出现新的通道和意料之外的壮丽风景。面对如此生动活泼的课堂,新手教师怎样才能做到既能适时利用课堂生成的鲜活资源,又不至于"走着走着就迷了路"呢?一个可能的对策就是备课时将各阶段的任务目标用容易记住的短语概括出来。譬如部编本一年级下册的《口语交际:打电话》,就可用"我会打电话""我来演一演""我会判对错"这三个短语概括展开部分各阶段的任务。所谓"会打电话"就是懂得打电话的主要要领。所谓"演一演",就是在教师创设的多种新情境下应用与练习。所谓"判对错",就是利用教师精心选择的打电话视频案例或图片案例,发展学生对"打电话"这一口语交际行为的评价能力。

（三）文类要正确,用词造句要妥帖,行文要严谨

上文谈到,"教案"是"计划"的"衍生形式",可归到"事务文书"这一大类中,其写作是有行文格式要求的。但是,新手教师写作教案时往往无视这一文类写作要求,所编写出的教案常常思路不清、文类特征杂糅、用词不妥帖、造句欠规范。且看笔者实录的以部编本一年级下册《口语交际：打电话》为课题的三例教案(片段)。

【案例一】(存在问题)

二、讲授新知

① 师：现在有一位同学想找他的同学玩,可是接电话的并不是同学,而是同学的妈妈,那谁来扮演一下这位同学,演示如何打电话沟通。

师：请同学点评一下刚才上台同学的发言问题,优点与缺点。

设计意图：创设一个约定情境,让学生自由发言,根据点评总结出打电话的要点。

② 师：通过刚才的打电话,我们知道,与人交流,首先要注意礼貌,例如：您好,谢谢,麻烦你等词语,再说出自己是谁,和打电话的人是什么关系,最后明确地说出目的。(写在黑板上)

设计意图：让学生得知本节课的重点内容,明白打电话的要求。

先提出问题,接着演示并讨论,最后点评并总结,教案思路大体清楚。这是这个案例的优点。但这个案例存在下列问题：

（1）将教案与说课稿混同。注意,特别将"设计意图"拎出来说,这是说课稿的突出特征,而在教案中,按照行文逻辑,"设计意图"这一内容已不需单列。

（2）将教案格式与上课实录格式混淆。注意,按"师：""生："格式写下去是上课实录的突出特征,而教案不具有这一形式上的特征。

（3）题文不一致。该阶段标题既为"讲授新知",那就意味着采用的是接受性学习模式,按照题文一致的写作要求,只需讲清楚本课的"新知"就可。以此为标准判别该案例,不难发现,其赘余的东西还很多。按教材,该课的新知主要有：① 打电话的基本知识：先问好并说清楚自己是谁,接着说事情。② 接电话的基本知识：先问好并询问对方找谁；如果没听清,可以请对方重复。

（4）将发现式学习过程与接受性学习过程杂糅。如果采用接受性学习模式,则基本过程为：① 结合教材插图,讲清楚新知。② 创设情境,应用新知。③ 点评并总结。如果采用发现性学习模式,则基本过程为：① 提出问题：哪

些事项是打电话要特别注意的?②结合各人打电话的经验在小组内讨论并演示。③归纳打电话的注意事项。显然,该案例混用了两种学习模式。

(5)表达上提升的空间还很大。每个自然段前要空两格,使用序数词要讲顺序,表达要精准,这些都是该案例的撰写者该致力的方面。

【案例二】(存在问题)

2. 新授

师:咱们再来看一遍,这一遍同学仔细听听小红打电话时有没有做得不好的地方。(播放视频)

师:我看已有同学跃跃欲试了。手举得最高的那个,你来说。

生1:电话接通后小红没有说"你好"。

师:你听得可真仔细。嗯,你来说。

生2:也没有说"谢谢"。

师:对!还有吗?

生3:她没有说清楚打电话给小明要做什么。

师:非常棒!那老师想请一位同学来模仿小明,一位同学来扮演小红,你们按你们的方式和同学们说的要点来打电话。

(学生演示,老师指出问题/表扬,视情况而定,相机而作)

该教师设计教学过程能突出学生主体、注重师生互动并能积极使用多媒体促进学习,这些都是优点。不足处有下列几点。(1)题文不一致。标题为"新授",但是,行文内容却涵盖了"新授、运用与点评"三个环节。(2)"运用""点评"这两个环节都没有明明白白地用小标题列出来,这是"步骤欠分明"的体现。(3)新授知识没有明明白白地在教案中写出来。"再组织策略"是课程与教学论课程中的重要知识点,想必大家都学过。建议大家在讨论结束后运用该策略将关键性知识系统地讲述一次。(4)将教案混同为课堂实录,从而导致教学过程定得过死,缺乏弹性。拿这样一个框得很死的教案到充满变数的课堂"施工",师生的生命活力与灵性都会被扼杀。

【案例三】(存在问题)

一、谈话导入

小明和小红是很好的朋友,但他们的家离得有点远,如果小明和小红想相约出去玩,他们要怎么联系对方呢?

二、围绕课题讨论

(一)提问:你打过电话吗?你是怎样打电话的?(学生议论纷纷)

(二)提出要求:小组间讨论,互相分享,待会请同学在班上分享。

（三）学生分享后，请全班同学提意见，引出打电话的注意事项。

1. 开头要问好.
2. 说出自己是谁.
3. 说说你要干嘛.
4. 最后不要忘了说"谢谢"和"再见".

（教师引导学生说，并板书）

与案例一、案例二比较，案例三的文面规范多了。但是依然有较大的提升空间。（1）目标要清楚明白地点出。案例中，第二个环节的标题为"围绕课题讨论"，是讨论"打电话的注意事项"还是分享各自的电话沟通方案或策略？案例中没有明白交代。同样，"提意见"是对同学的现场扮演提意见还是对同学提出的"注意事项"或"沟通方案"发表看法，案例中也没有明白交代。（2）周密性要加强。提出问题、讨论解决方案、应用与练习、总结注意事项，这是一个过程完整周密的口语交际学习程序。但是观摩该案例的内容，发现其周密性不够。首先，其第一个环节的小标题应为"提问导入"而不是"谈话导入"。这是标题取名不够周密的体现。其次，该环节提出了"两个家离得有点远的小朋友怎样通过电话相约出去玩"这样一个对小朋友有意义的具体问题，但是，接下来的第二个环节却将这个问题完全撇到一边，重新提出另一个问题并组织讨论；这是该案例过程设计不周密的体现。（3）规范性要加强。中文标点与英文标点混用，小标题中已经出现了"引出打电话的注意事项"，文中还通过加括号方式强调是教师引导学生说出"注意事项"，用语重复了。

教案是内容比较复杂、比较具体细致的计划，一般使用条文式或条文表格结合式这两种形式。当然，也有单一表格式教案。如果所在单位要求编写表格式教案，那么，请遵照执行好了。

第七节　微型课设计

目前，师范生教学技能训练与比赛、教师资格证面试及各种招教考试常常要求上微型课。"微"，细小的意思。微型课一般10分钟左右，是一种用时比常规课短、内容比常态课单纯的特殊课型。微型课有多种类型。论独立程度,其有"节选式片段课"与"专题式微型课"的区别。根据现场情况,有模拟课与全虚拟课的不同。

一、节选式片段课的设计

节选式片段课与常规课的关系类似语文课本上的小说节选与原长篇小说的关系,可以说,这种微型课就是一次大课中的相对独立的精彩片段,是围绕一个阶段目标展开的教学活动。

这种节选式片段授课,在设计上与常规课的最大不同主要体现在导入语与结束语上。其往往以"承上"导入(同学们,上个环节中我们……)、以"启下"结束(下一个环节,我们……)。譬如,常态课课题为"道歉"(口语交际课),那么,节选式片段课可以这么设计:

1. 复习导入

同学们,通过上一个环节的学习,我们归纳出了向人道歉四步骤,即:(1)大声问好并说明出错原因;(2)边说"实在对不起"边鞠躬行礼,表示真心认错;(3)如果造成了损失,就要主动担责,要说"我会如数赔偿";(4)边做请求原谅的手势边说"但我不是故意的,希望你能原谅"。

2. 在新情境中运用与练习

(1)分小组练习

接下来,进入"运用环节"。请各小组从下面两个题目中选择一个题目练习。题目一:熊大追光头强时一不小心撞倒了熊二的苹果,他应该怎样道歉?题目二:小明在邻居家屋旁的空地踢足球,一脚踢出去,足球重重地砸到了门口架子上的陶瓷花盆上,一地碎片。阿姨大声训斥。这种情境下,小明应该怎样道歉?

(2)展示与点评

各小组在台下都练得很认真。现在,老师请第一小组派代表到台上来演示,其余同学在台下当评委。演示完毕后,请同学来点评。

3. 以交代下一阶段任务的方式收课

(鼓掌)通过刚刚的演示与点评,老师发现同学们的新本领基本学到了。下一个环节,我们还要联系自身生活进一步学习。

二、专题式微型课的设计

专题式微型课的特点是"考官"提出一个在规定时间内就能解决的知识点或能力点,教者以此为目标进行教学活动。如区分"的、地、得"三个词的用法,学写人物内心的小纠结,等等。

这种微型课的设计比常态课的设计更容易,程序也更为简单。基本上只需针对"考官"提出的知识点计划教学方法、教学过程(含具体的教学内容及师生活动)与板书设计。

三、模拟课的设计

师范生教学技能训练与比赛常常使用模拟课形式。模拟课的特点是在模拟的情境中上小学语文微型课。所谓模拟情境主要指:(1) 上课地点并不在小学,而在大学的常规教室或者微格实训室中;(2) 学生是由大学生来扮演的。因材施教是教学的基本原则。所以,模拟课的教学要求是:小学生虽然是扮演的,但小学语文课却要"真在上"。其设计要义是:选择合适的方式方法与姿态推动扮演学生进入小学语文学习情境。

四、全虚拟课的设计

教师资格证面试及各种招教考试也要求上微型课。这时,考生面对的是专家、领导和评委,真正的小学生并不在现场,所以,这种微型课是全虚拟性的课。比之实体课堂,这种课的预设性更强。只要预设得好,成功的可能性更大。

这种课,重在考察授课者对理论、对教材、对学情的认识程度,重在考查考生的专业素养、教学基本功及基于教材设计教学方案的能力。所以,授课者要巧妙地将自己的所学、所能融会贯通于授课过程之中。

这种全虚拟课授课的难点在于:在学生的朗读、讨论、表演、回答问题等种种具体活动被省略的同时还要体现出"学生主体性"。那么,该怎样操作呢? 具体策略有:

(1) 学生存在不可以省去。要通过"说"体现有学生存在,体现学生在听课、在思考、在应答。课中,可以说:"你们都是某某年级的学生""好,这位同学第一个举手,那么,就请你,你是第一个吃螃蟹的勇士。"(对台下竖起大拇指)

(2)"提问、讲解、练习"等师生课堂互动活动还需设计。课中可将学生的活动直接"说"出来,如"请标出文中表现作者情感变化的语句并大声读一读"。还可使用"重述、追问、评价、核查、更正"等种种方式,体现教师在引导点拨、学生在与教师互动,如说:"对老师的问题,这位同学认为……,很正确(或不够深入)"。

(3) 为体现授课者懂得"教学生成"并能机智应对,还可有意预设课堂"生成"的意外情况,并周密计划教师的应对语言与行动。

（4）为体现讲课的层次性，要在问候语、导入语、结束语及各个环节之间的衔接语上做细致打磨功夫。

下面，仍以"学习道歉"为课题，给大家演示在"全虚拟课"中教师如何引导学生"联系自身生活进一步学习"：

同学们，亲人之间、同学之间、师生之间相处都难免会有些磕磕碰碰。我就做过对不起小明的事情，因为我当众摔坏了他的油笔。小明，请你上讲台，我当众向你道个歉。台下掌声很热烈哟，我想同学们既是在为我的勇气鼓掌，也是在为小明同学的机智应对喝彩。同学们，你做过对不起同学的事吗？请利用这个机会当众向这位同学道个歉，好吗？孩子们，亲眼看见你们运用学到的新本事真诚地相互道歉，从而使关系和好如初，老师感到很幸福很骄傲。孩子们，由于年幼无知，你们是否曾经有意无意地给你的爸爸妈妈或叔叔阿姨造成过伤害？老师看到你们几乎全体都在点头。那么，孩子们，还等什么？快快趁今天放学回家的时间向他们真诚地道个歉吧。所以，今天的课后作业是——回家向你曾经无意伤害过的亲人道歉。

➢ 一、课标指出："语文课程，应使学生初步学会运用祖国语言文字进行交流沟通，……工具性与人文性的统一，是语文课程的基本特点。"相比较过去教学大纲中提出的"理解和运用祖国语文"，你是怎么看待课标中以"运用"取代"理解"的这一变化的？你是怎么理解"工具性与人文性的统一"的？

➢ 二、《义务教育语文课程标准（2011版）》中两次提到"对话"："语文教学应在师生平等对话的过程中进行""阅读教学是学生、教师、文本之间对话的过程"。你是怎么理解这里的"对话"的？

➢ 三、语文课程的基本理念是什么？你又是如何理解这些理念的？

➢ 四、《詹天佑》是人教版国标本六年级上册课文，请运用本章学得的关于教材分析的知识，撰写这一课的"教材分析"。

➢ 五、《牧场之国》是人教版国标本四年级下册课文，请运用本章学得的关于学情分析的知识，撰写这一课的"学情分析"。

➢ 六、以下案例是某教师在两次不同场合教学同一篇课文《登鹳雀楼》

(苏教版第四册)的"学情分析"①,阅读后解答后面两个问题。

"学情分析"一:

(1) 知识掌握上,小学二年级的学生学过一些古诗,如第一册的《江南》,第二册的《锄禾》《悯农》,以及本册《英英学古诗》中的《静夜思》,他们对故事和古诗有一定的了解。

(2) 学生学习本诗的知识障碍。对"依、尽、欲、穷、更"等字义的理解,对古诗描绘景色的再现都是本诗学习的难点。这首诗尽管只有24个字,但蕴涵着很深的哲理。学生的生活阅历决定了他们对这首古诗的哲理理解不会太透彻。

(3) 心理上,学生对语文课很有兴趣。但二年级的学生有理解能力不强、思考问题不深入、好动、注意力易分散、希望得到老师表扬等特点,所以在教学中应抓住学生这一生理、心理特点,创设情境,引发学生兴趣,使他们的注意力始终集中在课堂上。

"学情分析"二:

(1) 在知识掌握上,这届学生从一年级起就开始了"经典诵读",每学期背诵20首古诗,两个多学期已经背诵了50首古诗,其中就有《登鹳雀楼》。学生对古诗的节奏感、韵律美的了解远超过普通二年级的学生。同时,对《登鹳雀楼》的读、背已经完全掌握,对古诗描绘的景色也有大致了解。

(2) 学生学习本诗的知识障碍虽然也在对"依、尽、欲、穷、更"等字义的理解上,但是比较容易跨越。对古诗哲理的理解仍旧是难点。

(3) 心理上,学生对这首诗可能有倦怠感或轻视感,从而影响到对文本的学习兴趣。于是,学生会的坚决不教,学生不清晰的重点突破,主要进行思维训练,拓展阅读。

问题一:从以上案例中,可以看出,一个完备的"学情分析"应该从哪些方面入手?

问题二:同一篇课文,出现了两种不同的分析,这说明了"学情分析"有什么特点?

➤ 七、阅读下列材料,解答后面的问题。(2015年教师资格考试题)

刘老师教学《第一场雪》时,运用各种方式激励学生。学生在质疑时,她就说:"你真是个爱思考的孩子!"学生朗读表现出色时,她就说:"老师仿佛置身于雪景中,心中无比轻松愉悦。"学生朗读不是很完美时,她首先肯定"读得不错,要是不仅能表现出惊讶,还能表现出赞叹的感觉来,就更棒了。"

---

① 引自 丁军梅.对"学情分析"的反思[J].江苏教育研究,2010(7):39-41.

问题:
1. 评析刘老师对学生课堂表现的评价。
2. 谈谈"新课改"倡导的评价理念。

➤ 八、阅读人教版四年级课文《给予是快乐的》以及阅读链接《给,永远比拿愉快》,完成下列习题。(2017年教师资格考试题)
1. 从写作特点和编者意图对本篇课文进行简要解读。
2. 指导中年段学生学习该文本,试拟定教学目标、教学重点和难点。
3. 依据拟定的教学目标,设计导入环节并说明理由。

第二章

小学识字写字与拼音教学设计

第一节　小学识字教学主要任务与策略

在课标中,"识字与写字"是与"阅读、习作、口语交际"并列的贯穿小学三个学段的学习项目。这一节探讨课标视点下小学识字教学的主要任务与策略。

一、课标视点下小学识字教学的主要任务

(一) 小学第一学段"识字与写字"项目下识字教学的目标和内容

该学段"识字与写字"项目下共 6 条目标与内容,其中与识字教学相关的有 3 条,具体如下:

1. 喜欢学习汉字,有主动识字的愿望。
2. 认识常用汉字 1 600 个左右。
3. 学习独立识字。能借助汉语拼音认读汉字,学会用音序检字法和部首检字法查字典。

(二) 小学第二学段"识字与写字"项目下识字教学的目标和内容

该学段"识字与写字"项目下共 5 条目标与内容,其中与识字教学相关的有 3 条,具体如下:

1. 对学习汉字有浓厚的兴趣,养成主动识字的习惯。
2. 累计认识常用汉字 2 500 个左右。
3. 有初步的独立识字能力。会运用音序检字法和部首检字法查字典、词典。

(三) 小学第三学段"识字与写字"项目下识字教学的目标和内容

该学段"识字与写字"项目下共 4 条目标与内容,其中与识字教学相关的只有 1 条,具体为:"有较强的独立识字能力。累计认识常用汉字 3 000 个左右。"

(四) 对小学三个学段识字任务的解读

显然,小学识字教学在三个维度上都有任务。情感态度与价值观维度,要求从"喜欢学习汉字"走向"有浓厚的兴趣,养成主动识字的习惯"。过程与方法维度,要求掌握"音序检字法和部首检字法"等识字方法。知识与能力维度,要求"有较强的独立识字能力。累计认识常用汉字3 000个左右"。

读到此处,有同学会"于无疑处生出疑问",他们会问:课标要求小学六年累计认识常用汉字3 000个左右。这"认识"的标准是什么,不会是单指能读准这个字的字音这么简单吧? 这问题问得好。当然不会这么简单。在小学《语文》课本中,每一篇课文后都有一个"会认字表"。"会认"字要求"四会":会字音、会字形、会字义、在新语境中会应用。所以,课标要求中的这3 000个左右的汉字,都是"会认字",都必须学到"四会"程度。

"那么,一篇课文中所有的生字都会放到课后的'会认字表'中吗?"这些同学还会问。我的回答是:不一定。课后"会认字表"中的生字在数量上有时会少于在该课中实际出现的生字。如部编本《姓氏歌》一课,"胡""欧阳""诸葛"都是生字,但是在该课的生字表中找不到这5个生字。也就是说,课文中的部分生字,只要求在该课中能认读便可,不必要求通过该课学到"在其他情境中也会运用"的程度。

二、课标视点下小学识字教学的策略

(一) 借助汉语拼音读准字音

刚入学的孩子来自四面八方,不仅识字量很有限,而且有的方言音还很重。所以,充分发挥汉语拼音对认读汉字、纠正地方音的作用是第一学段普遍采用的识字教学策略。一年级《语文》课本还在每一课汉字上面都标注汉语拼音,方便孩子在遇到生字时能借助其上面的汉语拼音迅速读出字音。

(二) 教给多种识字方法,帮助自主识字

识字方法也是识字教学的重要内容。掌握并会运用多种识字方法,发展独立识字能力是识字教学的目标之一。常用到的识字方法有:(1)"用熟字加一加"的方法,如:白—柏(柏树)。(2)"用熟字减一减"的方法,如:球—求(要求)。(3)各种归类识字法,如反义词类聚法、近义词类聚法、形声字类聚法、会意字类聚法,等等。(4)音序检字法和部首检字法,课标明文要求掌握这两种识字方法,因而要强化训练,借此增强其自主识字的意识与能力。

（三）积极创设识字语境，培养在语境中理解和运用字词的能力

一方面，汉字音形义之间的关系和联系较复杂，存在一字多音（多音字）、一音多字（同音字）、一字多义（多义字）现象。另一方面，只要结合具体语境，多义字的意义、多音字的读音、同音字的字形也都会变明确、变单一。所以，积极创设识字语境，培养学习者在语境中理解和运用字词的能力是识字教学的又一条重要策略，"字不离词、词不离句、句不离篇"是语文教学的一条基本原则，其所依据的都是语境理论。

《语文》课本方面，一直坚持集中识字和分散识字两结合的原则，依据的主要还是语境理论。"分散识字"，就是"随阅读课文识字"。"集中识字"的主要做法：专设识字模块，让学习者在对对子、民谚、儿歌等语境中学习生字，如"云对雾，雪对霜。和风对细雨，朝霞对夕阳。"念起来朗朗上口，听起来轻松悦耳，从形式到内容都颇有意味。孩子们在轻松的读与背中，不仅学得了生字的音形义，还会对民族文化产生感觉并爱上自己的民族文化。

（四）通过汉字的构形理解其构意，建立起音形义之间的联系，减少错别字发生

汉字是表意文字，突出特点是能据形辨义；形声字更具有"形旁表义、声旁表音"的特点。因此，识字教学固然需要借助拼音读准字音，也需要积极发掘汉字造字的理据性，依据汉字造字原理，把握汉字形体结构的内在理据，并通过汉字的构形理解其构意，建立起音形义之间的联系，减少错别字发生。初期学习象形字、指事字，可以对照实物图片和古字形学习。

（五）引导课外自主识字，鼓励"识用结合"，早识字、早阅读、早启智

生活中识字教学资源很丰富，路牌与广告牌上有字、商标上有字、其他课本上有字、电影电视上有字，等等。建议从一年级开始就建立"课外识字剪贴本"并经常举办"课外识字汇报"活动，引导小学生利用各种机会主动识字，鼓励他们"识用结合"。长期坚持，不仅自主识字兴趣大增，而且课外自主识字量甚至会远远大于课堂上学到的，有助于孩子尽早开始阅读。早识字，早阅读，早启智，助力孩童终身发展。

（六）抓好复习巩固环节，防止"生字返生"现象

诚然，课外自主识字是重要的。但无论如何，课内识字都是主战场，是识字教学质量的基本保证。根据遗忘"先快后慢"的规律，课内每次学习"会认

字"时都要当堂复习巩固;在以后的两三天中还要复习,之后还要不时予以"复现"。

第二节　小学写字教学主要任务与策略

课标指出:"识字、写字是阅读和写作的基础,是第一学段的教学重点,也是贯串整个义务教育阶段的重要教学内容。"上一节探讨了识字教学的主要任务与策略。这一节,探讨写字教学的主要任务与策略。

一、课标视点下小学写字教学的主要任务

(一) 小学第一学段"识字与写字"项目下写字教学的目标和内容

该学段"识字与写字"项目下共6条目标与内容,其中与写字教学相关的有4条,具体如下:

1. 有主动写字的愿望。
2. 其中800个左右会写。
3. 掌握汉字的基本笔画和常用的偏旁部首,能按笔顺规则用硬笔写字,注意间架结构。初步感受汉字的形体美。
4. 努力养成良好的写字习惯,写字姿势正确,书写规范、端正、整洁。

(二) 小学第二学段"识字与写字"项目下写字教学的目标和内容

该学段"识字与写字"项目下共5条目标与内容,其中与写字教学相关的有3条,具体如下:

1. 其中1 600个左右会写。
2. 能使用硬笔熟练地书写正楷字,做到规范、端正、整洁。用毛笔临摹正楷字帖。
3. 写字姿势正确,有良好的书写习惯。

(三) 小学第三学段"识字与写字"项目下写字教学的目标和内容

该学段"识字与写字"项目下共 4 条目标与内容,其中每一条都与写字教学相关,具体如下:

1. 其中 2 500 个左右会写。
2. 硬笔书写楷书,行款整齐,力求美观,有一定的速度。
3. 能用毛笔书写楷书,在书写中体会汉字的优美。
4. 写字姿势正确,有良好的书写习惯。

(四) 对小学三个学段写字教学任务的解读

显然,课标对写字教学也从三个维度都给出了任务。情感态度和价值观维度,要求增强练字意识,讲究练字效果,注意写字姿势,养成良好书写习惯,力求字形美观。过程与方法维度,要求懂得执笔方法、运笔方法和书写方法,要求用心感受汉字的形体美,要求从每天的语文课中安排 10 分钟时间写字,教师随堂指导。知识与能力维度,要求掌握汉字的基本笔画和常用的偏旁部首,要求会使用田字格并按笔顺规则书写、注意间架结构,要求能用硬笔和毛笔书写楷书,硬笔书写做到正确、规范、端正、行款整齐,并有一定的速度。会写字的数量,三个学段累计要达到 2 500 个左右。

二、课标视点下小学写字教学的策略

(一) 坚持循序渐进、逐步提高的原则

写字教学任务重,循序渐进、逐步提高是关键。从整个程序来说,应先掌握正确的写字姿势与执笔方法,然后认识笔画名称、笔顺规则以及学会使用田字格等。从速度来说,一开始慢,待到将基本笔画练熟了,基本字形掌握了,再逐渐由慢到快并最终与识字基本同步。从字形来说,先写独体字,后写合体字;先练结构简单、对称整齐的字,后写结构复杂、不易搭配匀称、不易摆放整齐的字。从练习方式看,用硬笔写字一般采用临写、抄写、听写、默写几种方式;用毛笔写字则从描红到影写再到临摹,最后独立地写字。

(二) 重视书写基本功训练,要领介绍与当堂示范并用

写字姿势、执笔运笔方法、基本笔画书写、基本结构布局及基本字练写,所有这些,全都是能写出一手好字的关键因素,应该将它们全都纳入写字基

本功训练范畴中,予以重点训练与反复训练。训练时既要介绍要领,还要当堂示范。譬如训练写字姿势,教师一边说"头正、身直、臂开、足安",一边一样样地示范;待再次练习时,这八个字就能成为学生摆正姿势的指南。为方便小朋友理解与记忆,要领介绍不仅要尽可能简短,还要尽可能使用形象化的比喻,化抽象为具体,引发书写兴趣与联想。譬如介绍基本笔画书写要领时,教师一边说"撇"像扫把"捺"像剑,"竖"若悬针"点"如水滴,一边一笔一笔地示范,孩子边观察边联想,笔画美感随即产生,于是"笔笔到位"也可望做到了。

(三) 观察与临摹结合,提高写字教学效率

唐代书法理论家孙过庭认为只有观察精准,才能临摹得惟妙惟肖。他在《书谱》中说:"察之者尚精,拟之者贵似。""察","观察",其不只是一般意义上的"看",还有研究分析的成分。"察"这一步对写好一个字至关重要。譬如"鼎"字,一旦发现其部件布局规律——上下结构,"目"字居中略小,下边左右对称,于是,这个总也写不美观的字就变得容易写了。"拟"就是"临摹"的意思。

由此看来,写得一手好字的人岂止仅仅是"手巧",其首先还是"心灵"!因此,写字教学应该让学生"先眼到、心到再手到"。譬如:会写"八"字后,出示"人""大""太""犬""天"等一组字,让学生"找共同"。会写"若"后让写"苦"字、会写"日"后让写"曰"字、会写"监"后让写"临"字,让学生去领悟形体变化及部件组合规律。教写"食"字后,让学生找其与"奏""林""众"等字之间的"共同",认识"避免重复""穿插避就"等写字结构规律。

而且,高明的写字教师不光教写字规律,还会兼教审美知识与人生道理。如教写"永"字,会说:"汉字结构一般是上紧下松,笔画齐聚字的上半部,有如玉树临风,挺拔稳健而不失洒脱大方。"指导写"典"字,会说:"中间是一块面包,横着一刀,竖着两刀,要切得均匀才会好看。"教"府"字时,会说:"二撇相并互相揖让,一短一长,避免了冲突。"

(四) 师评与生评相结合,提高讲求书写美的自觉性

当"评论家"、当"小小医生"都是第一学段小学生特别喜欢的事情。写字评价反馈可分三步进行。第一步:我是"评论家",小组内同伴互相点赞,互相激励。具体做法为:用红笔在同伴写得相对好的生字旁打上五角星或画个笑脸。第二步:我是"小小医生",小组同伴相互问诊,找找书写不规范、不美观的地方。第三步:小组汇报交流与点评,进一步打开眼界,提高审美能力,增

强提高书写水平的自觉性。

（五）利用信息技术，积极开发写字教学软件，提高写字教学的直观性

目前，借助信息技术，针对汉字书写难点，已经开发了不少软件。在教学中，教师除亲自示范外，还可利用投影、录像与已开发软件，帮助学生在头脑中构建可参照的"书写形象"。初入学的孩子写字，难在"心""手"不协调。如果能进一步开发写字教学软件，让初入学的孩子像拼积木一样自由拼摆汉字部件，并开展拼摆比赛，那么，写字教学将会更为容易、更有效果。

三、小学第一学段写字教学的"三不"

小学第一学段写字教学的"三不"为：每次练字的数量不要多、练字时间不要长、书写美观度方面的要求不要高，这是由第一学段儿童身体发展规律所决定的。儿童骨骼容易变形，不正确的坐、立、行走姿势可引起脊柱侧弯、后凸等变形。因此，课标反复要求写字姿势正确，这是对儿童身体的关爱。从解剖学上看，腕骨、掌骨、指骨的骨化只有在14~16岁才基本完成，因此刚入学的儿童，手指、手腕运动不够灵活、不够协调，字迹会歪歪扭扭，有时还会把本子戳破。基于第一学段儿童身体发展规律，部编本《语文》第一册将识字与写字的关系定位为："先认后写，多认少写"。每课"会写字"一般只有3~4个；全册会认字300个，而会写字只有100个。

第三节 小学汉语拼音教学主要任务与策略

部编本小学《语文》一年级上册第一单元是《识字》，第二单元是《汉语拼音》。本节依据课标，探讨三个问题：(1) 让刚入小学的孩子学汉语拼音，目的是什么？(2) 刚入小学的孩子学汉语拼音，主要学什么？(3) 如何指导刚入小学的孩子学好汉语拼音？

一、小学第一学段学习汉语拼音的目的

课标总目标指出："学会汉语拼音。能说普通话。"课标第一学段"识字与写字"项目下有这样一句话："能借助汉语拼音认读汉字。"根据这两处文

字可知:小学第一学段学习汉语拼音的目的在于"帮助识字、正音与学习普通话"。

二、小学第一学段汉语拼音的教学内容

刚入小学的孩子学汉语拼音,主要学什么?这个问题的答案,可从课标第一学段"识字与写字"项目下的第五条中找到。分开来说,刚入小学的孩子学汉语拼音,主要学习3项内容:(1) 读准声母、韵母、声调和整体认读音节;(2) 准确地拼读音节;(3) 正确书写声母、韵母和音节。

学习汉语拼音的目的与内容都明确了,接下来,请你做两个选择题。

第一题:关于小学拼音教学,下列三个项目中哪一项正确?(1) 分析音节的构成;(2) 默写音节;(3) 给汉字注音。

第二题:检测小学汉语拼音学习效果,下列两个选项哪一项正确?(1) 使用"当场拼,当场读"这种口试方式;(2) 使用传统笔试形式。

第一题中三种教学行为都人为地拔高了小学第一学段拼音学习的要求,都不正确。第二题中正确的选项为(1),检测小学汉语拼音学习效果应该使用"当场拼,当场读"这种口试方式。而且因为学习汉语拼音的目的在于帮助识字、正音和学习普通话,所以,检测时,让孩子结合图文拼读音节,比要求学生认读一个个孤立的音节更能让孩子明白学好汉语拼音可以帮助阅读,因而更能激发孩子学习汉语拼音的兴趣。

三、指导刚入小学的孩子学习汉语拼音的策略

刚入小学的孩子学习汉语拼音的目的、学习内容与测试方式都明白了,接下来说说指导刚入小学的孩子学习汉语拼音的策略。

(一)借助课本中的情境图学拼音

部编本课本拼音单元的情境图不仅多,而且还相当有意味,多数更颇费匠心。如第一、二课,"e"在大白鹅水中的倒影里,"i"藏在衣服的衣襟和纽扣中,"u"在乌龟壳上,"ü"是小鱼与水珠的组合,"y"是路旁小树的枝丫。再如第七课"zcs"的情境图上,熊老师在教"z",三只听课的刺猬蜷缩成"c"的形状,树叶上的蚕吐出的丝成"s"的图像。

另一方面,声母、韵母、声调对刚入学的孩子来说,都既陌生又抽象。借助生活场景学,熟悉感来了;花花草草与拟人体画面一出现,形象感来了。而部编本汉语拼音单元,每一课都配了这类情境图。因此,基于部编本汉语拼音教材,

借助其中的情境图学拼音是一条符合初入学孩子接受特点的好策略。

（二）在丰富多样的游戏与诵读活动中学拼音

孩子喜欢游戏,喜欢诵读朗朗上口的儿歌。基于儿童这一学习心理,部编本汉语拼音单元安排了很多的游戏活动与儿歌诵读活动。譬如用毛线、小塑料棒等材料摆"x、s、c"三个字母的图案,譬如一边看插图一边一起诵读《在一起》这首儿歌。孩子在"拼一拼""摆一摆""连一连""做一做""读一读"中轻轻松松地记住了字母的形状与音节的读音。

针对孩子喜动、有意注意时间短这些特点,教学中还可引入"开火车游戏""放鞭炮游戏""我指你猜游戏",让孩子在轻轻松松的游戏活动中学得拼读规则,读准声母、韵母与音节。教材有大量的情境图,教师还可根据这些情境图自行匹配儿歌帮助突破学习难点。譬如学"ü 跟声母 j、q、x 相拼两点要去掉"这一规则,就可针对课本上拼音宝宝"ü"和"j、q、x"相遇这一情境图编儿歌诵读:"小 ü、小 ü 有礼貌,见到 j、q、x 就脱帽。"或:"小 ü、小 ü 有礼貌,见到 j、q、x 不吐泡。"

（三）读透教材、用足教材但不一味迷信教材

1. 读透并读准教材

读透并读准教材是用足教材的前提。部编本拼音教材在音节排列上与以往各版本相比有些不同。譬如,第 4 课,d、t 分别与 a、e、i、u 相拼,n、l 分别与 a、e、i、u、ü 相拼。纵列为同一韵母,横列为同一声母。一年级儿童学习以直观、形象为主,儿童一眼看过去,便知道 d、t 不能与 ü 相拼。教师趁机点出就起到了强化的作用。再如,以往教材一般利用 d、t、n、l 与 ɑi 相拼,但是,部编版第 9 课则利用 t、g、k、c、g-u、k-u、h-u 与 ɑi 相拼。可以看出,部编版加入了三拼的内容,且不拘泥于形式的整齐,使用的声母多是不连贯的。这一变动,带给我们的启示就是——拼音教学时,教师应该使用多种可能的声母与韵母相拼,增大拼读量,强化拼读效果。

2. 用足教材

我们已经知道,部编本拼音单元匹配了大量的有意味的情境图。那么,怎么利用这些情境图指导孩子学汉语拼音呢? 我这儿有个"一顺二问三找四读五写"方案,给大家做一参考吧。第一步,"顺",顺应儿童喜欢看图的天性,说:这节课学习第七课"zcs"。现在打开书,一起看看图。第二步,提问:"图中都有哪些事物?"对刚入学的孩子而言,区分字母形状是难点,借助感兴趣的

形象是对策。教材在这方面既然已经很用心了,课堂教学时也应该积极利用这些图片,导引孩子阅读这些图片,与这些图片对话。第三步,找出与课题中字母形状相似的事物。第四步,正音,读准情境图上的字母与事物名称。第五步,在四线格中书写拼音字母,强化字母形状识记效果。

字母书写也是教学难点,很多新手教师不知道怎么教。对策很简单:依据教材教。部编本课本上不仅有四线格,而且,在四线格头顶上还标出了笔顺,譬如第 31 页。教师只需对学生说:现在请看"q"在四线格上的写法,先在中格上写左半圆,再加一竖。

3. 不一味迷信教材

任何教材都会有不足,部编本教材也不例外。其 2017 年版的二年级下册对轻声词采取的是只注字本音的方法,如:刺猬(wèi)、蘑菇(gū)、商量(liáng)、屁股(gǔ)、磨坊(fáng)、窟窿(lóng)、工夫(fū)。二年级对轻声词尚处于学习积累期,只注字本音,不利于对轻声词语的掌握。所以,强烈建议大家教轻声词语时,要标注整个轻声词语,而且,不能把轻声音节标为字本调的读音。

第四节 《学习 ie》教学设计

【教材分析】

部编本一年级上册《语文》汉语拼音模块第 11 课的课题为《ie üe er》。在韵母 ie 的学习上,课本除列出了 6 个韵母为 ie 的带声调的音节,还配有一幅椰乡姐妹月夜放歌图。显然,准确拼读声母和 ie 组成的音节并会结合情境图用音节组词说话是编者设计本课的目标之一。

【学情分析】

从以往的教学经历中发现,孩子们念准 ie 的四声几乎都没有太大的问题,难就难在读准"niē、xié、qié、liè"等声母和 ie 组成的音节。

【教学目标】

1. 正确读写复韵母 ie,读准音、认清形。
2. 准确拼读 xié、liè、niē、bié、qié 等声母和 ie 组成的音节。
3. 发展学习拼音的兴趣和自信心。

【教学重难点】

准确拼读 xié、liè、niē、bié、qié 等声母和 ie 组成的音节。

【教学方法】

主要运用示范法、练习法和猜读法。

【教学准备】

课文插图与拼音卡片。

【教学课时】

一课时。

【教学过程】

一、读准复韵母 ie

1. 看课本情境图导入

我们开始上课。打开书，44页。一起看书上这幅图。图上有什么？预设答案：椰子树、椰子、叶子、姐姐。对。图上有椰子、叶子。我们把这个声音变一变，大家注意听：ie,ie,我们把这个声音记下来，就是——ie。板书：ie。

2. 示范发音并总结发音方法

接下来请同学们睁大眼睛，仔细看、认真听老师是怎么读 ie 的。演示 ie 的发音。演示两次。问：哪个同学看明白了？预设答案：从前面的 i 慢慢滑向后面的 e。预设评价语：你看得真仔细。老师再读一次，请同学们再看一遍。教师再次演示 ie 的发音。

3. 练习读 ie

都看清楚了吧？现在请同学们也用这种方法把 ie 读给你的同桌听。开始。学生两两组队练习。各小组练得都很认真。现在，我想请会读的同学读给大家听，谁敢？嗯，发音正确。还有谁敢？嗯，你也读得很准。现在，我想请同学们开火车来读了。小小火车横着开——谁来开？点一学生，说：你来开。嗯，这列火车开得真棒！现在——小小火车竖着开——谁来开？嗯，你来开。嗯，这列火车开得也真棒！其他同学也想读了吧，请齐声读。连读三次。

二、读准 ie 的四声

同学们新本领学得可真好。ie 还可以标上声调呢。标上声调后，还能读好吗？各自读给同桌听一听，开始吧。嗯，各组都练得很认真。谁来读给大家听？嗯，读得不错。谁还愿意读给大家听？评价语预设：嗯，读得真准，还能一边读一边打手势呢。大家都向他学习，把小手拿出来，一边读一边打手势。准备好了吗?预备起。生打手势读。教师表扬:读得真棒。

三、读准带 ie 的音节

1. 读准 jie、qie 和 xie 三个音节

同学们,复韵母 ie 也喜欢和声母交朋友。当它和声母交上朋友以后又该怎么读呢?同学们先和同桌一起合作拼读拼读。同桌合作拼读。读得很认真。现在谁愿意当小老师领着大家拼读一遍?小老师带读。你的声音真响亮。下面老师读声母和韵母,同学们读音节。师生配合读。

2. 练读标声调的音节并组词说话

同学们读音节肯定还很不过瘾,老师这里啊,还有很多标了声调的音节呢。将音节卡片分发给学生。共 10 张,分别为:piě、miè、jiě、tiě、xié、liè、diē、niē、bié、qié。请同桌合作,边拼音节边组词说话,看看哪两个人合作得最好。答案预设:一 piě、miè 火器、jiě 姐、tiě 锹、xié 坡、diē 倒、liè 车、niē 橡皮泥、分 bié、qié 子。同桌互读。

3. 检查标声调音节掌握情况

同学们读得真认真。接下来老师要考考大家的听力了,看谁的小耳朵最灵。我要——piě\niē\qié\liè。学生找出相应的卡片。嗯,同学们找得可真准,现在,我要你们迅速地把卡片收起来。生收卡片。

4. 巩固标声调音节学习效果

PPT 课件呈现下列音节:piě、miè、jiě、tiě、xié、liè、diē、niē、bié、qié。对学生说:接下来,我们来玩猜字组词游戏。玩法如下:

师:谁来猜?生:我猜你猜大家猜。师:我请小明来指,小花你来猜。于是小明与小花两人走上讲台,小花面向台下同学站着,小明面向黑板指 qié,小花猜 xié。台下同学边拍掌边说:错错错,不是 xié;小明再指 qié,小花猜对了,台下同学边拍掌边说:对对对,就是 qié,qié 子,qié 子。

先后请三组同学上讲台,一人指,一人猜。评价语预设:你可真会猜。这猜字游戏啊,大家玩得高兴,读得也准。

5. 再次强化学习效果

PPT 呈现三幅图,图下有三组音节词,分别为:tiězhī、qiēcài、xiězì。对学生说:老师这里有三幅图,每一幅图下面都有一个音节词,你能把每一个音节词读正确吗?老师先给点时间,大家在座位上准备一下。学生练习。老师先后点三位学生读,然后要求全班齐读并用这三个音节说话。

四、复习与总结

指黑板板书,要求全班同学齐读。对同学说:这节课我们学了多项新本领,会读复韵母 ie,会读 ie 的四声,会读声母和 ie 组成的音节,还会用音节组词说话。你们真了不起!请全体起立,跷起大拇指,一齐夸夸我们自己:棒棒棒,我真棒!行行行,我们行!现在下课。

【板书设计】

第五节 《学习音序查字法》教学设计

【教材分析】

课标要求第一学段学生"学会用音序检字法和部首检字法查字典"。部编本《语文》一年级下册"语文园地三"开辟了"查字典"栏目并编出了"音序查字法口诀"指导学习音序检字法。汉字同音字多,遇到同音字,应根据形旁或义项筛选;但是该口诀没给出这些方法。

【学情分析】

学生已学完汉语拼音,能认识大写字母,但是,生活中他们遇到不会写的字,一般不会去查字典,而是会选择直接问老师或家长,或者用拼音代替。因此,学习音序检字法,对绝大多数孩子而言,是一种供给侧方面的推动。

【教学目标】

1. 进一步激发应用音序查字法口诀查字典的兴趣。
2. 学习新词"义项"并续编"音序查字法口诀"。
3. 反复使用"音序查字法口诀"查生字,争取熟练掌握音序查字法。

【教学重难点】

根据形旁或义项筛选字形。

【教学方法】

创设情境法、比赛练习法和当堂测试法。

【教学准备】

1. 一个可爱的卡通人物——小勇。
2. 续编的"音序查字法口诀"。

【教学课时】

一课时。

【教学过程】

一、设置情境导入

小朋友们,今天老师给大家带来了一个可爱的卡通人物——小勇。小勇要去游泳,给妈妈写了张留言条,可他"游泳"的"泳"字不会写,周边又没有可问的人,他该怎么办呢?

预设答案:对,用音序查字法查字典。可是,音序查字法小勇还没有学过。我们一起使用课本上的音序查字法口诀来帮帮他吧。

二、合作学习解决问题

好,拿出《现代汉语词典》,跟着老师一起念口诀,边念边做。"音序查字要记牢,先把大写字母找。"找哪个字母?对。找 Y。

"字母下面找音节",找那个音节?对,yǒng。"看看它在第几页。"对,在 1517 页。好,翻到 1517 页,大家有什么发现?估计课堂上接下来会出现下列情形:

情形一:哇,这么多,究竟是哪一个呢?

情形二:老师,游泳是在水里,所以,一定是三点水旁的。

情形三:老师,一共有两个带三点水旁的字呢!

情形四:(指字典)老师,这个"泳"字后有一个词就是"游泳",而另一个"涌"字后面写着:水或云气冒出来。所以一定是"泳"字。

情形五:"对。大字的后面那一行行小字都写着呢!"当此时,老师趁机指出:"那一行行小字就是对这个字的解释,叫义项。"

三、总结经验

同学们真了不起,不用老师教就能"使用音序查字法"合作着帮小勇解决问题了。现在咱们一起续编"音序查字法口诀"。预设答案:同音汉字真的多,形旁义项来帮忙。

四、应用口诀,巩固新课

1. 布置比赛

下面开展"音序查字法口诀"应用比赛。同桌二人为一小组,一人提出自己不会写的难词,另一人按"音序查字法口诀"查字典;然后再交换过来,比比看,谁找得快而准确。

2. 同桌互赛

这一环节不能走过场。预备给足 10 分钟。教师巡视课堂,根据需要进行个别辅导。

3. 比赛结果反馈与评价

比赛时间到。各组的赢家请举手。嗯,真了不起,不仅会了,还找得快。

五、现场测试

同学们,卡通"宝宝"小勇正在写信,遇到三个不会写的字:厕所的"厕"、"呼叫"的"呼"、"挫折"的"挫"。请帮忙查字典。把正确的字写下来。三个都对了的得 100 分。

预设答案:厕、册、侧、测……根据形旁和义项,应该是与房子有关的"厕"字。呼、乎、糊、忽、惚……根据形旁和义项,应该是"呼"。挫、错、措……根据形旁和义项,应该是"挫"。

教师巡视。公布正确答案。现场给全对的同学打 100 分。

六、布置课后作业

这么多的同学得了 100 分,这说明今天的新本领大家都学到手了。老师为你们点赞。你们回家后,敢跟小区的其他伙伴比赛查字典吗?敢跟爸爸、妈妈、爷爷、奶奶、哥哥、姐姐比赛查字典吗?找他们比一比,在明天的语文课上把比赛结果告诉我。现在下课!同学们再见!

第六节 《操场上》教学设计

【教材分析】

本课是部编本一年级下册的识字课文,以体育活动为主题,由一幅图、一组词串和一首儿歌组成。词串中的词语都是体育活动的名称,其中第一行的活动以手为主,词语中的动词都带着提手旁;第二行的活动以脚为主,动词都是足字旁。这一编排结构体现了编者要求根据汉字字形规律指导识字的意图。儿歌描绘了下课后同学们在操场上活动的情景,告诉小朋友参加体育活动可以使我们的身体更健壮。课文后有会认字表、会写字表与两道练习题。会认字表除列出"操、热、闹、锻、炼"等12个生字外,还特别标出了"火"字旁。会写字表共有"打、拍、足、跑"等7个字,左边两列田字格上分别有示范字与描红字,右边两列田字格上都没有字。一道练习题为朗读课文。另一道练习题为:"你喜欢什么体育活动?和同学说一说。"显然,会认12个生字、会写7个字、根据字形规律掌握带四点底、火字旁、提手旁与足字旁这四类字的字义特点、正确朗读课文及引发参加体育活动的兴趣都是编者编辑这一课的意图所在。

【学情分析】

与体育运动有关的生字中,"跳绳、羽毛球、篮球"都是"识字表"中的字。"踢毽子、打篮球、踢足球、跳绳"等词语在之前的课文中出现过。"毽"与"乒乓球"的"乒乓"在之前的"识字表"中虽然都没有出现过,但因为是常用词语,所以,很多学生已能认读出来。根据上述学情,拟采取复习旧知引入新课的教学方法。再者,因为一年级下册的学生,有意注意时间还极为有限,思维还处在形象思维为主的阶段,所以,为增强形象性与趣味性,除引导学生借助图片阅读课文掌握字义、词义外,还采取课堂运动法、开火车读与猜字游戏法等教学方法。

【教学目标】

1. 会认"操、热、闹、锻、炼"等12个生字,会写"打、拍、足、跑"等7个字。认识偏旁火字旁,知晓火字旁与四点底的联系。学习"天天""锻炼""热闹"等词语。

2. 领会文中的儿歌内容并能正确、流利、有感情地朗读课文中的词串与儿歌。

3. 增进对祖国语言文字的热爱之情,激发参加体育活动的兴趣与注意活动安全的意识。

【教学重点】

"操"等12个会认字;"打"等7个会写字;火字旁与四点底的联系;"天天""锻炼""热闹"等词语的含义。

【教学难点】

读准平舌音"操"、翘舌音"场"和"热"、后鼻音"铃"这4个字的读音;明白"打""拍""拔"三个词词义的区别;正确使用"炼"与"练"这两个字;读准儿歌中的轻声音节,读出这首儿歌活泼轻快的语调;理解"天天""锻炼""热闹"等词语的意思。

【教学方法】

自读法、小组合作学习法、借助读物中的图画阅读法和课堂游戏法。

【教学准备】

教师方面的准备:"操"等12个会认字字卡;"打"等7个会写字的田字格字卡;课外体育活动图片及与之配套的词语卡片;菜场、广场与农场图片;将跳绳的"绳子"及羽毛球藏在讲台的抽屉里。

学生方面的准备:每人一套包含"操"等12个会认字的字卡(不注音的);写上自己喜欢的体育活动名称的词语卡片。

【教学课时】

两课时。

第一课时

【教学要点】

学习课题与课文的词串部分。

【教学过程】

一、联系生活引发兴趣导入

同学们好!老师带来了两样好玩的东西,想不想看看?(从讲台抽屉中拿出"绳子")对,跳绳的绳子。(指PPT上的"跳绳")这个词语谁能读准确?后鼻音读得真准。大家齐声读。老师还带来了一样好玩的东西,想不想看看?(从讲台抽屉中拿出"羽毛球")对,羽毛球。(指PPT上的"羽毛球")大家齐声读。羽毛球谁打过?很好。谁还打过篮球、打过排球或者打过乒乓球?好玩的体育运动还有哪些?你最喜欢哪项体育运动呢?××举手了,你来说。谁还来说?嗯,咱们班热爱体育运动的孩子真多。

二、读课题,学词串,认读生字并理解运用

1. 初读课题与词串,整体感知

现在请打开书本第58页,大声读这一课的课题与词串部分,让老师听得见你的读书声。遇到不认识的生字,多读几遍,争取读准确。

2. 借助图片,读准生字读音,记住字形,理解字义,能区分"打""拍""拔"这三个字的意义

大家读得真认真,声音都很响亮。现在,老师要考考大家的音准了。××举手了,你来读,其他同学听。(PPT出示带"踢、操、拔、拍、跑、场"这6个生字的词语及配套体育活动图片,每个词语上都带拼音。边听边观察)嗯,有同学听出来了,"操场"的"操"应该是——"平舌音",××,你再读读这个词语。这回读对了。全班同学齐读。谁来当小老师领着全班同学齐读?

词语都会读了,接下来看看生字的字形。谁发现了记住"踢、操、拔、拍、跑、场"这六个生字字形的方法?预设答案:(1)熟字加偏旁法:"拍、跑";(2)偏旁归类法:"操、拔"都是提手旁,"跑、踢"是足字旁;(3)字形归类法:都是形声字;(4)组词法:拔(拔河、拔萝卜、拔草);拍(拍手、拍打、球拍);跑(跑步、赛跑、起跑);场(农场、林场、菜场、广场)。

字音、字形都会了。接下来看看字义。(PPT出示带"拔、拍、打"这3个生字的词语及配套体育活动图片)请看PPT,"拔、拍、打"三个动作中,哪一个不怎么用力也能完成?对,就是"拍"这个动作。下面,全体起立,出列。一边听老师说词语,一起展开想象做动作,比比看谁做得好。(词语分别为:打篮球、打羽毛球、打乒乓球、拍皮球、拔河、拔萝卜)

3. 边读边想,读出词语的味道来

(一边指PPT上的图片,一边说)同学们,假定现在是体育课,我们都来到了——操场上,操场好大好大,有很多的运动器材。于是我们就开始玩起来了。有的打球,有的拔河,有的拍皮球,有的跳高,有的跑步,有的踢足球,好不欢快。看着你们玩,老师情不自禁地想读课文中的词串了。边拿好书,边看课文插图,听我读。(教师认真地读,像在读诗歌)

同学们,老师读得好听吗?谁愿意当小老师,也像我一样地读?××,你一手拿好书,一边想象课文中的画面,像老师一样地读,其他同学边看PPT上的图片边听。嗯,把操场上热闹的体育活动场面给读出来了,读得真好。大家是不是都想读课文中的词串了?接下来,男生读课题,女生也像读诗歌一样地读词串。老师发现大家朗读的声音都很响亮。接下来,女生读课题,男

生也像读诗歌一样地读词串。嗯,同学们读书的声音真好听。

4. 运用"定位联想法"巩固学习成果

(PPT 显示课文词串中的生字:"操、场、拔、拍、跑、踢",编排位置同课文词串上的)同学们,PPT 上的生字,去了拼音宝宝,你们还认识吗？谁认识？谁还认识？谁能当小老师带着大家读？谁能不看课本就能根据这些生字读出课文中的词串？谁还能？谁能领着大家眼睛看着 PPT 上的生字并背诵课文中的词串？

三、在田字格中练写"打、拍、足、跑"四个字

1. 认字组词

(指课件)这四个字谁认识？谁还会用这四个字组词？（边听边在副板书区写下相关词语:打听、拍手、足够、长跑）

2. 观察并说说"打、拍、足、跑"各部件的占位和书写要注意的笔画

要领如下:

(1)"打"字左窄右宽,左高右低,提手旁的提起笔要比横更往左一些,"丁"的一横要穿插在提手旁一横下面些。

(2)"拍"字左窄右宽,提手旁的提起笔也要比横更往左一些,"白"的一竖紧贴竖中线起笔。

(3)"足"字上小下大,最后的撇和捺要舒展,落笔在一条横线上,要站稳。

(4)"足"字写完了,接下来就写"跑"字。先观察字形。这是个形声字,左小右大。左边的偏旁就是足字旁,不过,做了偏旁后的"足"字最后两笔变成了短竖和提,它讲礼貌,在把自己的腿脚缩得紧紧的。右边偏旁"包"的最后一笔竖弯钩就像跑步时迈开的大腿,要写得很舒展。

3. 范写"打、拍、足、跑"

接下来请同学们一边看老师书写,一边说笔画并用小手指书空。

4. 学生练写

接下来同学们在课本上练写"打、拍、足、跑"四个字。先描红后书写。先做写字操调整写字姿势,做到头正、身直、臂开、足安。开始描红。开始临写。(学生描红与临写过程中,教师巡视监控并个别辅导)

四、总结与提升

同学们,操场很大,可以开展各项体育活动,快从抽屉中拿出词卡,告诉同桌,你喜欢哪项体育活动。谁愿意对着全班同学说说自己喜欢的体育活动

并举着词卡当小老师领着大家读？谁还来当小老师？

同学们，刚刚你们说的体育活动，有的与手有关，如扔沙包、掷飞镖等，所以，都是提手旁；有的与脚有关，如踢毽子、跳绳、跨栏等，所以，"踢、跳、跨"都是足字旁。嗯，铃声响了，现在下课。

第二课时

【教学要点】

学习课文中的儿歌部分。

【教学过程】

一、复习导入

(指PPT)同学们，上节课学的词串，不带拼音，还都能认识吗？像读诗歌一样各自读读。同学们，从你们刚才的朗读声中，老师听出了你们对操场上的体育活动的喜爱之情。有一位小朋友啊，不但和你们一样喜欢体育活动，而且还编儿歌表达自己的喜爱之情呢。

二、认读课文儿歌中的生字并理解儿歌

(一) 初读儿歌，整体感知

现在请打开课本第59页，大声读这一课的儿歌部分，让老师听得见你的读书声。遇到不认识的生字，多读几遍，争取读准确。

(二) 借助图片，读准生字读音，记住字形，理解字义与词义，认识偏旁火字旁，知晓火字旁与四点底的联系

1. 读准字音

大家读得真认真，声音都很响亮。现在，老师要考考大家的音准了。××举手了，你来读，其他同学听。(教师指PPT上的图片及带拼音的词语：铃声、热闹、锻炼、身体。边听边观察)嗯，有同学听出来了，"铃声"的"铃"应该是——"后鼻音"，"热闹"是轻声词，nao应该读轻一点短一点。××，你再读读这两个词语。嗯，这回读对了。全班同学齐读。谁来当小老师领着全班同学齐读？

2. 记住字形

词语都会读了，接下来看看生字的字形。谁有记住"铃、热、闹、锻、炼、体"这六个生字字形的好方法？预设答案：(1) 熟字加偏旁。如"铃、体、闹"。

(2) 形声字归类。如"铃、锻、炼、热"。(3) 组词法。铃：门铃、风铃、铜铃；热：热水、热心、热爱；体：体育、体操、全体、身体。

嗯，说得都不错。老师这儿还有一种记住字形的方法：偏旁归类法。我们上节课也用过。"铃、锻"都是金字旁，与金属有关。（PPT呈现工人炼钢图片）"锻炼"的"炼"，左边是我们这节课要学的新偏旁"火字旁"，"燃烧"两个字也都是"火字旁"。（PPT呈现火焰图片及火字的原初字形）"火"是象形字，意思是燃烧的火焰。"火"作偏旁时，如果在字的下部，便紧缩身体成了四点底（灬），如"炎热"的"热"，"煮饭"的"煮"。（呈现柴火煮饭图片）

3. 知晓词义并用词造句说话

字音、字形都会了。接下来看看词义。

(1) 辨别"热闹"与"冷清"两个词语的意思

（PPT呈现两幅操场图）同学们，这两幅操场图，哪幅热闹？对，这一幅上，有的跳绳，有的踢毽子，有的丢沙包，很热闹。另一幅，空空的，一个人也没有，很冷清。（PPT呈现两幅课堂教学图）这儿有两幅课堂图片，哪幅图更热闹？对，左边这幅图，老师一提出问题，同学们便纷纷举手，这场面很——热闹。

(2) 理解"锻炼"与"天天"的意思

（PPT呈现工人炼钢图片）请看这幅图。谁能使用"在"字看图说一句话。预设：工人在炼钢。孩子们，百炼成钢，容易吗？嗯，是的，显然不容易。那，每天坚持跑步打球容易吗？是的，也不容易。（提升）所以，只要是锻炼，都辛苦，都不容易。那，谁还愿意天天锻炼？愿意的举手。啊，都愿意，很好。现在我是记者，我来采访一下××同学。天冷了，北风吹得呼呼响，你还锻炼吗？还愿意！好。那，天热了，一走动就流汗，你还坚持锻炼吗？还愿意，好！也就是说——不论刮风下雨，不论寒冷或炎热，你都坚持锻炼，这就叫——天天锻炼。我再来采访采访。××同学，天天锻炼很辛苦、不容易，你怎么还愿意呢？嗯，说得太对了，因为天天锻炼了身体就好。

（三）朗读课文并理解课文内容

1. 朗读课文，读准轻声词，读出欢快的韵味来

生字认识了，词语的意思明白了，接下来我们一起来读儿歌。同学们读上句，老师读下句。（下句含有轻声词，所以老师先示范读）接下来，老师读上句，你们读下句。预设评价语：嗯，都不是一字一字地读，而是一组词一组词地读，读得好。

现在开展男女生对读比赛，其他同学与老师当评委，看看哪一方读得好。嗯，有同学举手了，"了""闹"应该轻读。××，请再读一次。嗯，这回不仅读

准了,还读出了轻快活泼的味道来了。真好,大家为他鼓掌。还有谁愿意代表男生参加比赛?女生呢?好。其他同学与老师仍当评委。比赛开始——。(本环节评价语预设:嗯,不仅读得正确,还能注意轻声和停顿,读出了节奏,读出了韵味,真好听,真了不起。为他鼓掌)

老师发现大家都想读了。这样吧,同桌之间互相对读,比比看,谁赢了?

2. 理解课文内容

课文大家会读了,接下来老师考考你们的理解能力。老师问,你们根据课文回答。比比看,谁听得明白?谁答得准确?

第一个问题:在这首儿歌中,小朋友们是在什么时间跳绳、踢毽、丢沙包?对,在下课时间。

第二个问题:在这首儿歌中,小朋友们是在什么地方跳绳、踢毽、丢沙包?对,是在操场上,不是在公路上,公路上人多车多玩起来不安全。(举起字卡)齐读:操场,操场,操场。"场"是提土旁,与地方有关。(PPT 呈现操场图片)这是——操场,做操的地方。(PPT 呈现菜场图片)这是——菜场,卖菜的地方。(PPT 呈现广场图片)这是——广场,集会的地方。(PPT 呈现农场图片)这是农场——种植农作物的地方。无论是菜场、农场还是广场,地方都——比较大。

第三个问题:小朋友在操场上干什么?预设:跳绳、踢毽、丢沙包。嗯,回答正确,但用了七个字。谁能将这七个字的回答浓缩成两个字?对啦,就是"锻炼"这两个字。

第四个问题:为什么要坚持锻炼?预设:为了身体好。对的,身体好,才能学习好,才能建设好祖国。咱们班哪些同学身体好?你为什么这么认为?答案预设:身体强壮、生病少、不怎么感冒、做事有劲儿。

(四)运用"定位联想法"巩固学习成果

(PPT 显示课文儿歌中的生字:铃、热、闹、锻、炼、体,编排位置同课文儿歌上的)同学们,白板上生字,去了拼音宝宝,你们还认识吗?谁认识?谁还认识?谁能当小老师带着大家读?谁根据这些生字不看课本也能读出课文中的儿歌?谁还能?谁能领着大家眼睛看着 PPT 上的生字背诵课文中的儿歌?

现在打开课本 59 页,齐读儿歌。

三、学写"声、身、体"三个字

1. 认字组词

(指课件)这三个字谁认识?谁还会用这三个字组词?(边听边在副板书区写下相关词语:声音、身体、体会、自身)

2. 观察并说说"声、身、体"各部件的占位和书写要注意的笔画

要领如下：

（1）"声"字上小下大，"士字头"上横长，下横短。下面部分中间的短竖要与"士字头"的一竖对齐，最后一撇要舒展。

（2）"身"字是独体字。书写时，注意横之间要均匀；横折钩有如人的站姿，从头经后背到腿脚，长而挺拔；最后的撇从横中线以上起笔，贯穿整个字。

（3）"体"字左窄右宽，左右高低差不多。撇紧靠竖中线起笔后穿插到单人旁的下面，整个字左右要紧凑；末笔是一短横，提示身体是根本，要爱惜，千万别忘记。

3. 范写"声、身、体"

接下来请同学们一边看老师书写，一边说笔画，并用小手指书空。

4. 学生练写

接下来同学们在课本上练写"声、身、体"三个字。先描红后书写。先做写字操调整写字姿势，做到头正、身直、臂开、足安。开始描红。开始临写。（学生描红写作过程中，教师巡视监控并个别辅导）

四、复习巩固并布置作业

字都写完了。现在，拿出生字卡，同桌之间你读我听，你读生字我组词，比比看，谁念得准，谁组词组得多。

接下来开展男女生认字组词比赛，比比看，哪一方念得准，哪一方组词多，哪一方边组词还能边做动作或者用词语说一句话。答案预设：

操：做操、操练

场：场地、农场、菜场、广场

拔：拔河

拍：拍手、拍打、拍桌子

跑：跑步、长跑

踢：踢腿、踢足球

铃：铃声、铃铛

热：火热、炎热

闹：闹心、闹市、哪吒闹海

锻：锻造

炼：炼钢铁、磨炼

体：体会、体味、体察、身体、物体、体育

同学们,今天这两节课,我们不仅认识了12个生字,还学写7个字,积累了很多词汇;不仅会读课文中的词串,还会背诵课文中的儿歌。学了这么多的新本领,你们能不能干哟?一齐夸夸自己吧。"能能能,我们能!行行行,我们行!"

同学们,今天的课后作业为:和爸爸妈妈一起,选择喜欢的体育活动,每天坚持运动半小时。可以把运动的过程,尝试编成小儿歌。还可以搜集有关体育活动的小儿歌背一背。这周的课外阅读课上展示交流。现在下课。

第七节 《学写"睁挣净"》教学设计

【教材分析】

"睁、挣、净"三个字是湘教版四年级上册语文活动三"万花筒"中的内容。三个字都是形声字,都是左右结构并且声旁相同。显然,举一反三,从会写"一个字"走向会写"一类字"是编者的编辑意图。为此,有必要在写字之前引导学生边观察课本田字格中的这三个字,边归纳总结这三个字之间的区别与联系,从而认识和掌握这一类字在写法上的共同点。

【学情分析】

课前调研发现中年级学生已基本上养成了先观察再临摹的写字习惯,但还不会自觉地去找"一类字"写法上的共同点。

【教学目标】

1. 复习"睁、挣、净"三字的字音、字形与字义,领悟这三个字的形体变化及部件组合规律,明了其运笔要领,争取在田字格中把这三个字写美观。

2. 在探讨字形组合规律中领悟挣钱致富靠劳动、讲究卫生勤动手等人生道理。

【教学重难点】

在田字格中把"睁、挣、净"这三个字写美观。

【教学准备】

演示"睁、挣、净"三字书写过程的多媒体课件及若干空白田字格磁板。

【教学方法】

要领讲解法、示范法、演示法、观察与临摹结合法。

【教学时间】

10 分钟。

【教学过程】

一、学写"睁"字

1. 开门见山提出写字任务导入

接下来"写字",请看白板,这个字谁认识并能组词?

预设答案:睁,睁眼的睁,睁开的睁。预设评价语:发音和组词都正确。你当小老师领着大家读。全部跟读。

2. 讨论字形特点与运笔方法

一起察看这个字,谁来说说它的字形特点?

预设答案 1:形声字,左边"目"旁表义,说明这个字与眼睛有关,右边是声旁"争"。

教师理答:说得好。谁还有发现?

预设答案 2:左右结构,左窄右宽。

教师理答:说得好对。"目"字单写宽宽的,做了偏旁后身子变窄了。声旁"争"在书写时有要特别注意的地方吗?

预设答案:第一撇在竖中线上起笔,而且起笔还要略高。长横靠近横中线运笔,穿过横折的右侧。竖钩就像一个人站得直直的。

教师理答:说得形象生动,运笔时,竖钩靠近横中线,要挺。

3. 描红书写

(1) 教师示范书写

对"睁"字我们已经心领神会了。接下来,边看老师写,边琢磨书写要领。教师边写边讲解书写要领:……"目"中间两横分均匀才好看,"争"竖钩挺拔带弧势……重点笔画用红色粉笔标红。

(2) 念书写姿势口诀并开始书写

书写姿势口诀:头正、身直、臂开、足安。请两位同学上黑板书写。其余同学在座位上描红。教师巡视监控并进行个别辅导。

4. 点评黑板上的作业

时间到,谁来评一评?答案预设:两个人的字都很美观、很和谐,刚才讲的地方都注意到了。

教师理答:写得好,评得也很到位。

二、学写"挣""净"

1. 复习字音与字义

请全体看白板,这两个字,谁认识并能组词?预设答案:挣,挣钱的挣,挣扎的挣;净,干净的净。

教师理答:发音和组词都正确,你当小老师领着大家读。全班齐声跟读。

2. 辨别"睁、挣、净"这三个字的异同

一齐看课本。找找"挣、净"这两个字在字形上与"睁"字的相同点。参考答案:都是形声字,声旁都是"争";都是左右结构,左窄右宽。

教师理答:说得对。现在请找找这三个字之间的不同。预设答案:形旁不同,因而含义也不一样。"睁"字与眼睛有关,是"目"旁,早晨闹钟一响,要努力睁开眼睛不迟到;挣扎的"挣"与动作有关,是提手旁,勤动手才能挣钱致富;干净的"净"与水有关,简化为两点水,含义是勤动手、勤用水洗洗涮涮才卫生。

教师理答:不仅能据形辨义,还能据字领悟人生道理,真是勤用心、会学习的孩子,咱们一起夸夸他:"棒棒棒,你真棒! 行行行,你真行!"

3. 边看多媒体书写演示边书空

接下来,边看多媒体动画边跟着书空。PPT 呈现"挣、净"二字的书写过程。学生边念笔画边跟着书空。

4. 讨论"挣、净"这两个字的书写要领

指白板上的"挣"字,问:怎么写才能更美观? 有哪些书写要领? 预设答案:"扌"的横和提短短的,要避让右边的声旁。

教师理答:声音真好听,观察细致,用词也准确。老师也想写一写这个字了。边写边讲解要领:横画略向右上斜,竖钩挺拔带弧势,提由左下而右上,线条由粗而细、分明有力。

指白板上的"净"字,问:关于"净"字的书写要领,谁有发现? 预设答案:左边的两点要呼应,右边的"争"字上小下大;整个字左散右聚。教师根据情况理答后,在黑板的田字格中示范书写"净"字,边写边强调书写要领。

5. 学生练写"挣、净"二字

接下来写挣扎的"挣"、干净的"净",先描红后书写。学生按照写字操调整写字姿势,力求头正、身直、臂开、足安。开始描红。开始临写。教师巡视监控并个别辅导。

三、总结收课

时间到,看看这几位同学今天的书写作业,可以说是——"笔笔"到位。咱们班的同学在写字课上啊,不仅观察细致,书写也很认真;不仅心灵,还手巧。咱们互相夸夸:棒棒棒,你真棒!行行行,我们行!

➤ 一、认真阅读下面"识字6"(人教版国标本二年级上册),按照要求答题。(教师资格面试考试题)

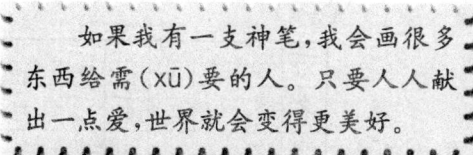

识字6

美对丑,
爱对恨。
真诚对虚假,
冷漠对热忱。
雪中送炭见真情,
助人为乐献爱心。

贫对富,
冷对暖。

根据上述材料完成下列任务:
1. 如指导小学二年级学生学习上述内容,试拟定教学目标。
2. 分析"饥""贫"二字结构的特点。

3. 分析学生写"暖"字时可能会出现的错误及其原因,并设计完整的写字指导过程。

➤ 二、请认真阅读下面"识字1"(人教版国标本一年级下册),按要求答题。(2014年教师资格考试题)

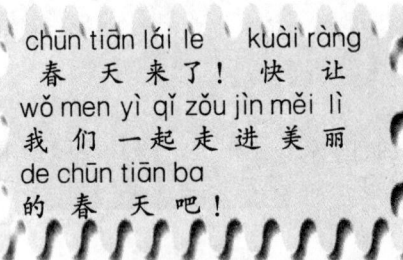

识字 1

chūn huí dà dì　　wàn wù fù sū
春　回　大　地　　万　物　复　苏

liǔ lǜ huā hóng　　yīng gē yàn wǔ
柳　绿　花　红　　莺　歌　燕　舞

bīng xuě róng huà　　quán shuǐ dīng dōng
冰　雪　融　化　　泉　水　丁　冬

bǎi huā qí fàng　　bǎi niǎo zhēng míng
百　花　齐　放　　百　鸟　争　鸣

我会认
万　复苏　柳　歌　舞　冰
泉　丁　百　齐　争　鸣

我会写

万	万		丁	丁	
冬	冬		百	百	
齐	齐				

你听到春天的声音了吗?你看见春天的色彩了吗?快来画一画美丽的春天,快去找一找春天在哪里。

根据上述材料完成下列任务:

1. 结合《义务教育语文课程标准(2011年版)》,谈谈应如何开展识字教学?

2. 如果指导一年级学生学习本文,试拟定教学目标。

3. 依据拟定的教学目标,设计课堂教学过程。

➤ 三、阅读《汉语拼音 a o e》(部编本一年级上),进行"拼音教学"设计。

第三章

小学阅读课设计

第一节　小学阅读课的主要任务

这一节探讨"小学阅读课的主要任务"。这个问题也可以转化成"小学阅读课开课的主要目的"或"小学阅读课开课取向"。

一、什么是阅读

你的阅读观将直接影响你的阅读课设计。那，什么是阅读呢？请看下列文献给出的界定。

中国《现代汉语词典》与《义务教育语文课程标准（2011年版）》的解释都很简单通俗。《现代汉语词典》的解释："看书报并领会其内容。"[①]《义务教育语文课程标准（2011年版）》的解释："阅读是运用语言文字获取信息、认识世界、发展思维、获得审美体验的重要途径。"

美国纽约州奥尔巴尼市小学《英语语言艺术课程说明》指出："阅读是从书面材料中获取意义的能力，是一个需要主动参与交流的复杂行为。"[②]

美国宾夕法尼亚州《阅读评价手册》将阅读界定为："一个读者与文本相互作用、构建意义的动态过程。"[③]

加拿大《安大略课程·语言》指出："阅读是一个复杂的过程，包括对书面语和口语之间的关系的理解，显示了阅读过程中观念与信息的碰撞，显示出这些观念和信息与个人脑海里固有的知识和经历的某种关联。"[④]

《韩国语文课程标准》指出："读书是通过文章表现读者与著者之间发生的心理、社会的相互作用。读者调动背景知识阅读包含著者意图与信息的文

---

① 中国社会科学院语言研究所词典编辑室.现代汉语词典(第7版)[M].北京:商务印书馆,2016:1619.
② 柳士镇,洪宗礼.中外母语课程标准译编[M].南京:江苏教育出版社,2000:294.
③ 倪文锦,欧阳汝颖.语文教育展望[M].上海:华东师范大学出版社,2002:453.
④ 柳士镇,洪宗礼.中外母语课程标准译编[M].南京:江苏教育出版社,2000:355.

章,然后再理解文章的意思。"①

苏轼诗云:"横看成岭侧成峰,远近高低各不同。"对阅读这一概念的界定也是这样,界定的语境不同、视点不同,给出的解释便会面貌不同、深浅不一。建议把上述界定都作为反思性对象,细细品味,并争取与界定者产生"视界融合"。本书认为通过这种方式学习,我们的阅读观会更为全面、更为优化。

二、阅读目的

"语言文字是人类最重要的交际工具和信息载体。"所以,阅读文本,从中获得信息、领会内涵、捕捉作者的意思与思想情感,自然成了大多数读者所持的阅读取向。譬如,一同学给你来了封书信,你立马就会想:"给我来信了,什么意思呢?""理解意思""领会信中内容""从中获得信息"就是你迫不及待地阅读来信的目的。再譬如,读《人民解放军百万大军横渡长江》和《开国大典》这类新闻文本,一般的读者都会关注其中的信息即"新闻事实";少部分读者还会以结构等言语形式为抓手去捕捉报道者的意图与倾向。

但即便读新闻作品,有少数读者,譬如某些新闻专业工作者,他们也会关注这些新闻作品结构的优劣、用语的妥帖与否,等等。这说明,论及阅读取向,不能止于领会作品的内涵、作者的意思与思想情感,还应包括作品言语形式的品鉴、玩味,甚至是创造性地运用。美学家朱光潜先生曾说:"读诗就是再作诗。"②这也说明,表达形式方面的品鉴显然也在朱先生读诗的关注范畴之中。也就是说,阅读,可以偏重内容,也可以偏重形式;阅读,可以是为了学习、为了参与社会的功利性阅读,也可以是为了文学体验的闲暇阅读或审美阅读。

三、小学阅读课开课取向

小学阅读课开课取向涉及知识与技能、过程与方法及情感态度与价值观三个维度,具体包括:

---

① 柳士镇,洪宗礼.中外母语课程标准译编[M].南京:江苏教育出版社,2000:518.
② 郝铭鉴.朱光潜美学文集(第一卷)[M].上海:上海文艺出版社,1982:496.

（一）感受阅读乐趣,培植阅读愿望,培养良好阅读习惯

一项儿童阅读调查报告显示,"随着孩子年龄的增长,阅读的愿望却在下降。而阅读是一个复杂的过程或行为,如果缺失与文本主动交流的态度,如果离开了与文本的相互作用,读者是不能从读本中构建出意义的。正因如此,"喜欢阅读,感受阅读的乐趣"成为课标第一学段阅读目标下的第一项目标。

不光设法让孩子感受到阅读的乐趣、培植其读的兴趣与愿望应该成为小学阅读课的一项主要任务,阅读习惯的培养,也应从小学第一学段抓起。相关研究表明,良好的阅读习惯与阅读的高效率之间呈正相关关系。而儿童时期是一个人阅读习惯养成的关键期。所以,阅读习惯养成也应该是小学阅读课的一个开课目的。

课标要求小学第一学段重点培养爱护图书的习惯,第二学段重点培养读书看报的习惯。

（二）掌握多种阅读方式方法

有经验的阅读者与读本对话时总是自觉运用与读本相适应的读法:阅读诗歌通常使用朗诵法或吟诵法,通过语调、韵律、节奏等体味其中的内容和情感;阅读演讲词一般边读边想象演讲情境甚至尝试演讲;阅读散文往往持分享者的姿态;阅读古典章回小说常常以说书人自任。事实证明,只有用"合适的"方式方法与读本对话,才能获得更多理解。但是,这么多的读法,那些初入学的孩子自然知之甚少,他们必须经历一个比较漫长的学习过程,才能掌握。所以,小学阅读课必须把读的方式方法教学放在一个重要位置上。

课标要求小学阶段掌握的读法包括朗诵法、默读法、略读法、浏览法、关注语境法、借助图画阅读法,等等。

（三）积累字词句标点与章法

14 岁以前,是语言学习的最佳时期。课标明文给出了字词句标点与章法积累要求,包括:(1)"累计认识常用汉字 3 000 个左右,其中 2 500 个左右会写";(2) 体会常用标点符号所起的不同作用;(3) "理解生词的意义"、"辨别词语的感情色彩"、"体会课文中关键词句表达情意的作用"、积累词语与精彩句段、背诵优秀诗文 160 篇(段);(4) 积累篇章表达顺序和基本表达方法。

（四）积累背景知识

阅读是一个复杂的过程,是个人脑海里固有的知识、经验与读本的碰撞。

美国迪克《作为话语的新闻》一书从信息学的角度将阅读界定为"对某一特定文本进行解码和解释的具体而自愿的行为。""解码"即认字识词,建立符号和语义的链接。"解释",则需要凭借一些相关知识。这"相关知识"的内涵相当丰富,包括本节已论及的读法知识、字词句标点与章法知识,还应包括与读本相关的语境知识或曰背景知识,等等。因为阅读《红楼梦》《三国演义》这样一些中国古典小说,只有关注语境,才可能更好地理解人物的态度、情感、性格,也才能更好地理解这些小说的意义。

人教版五年级下册《语文》中的课文《"凤辣子"初见林黛玉》和《草船借箭》就分别选自《红楼梦》和《三国演义》。

其实,不单小说,阅读诗歌《春夜喜雨》、阅读演说词《走遍天下书为侣》、阅读散文《自己的花是给别人看的》,如果拥有相关语境知识,解读时都会获得更多意义,产生更多美感。哲学家克罗齐说得好:"要了解但丁,我们必须把自己提升到但丁的水准。"

自然,初入学的孩子"解码"能力与"相关知识"都相当有限。为了让他们能像成熟读者一样"领会内容""理解意思""获取信息"与"构建意义",就必须相机补充"相关知识"并训练他们的"解码"能力。

海量的阅读本身,便是积累"背景知识"的重要途径。课标要求小学第三学段学生"学习浏览,扩大知识面"。"有较为丰富的积累"则是课标对九年义务教育阶段阅读课的一个总体要求。

(五) 理解读本意思、领会读本内容、获取需要的信息并构建意义

"理解读本意思、领会读本内容、获取需要的信息并构建意义"这是大多数成熟读者的阅读追求,自然也应成为小学阅读课的取向。当然,小学生的阅读理解能力有一个由低到高的发展过程,所以,课标在这方面的要求也是步步提高的。譬如,第一学段只要求"结合上下文和生活实际了解课文中词句的意思""诵读儿歌、儿童诗和浅近的古诗,展开想象,获得初步的情感体验,感受语言的优美";第二学段才要求"能初步把握文章的主要内容,体会文章表达的思想感情"。

什么是阅读?阅读目的是什么?小学阅读课的主要任务有哪些?这三个问题是开始小学阅读教学设计前必须深入思考的问题。经过上面的讨论,亲爱的朋友,你对上述三个问题多了一些理解了吧?接下来,我们将开始做阅读课设计了。

第二节 《乌鸦喝水》教学设计

这一节，我们对照小学第一学段阅读课教学标准并运用前面所学的知识做《乌鸦喝水》一课的教学设计，希望抛砖引玉，带动大家对小学第一学段阅读课的设计行为。

【教材分析】

《乌鸦喝水》是部编本一年级上册第 8 单元的课文，改编自《义务教育语文课程标准》建议课外读物《伊索寓言》，该单元的主题是留心观察。课文在交代乌鸦面临口渴找水这一生存问题后，连用 6 个及物动词，表现了乌鸦在面对难题时积极应对的良好倾向。显然，生字新词、故事寓意、留心观察的习惯与积极应对的人生态度及引发课外阅读《伊索寓言》的兴趣都是本文有价值的教学点。

【学情分析】

保持阅读兴趣、理解生字新词与难句含义、把握故事情节都是一年级上册学生把握本故事寓意的前提条件。通过课前谈话与测试发现：课后生字表中的 11 个生字，学生基本上都能借助拼音读准；课文中的新词学生根据经验或借助具体形象一般都能很快理解；但普遍不喜欢乌鸦，理由是它全身黑乎乎的。一部分学生在预习课文后说："往瓶子里一颗一颗投石子多费劲啊，它为什么不继续到其他地方找水呢？"可见这些同学不理解乌鸦想方设法喝瓶中水的做法。究其原因，则是因为他们不曾联系上文中出现过的"到处找"这一背景去感受去思考。还有一部分同学问："把小石子扔进瓶子里，水真的会升高然后就能喝着水了吗？乌鸦为什么能想到这样的好办法呢？"可见，这部分同学对故事情节发展的合理性也不理解，但其产生原因更多地来自教材，因为部编本在改写时省略了原文的一些细节，简化了乌鸦想办法的具体过程。

【教学目标】

1. 认识"乌、鸦"等 11 个生字，认识反文旁和自然段，掌握"到处"等 9 个新词，学会写"只"等 5 个字。

2. 把握故事的基本情节，充分理解故事的寓意，培养细心观察、勤于思考与积极应对人生困境的良好倾向。

3. 能以关爱的态度读出乌鸦在整个故事中的情绪变化,并争取背诵全文。

【教学重难点】

"颗"字的意义、"怎么办呢"这个句子的句意及课文的寓意是重点。联系上下文与生活经验展开想象以理解故事情节发展的合情合理性是难点。

【教学方法】

(1) 借助插图了解"乌鸦"外形与"放进"这个词的词意;(2) 通过演示感受瓶子里的水渐渐升高的过程、感受乌鸦的智慧并理解"渐渐""升高""许多""旁边"等词的词意;(3) 联系上下文理解课文词句意思。

【教学课时】

两课时。

【教学准备】

两三个透明的水瓶、一些小石子,乌鸦喝水的小插图。

第一课时

【教学要点】

初读课文,认识"乌、鸦"等11个生字,认识反文旁和自然段,掌握"到处"等9个新词,梳理故事的基本轮廓。

【教学过程】

一、解题导入,激发兴趣

1. 读准"乌鸦"两字的字音,了解词意

看老师在黑板上写两个字:"乌鸦"。谁认识?标注拼音之后要求齐读。问:乌鸦,谁见过?对,课文中的插图上就画了一只乌鸦。

2. 识记"乌鸦"两字的字形

用什么好办法来记住"乌鸦"这两个字的字形呢?谁想出来了?谁还有好办法?预设答案:用熟字加一加或减一减的方法。"鸟"去掉一点就是"乌",牙齿的"牙"加上"鸟"字就是"鸦"。

3. 引发阅读的兴趣

喜欢"乌鸦"这种鸟的举手。啊,这么多人不喜欢啊。但老师相信你们读了今天这个故事后就会喜欢乌鸦了。这个故事的题目叫《乌鸦喝水》。书写"喝水"二字并且故意将"喝"错成"渴",引出辨析这两个字偏旁的活动。对了,"喝"错成"渴"了。"喝水"得用嘴,所以"喝"是"口"字旁;"渴"是三点水旁。一起读课题。

二、自学课文,认识自然段,认识生字,掌握新词

1. 认识自然段

现在请打开课文。同学们,每篇课文都包含好几个自然段,每个自然段的前面都有两个空格。现在,数一数,课文一共有几个自然段?在每个自然段的前面标上数字,第一自然段段前写上"1",第二自然段段前写上"2",第三自然段段前写上"3"。

2. 带着任务读课文

接下来,各自轻轻读故事。遇到生字,根据拼音多读几遍。

3. 认识生字

课文读完了,这些生字都认识的请举手?谁来当小老师领着大家读?去掉拼音。现在谁还能当小老师领着大家读?谁有好办法记住"放"这个字?预设答案:方+反文旁。强调:反文旁是个新偏旁,大家要记住。

4. 理解新词

生字能认读了。有不理解的新词吗?各自轻轻读课文,标出不理解的新词。谁有不理解的新词?它出现在第几自然段?如果有新词没被提出来,则主动结合 PPT 问:这些新词分别是什么意思呢?各自然段的新词及其词意罗列于下。

(1) 第一段的新词及其词意

到处:各处、处处的意思。找:寻找,在课文中指乌鸦努力地去发现活命的"水"。

办:办理、处理、应对的意思。办公室,就是处理公务的屋子。办法,指处理事情或解决问题的方法。"怎么办呢?"句末用了问号,表明它是个问句。"办"字后省略了"这件事"。全句的意思是:怎么处理这件事呢?联系上句,同学们说说看:"这件事"是指代哪件事啊?对,指上句中叙述的"喝不着瓶中水"这件事。孩子们,应对困难、办事情都需要下大力气,所以,"办"的中间部分是"力气"的"力"字。

(2) 第二段的新词及其词意

旁边:左右两边,靠近的地方。许多:很多。

(3) 第三段的新词及其词意

放进:在课文中指乌鸦用嘴将石子叼到瓶子里。渐渐升高:在课文中指瓶中水位"一点一点地""慢慢地"增高的意思。

颗:这个词学生一般不会关注。教师可以采用曲问法。问题:这些小石子是圆的还是方的?估计会出现三种答案:① 有圆的也有方的;② 方的;③ 圆的。前两种答案应该是根据插图说的,根据插图理解课文是我们要积极运用的一种阅读方法。但是,第四段说石子是"一颗一颗"的。颗:量词,多用于小而圆的东西,譬如一颗珍珠,一颗黄豆。这就说明,这些石子是圆的。所以,三种答案都有各自的道理,教师都要肯定,让孩子认识到事物的正确答案不止一个的道理。为了巩固强化所学知识,教师再次通过PPT呈现相关知识并让孩子齐声读:颗,量词,多用于小而圆的东西,譬如一颗珍珠,一颗黄豆,一颗石子。

学习第三段的新词采用边演示边讲解的方法。

三、了解故事的基本情节,布置课后作业

1. 理清故事大结构

生字会认了,新词的意思明白了。下面咱们来看看这个故事的基本轮廓。请圈出文中带"喝"字的词语。巡视课堂。三分钟后边讲说边板书,纵向书写,完成这节课的主板书。课堂话语预设:好,我看到同学们共圈出三个带"喝"字的词语,分别是:"找水喝""喝不着""喝着水"。"喝不着",表明乌鸦遇到挫折了,这也说明这个故事情节有拐弯,有曲折。有拐弯、有曲折的故事读起来才有点味儿。"喝着水",这是故事的结局,乌鸦成功了。

2. 布置课后作业

同学们,"找水喝""喝不着""喝着水"就是这个故事的大结构,你们回家后按照这个大结构将这个故事讲给爸爸妈妈听听。现在下课。

第二课时

【教学要点】

熟读课文,读懂寓意;联系生活,培养积极应对人生困境的良好倾向。

【教学过程】

一、熟读第一段,感受乌鸦找水的艰难,读出乌鸦内心的情感变化

1. 通过问题探讨的方式感受乌鸦找水的艰难

同学们,这一节课继续学习《乌鸦喝水》这个故事。顺手在课题中添上5个字:"喝瓶子里的",然后自言自语:乌鸦喝瓶子里的水。问题是——这瓶子

里的水容易喝着吗？为什么？好,有同学找着了,请说。教师边指PPT,边要求学生齐读。PPT上的文字为:"(因为)瓶子里水不多,瓶口又小,(所以)乌鸦喝不着水。"这一个长句子将两个原因和结果一块说了。先说原因,后说结果,中间用逗号分开。大家真聪明,一下子就发现了这种因果关系。

为了应用课标要求的联系上下文了解课文词句意思这一方法,也为了加深学生对乌鸦想方设法喝瓶中水行为的同情与理解,教师继续提问。

同学们,老师这儿还有一个问题:既然"瓶子里水不多,瓶口又小""喝不着水",那么,乌鸦为什么非得想方设法地去喝瓶子中的水而不另想其他办法呢?谁最聪明,还能从第一段中找到答案?

预设答案:第二句紧跟在第一句之后,说明"发现一个有水的瓶子"是这只乌鸦"到处找水"后的结果。评价语预设:能联系上文根据句间关系做判断,真是棒棒棒！大家一起说:棒！棒！棒！你真棒！

第三个问题:这只乌鸦究竟是在什么样的天气里飞到一个什么样的地方,竟然到处找不到水啊？请根据我们的经验,联系我们读过的书与看过的电影电视,展开我们想象的翅膀,用学过的词语说说你想到的这只乌鸦找水的环境。

答案预设:很久没有下雨了,太阳火辣辣的,十分炎热。山沟里没水了,池塘里没水了,河床干枯了。大地一片枯黄,毫无生机,荒无人烟。评价语预设:想象得很好,还能用上这么多学过的词语,真是不错。

2. 运用填补法扩展第一段的故事,加深对乌鸦想方设法去喝瓶中水的同情与理解

教师:接下来我们一起来扩展第一段的故事。一只乌鸦飞到正在闹干旱的地方,烈日炎炎,满地枯黄,荒无人烟,这时,它口渴了。它感觉必须喝水,不然活不下去了。它到山沟里找,到池塘里找,到河里找,都没找到。最后,它飞到了一个屋子里,看见了一个瓶子,它急忙飞到瓶沿上往里一看,瓶子里竟然有水！孩子们,如果你是这只乌鸦,还会放弃这来之不易的活命水吗？"怎么办呢？"这句话的意思是——"怎么处理喝不着水这个问题呢？"这个问句表明:乌鸦这时一心只想着怎么喝到这瓶子里的水了。孩子们,至此,你们对乌鸦为什么非得想方设法地去喝瓶子中的水而不另想其他办法多了一点理解了吧？

3. 以关爱的态度朗读第一段,争取读出乌鸦的情绪变化,争取背诵

下面请大家边想象画面,边读第一段,将故事中乌鸦的心情读出来。学生朗读,教师巡视课堂。

谁能有感情地读读这一段的四个句子？读得真好,从你的朗读中我听出

了故事主人公乌鸦的心理变化过程:口渴找水的焦急、四处寻找的无奈、看见水瓶的喜悦、喝不着水的失望与积极应对的执着,还听出了你对乌鸦命运的关切之情。大家一齐读一读,各自试着背一背。谁能背出来?谁再来背背?

二、熟读第二、三段,感受乌鸦想出办法的具体过程

1. 运用联系上下文理解词句意思的策略,领会乌鸦想出的办法

第一个问题:看见旁边的小石子,乌鸦想出了一个什么样的办法?各自读读第二、三段,找找答案。

预设答案:把石子一颗一颗地放进瓶子里,瓶子里的水渐渐升高,就喝着水了。评价语预设:答得对。能联系上下文理解词句意思,你真会读书。

2. 联系生活经验,丰盈乌鸦想出办法的过程

遭遇难题,一想就对的可能是有的,但不会很多。更多的时候得反复尝试才能解决。如果你就是这只乌鸦,你会使用哪些办法?讨论。预设答案:(1) 把瓶子撞倒;(2) 用石头砸开水瓶;(3) 用吸管吸出来。评价语预设:都能根据自己的生活经验想办法,真是一群聪明的孩子,有些办法还同《伊索寓言》原文一模一样。

3. 引入原文中的相关情节,增强对本故事情节合理性的认同度,扩展故事寓意

想看看《伊索寓言》原文是怎样写的吗?好,我们一起来读读相关情节。用PPT呈现原文下列情节。教师用讲述故事的口吻有感情地讲说。

……乌鸦想,把水瓶撞倒,就可以喝到水了。于是,他从高空往下冲,猛烈撞击水瓶。可是水瓶太重了,乌鸦用尽全身的力气,水瓶仍然纹丝不动。

乌鸦一气之下,从不远处叼来一块石子,朝着水瓶砸下去。他本想把水瓶砸坏之后饮水,没想到石子不偏不倚,"扑通"一声正好落进了水瓶里。

乌鸦飞下去,看到水瓶一点儿都没破。细心的乌鸦发现,石子沉入瓶底,里面的水好像比原来高了一些。

"有办法了,这下我能喝到水了。"乌鸦非常高兴,他"哇哇"大叫着开始行动起来。他叼来许多石子,把它们一块一块地投到水瓶里。随着石子的增多,水瓶里的水也一点儿一点儿地慢慢向上升……

终于,水瓶里的水快升到瓶口了,而乌鸦总算可以喝到水了。他站在水瓶口,喝着甘甜可口的水,心里是那么痛快、舒畅。

4. 有感情地朗读第二、三段,争取背诵

提醒学生仍然带着关爱乌鸦命运的态度去朗读。

三、领会寓意,培养积极应对的人生态度

通过问题促进领会。第一个问题为:乌鸦为什么能喝到瓶子中的水? 靠的是什么? 请读出相关句子。预设答案:积极行动+细心观察+动脑筋。为巩固积累,要求全班齐读下列句子:"到处找水喝。看见一个瓶子,瓶子里有水。喝不着水。怎么办呢? 看见旁边有许多石子,想出办法来了。把小石子一颗一颗地放进瓶子里。就喝着水了。"

第二个问题为:生存是艰难的,谁都会遭遇困难。面对生存难题,故事中的乌鸦,积极应对,终于获得生机。你遭遇过困难吗? 又是怎样应对的呢? 你周围的人遭遇过哪些生存困难? 他们是怎么应对的呢?

点多名学生回答。教师边听边运用"积极行动、细心观察、动脑筋"等词语点评。预设答案:"嗯,是遭遇到生存困难了。""遭遇到生存困难后不是灰心丧气,而是积极动脑筋、想办法,真是生存赢家。"

四、布置课后作业

课外和爸爸妈妈一起读《伊索寓言》中感兴趣的故事。

【板书设计】

```
乌鸦喝水              伊索寓言
找水喝══积极行动      到处 旁边
喝不着──→细心观察     许多 渐渐
喝着水←──寻找办法     颗粒 放进
```

第三节 《去年的树》教学设计

这一节,我们对照小学第二学段阅读课教学标准并运用前面所学的知识做《去年的树》一课的教学设计,希望抛砖引玉,带动大家对小学第二学段阅读课的设计行为。

【教材分析】

《去年的树》是日本作家新美南吉的童话,被选入部编本三年级上册《语文》第三单元,是精读课文,该单元的主题是读童话并尝试编写童话。这篇课文与小学语文课本选录的其他童话作品相比,其最大的特点就在于其是以极简省的文笔、极平淡的情节书写深厚友情。课标要求第二学段学生"能初步把握文章的主要内容,体会文章表达的思想感情"。对照课标,基于整套教材的布局与这篇课文的特点,笔者认为引导学生透过简省平淡的文字读出鸟儿与树之间的浓浓深情并爱上新美南吉的简练表达就是这篇课文的独特的有价值的教学点。

【学情分析】

对《去年的树》这篇童话,若要读出鸟儿与树之间的浓浓深情,则需懂得童话常常使用虚写与暗写这两种方法,需联系生活运用填补法边读边想象,还需养成咬文嚼字欣赏精美表达的习惯。课前问卷调查显示,三年级学生,普遍缺乏这些知识与习惯。由此可见,这些学生学习本课并领会鸟儿与树之间的浓浓深情颇有难度,需要教师相机补充相关知识并进行相关训练。

【教学目标】

1. 积累"伐、斧、融化"等生字与新词,理解"盯、看"与"唱起去年唱过的歌给灯火听"等词句的语境含义,把握课文文字浅显简练的特点并仿写一个小片段。

2. 明了童话常常使用虚写与暗写这两种方法写作,学习运用填补法感受并读出鸟儿与树之间的浓浓深情,感悟做人要信守诺言、珍惜友情的道理。

3. 引发课外阅读新美南吉代表作《小狐狸阿权》的兴趣。

【教学重难点】

重点:主要运用填补法领会鸟儿与树之间的浓浓深情。

难点:不仅能领会鸟儿与树之间的浓浓深情,还能用恰当的语气读出来。

【教学方法】

(1) 运用略读法梳理故事大结构;(2) 聚焦四次对话,通过角色代入与角色扮演方式并运用填补法与问题研讨法把握鸟儿的情绪变化与这则童话的主要意蕴。

【教学准备】

(1)"《高山》《流水》遇知音"故事、"梁祝"故事与"永远的蝴蝶"故事;
(2)《高山》《流水》《梁祝》三支曲子。

【教学课时】

两课时。

第一课时

【教学要点】
1. 略读课文,梳理故事的基本情节。
2. 精读1~5段,感受文笔的浅显与精炼,感受鸟儿和树分别时的深情。

【教学过程】

一、复习导入

一年级学了金波先生的《树和喜鹊》,谁还能背诵?(示意能背诵的举手)很好。请这一组6个同学开火车背诵,一人一段。背得不错。今天学习一篇新的童话——《去年的树》,作者新美南吉。请拿起笔在每个自然段前标上序号。

二、运用略读法梳理故事大结构

有人说,会读书的人能将一本厚厚的书读成一句话甚至几个字。现在请各自默读1~5段,运用抓关键词句法将这5个段落读成2个字。时间到。这5段的关键词句有——对,就是这一句——"说完,就向南方飞去"。因而可以读成"话别"2个字。

现在请各自默读6~9段,运用抓关键词句法将这4个段落读成2个字。对,"鸟儿又回到这里"是这4段的关键句,因而可以浓缩成"归来"2个字。

现在请各自读读10~13段,运用抓关键词句法将这4个段落读成2个字。这4段的关键词句有哪些呢?对,"鸟儿向山谷里飞去""问"。据此,可以浓缩成"寻找"2个字。

现在请各自读读14~19段,运用抓关键词句法将这6个段落读成2个字。有同学举手了。好,××你来说。××还举着手,看来是有不同意见,说吧。××认为根据"火柴点燃的火还在这盏灯里亮着""唱起去年唱过的歌"这些句子,可以用"履约"2个字来概括,××认为用"重逢"2个字概括更好。"重逢"一词与第一部分的概括词语"话别"照应,固然好;"履约"一词照应第一部分中的"明年春天我一定回来,还唱歌给你听"一句,体现了鸟儿信守诺言的好品质,我认为也很准确。

小结:话别、归来、寻找、重逢,就是这个故事的大结构。接下来,我们细读课文,进一步感受这则童话的特点。

三、细读1~5段,感受用语的浅显与精炼

请各自大声读1~5段,让老师听得见你的读书声。时间到。有不认识不理解的词句吗?哈哈,都摇头。几乎没有不认识不理解的词句,这说明这篇童话用语浅显。板书:浅显。同学们,文学评论家刘绪源曾这样评价小小童话:"要说浅,它已经浅到极点,两岁的幼儿也能听懂;但要说深,它又是无限的深。"《去年的树》就是这样一篇小小童话。在这篇童话中,鸟儿和树是两个主要人物,它们是好朋友。作者用"天天"一词写尽了它们之间"好"的状态;用"必须"二字交代"鸟儿"离开的"身不由己";用"还"一个字写尽了树喜欢鸟唱歌的程度。由此可见,这浅显的文字下真藏着表达上的深功夫!(板书:深厚)要求学生再次读读上文引用的刘绪源先生的话。

四、给定情境,仿写第一段,尝试简练的文风,并为深度理解鸟儿和树分别时的情绪与情感奠定生活基础

孩子们,在你们的生活中,谁与谁是好朋友?请仿照课文第一段也用三句话描述一下他们好的程度,学学作者的表达功夫。

好,都写完了,我发现好几位同学都写得比较好。我们一起来欣赏欣赏。听完后我点名请同学点评。老师这儿也准备了三个仿写段及三段点评意见,与大家分享分享。

仿写段一:兰兰和苗苗是好朋友。兰兰天天喊苗苗去上学。苗苗呢,天天等着兰兰一同去学校。

点评:一个天天喊、一个天天等着,真是一对好朋友。只用三句话,简练。

仿写段二:爸爸和妈妈是好朋友。爸爸天天开车接妈妈上下班。妈妈呢,天天在晚饭后陪爸爸散步。

点评:说得简练。经你这么一说,我真切地感到:你爸妈真是一对模范夫妻。

仿写段三:小明和小东是好朋友。小明天天给小东补习数学。小东呢,天天教小明弹钢琴。

点评:说得不仅简练,而且还生动形象。好朋友就应该这样互相帮助,共同进步。

小结:同学们,这节课我们不仅梳理出故事的大结构,还亲自动笔向新美南吉学写作,写得还小有成果。我们一齐夸夸我们自己吧:行行行,我们行!好,现在下课。

第二课时

【教学要点】

细读课文,走进鸟儿和树的内心世界,深度感受鸟儿与树之间的浓浓深情,并布置课后作业。

【教学过程】

一、聚焦 1~5 段,感受鸟儿和树分别时的丰富情绪

同学们,这节课还学习《去年的树》这篇课文,通过角色扮演等方式一起走进鸟儿和树的内心世界。先请划出 1~5 段中鸟儿和树的对话。然后在"说"字前加词,要求所加的词能体现鸟儿和树对话时的情绪与情感。第一大组的同学请统统扮演树。那么,你们在第三段的"说"字前加的词是——好,你加的是"依依不舍",你加的是"充满期待",都不错。还可加其他词吗?好,"留恋",可以。"轻轻松松","树轻轻松松地对鸟儿说",也可以。第二大组的同学请统统扮演鸟儿。那么,你们在第四段的"说"字前加的词是——好,你加的是"充满深情",可以。你加的是"依依不舍",你加的是"坚定许诺",都可以。你加的是"肯定","怎么加这个词呢?"对,根据鸟儿话语中的"一定"完全可以推断出鸟儿对自己所说的话是坚信不疑的。接下来,我扮演故事讲述者,两个大组分别扮演鸟儿和树,我们一起来有感情地读读 1~5 段。

二、学习 6~9 段,读出鸟儿询问背后的情绪和情感

接下来,我扮演故事讲述者,第二大组继续扮演鸟儿,第一大组改扮树根。边读边思考这一部分中人物背后的情绪和情感分别是什么样的?沙哑的声音!第一大组的同学读树根的答话用的是沙哑的声音,处理得真别致,理解得很到位。

现在我是一位记者,我想问问第二大组的鸟儿们,此时此刻你们内心的感觉是什么样的?小明说得好,其他同学的补充也各有道理。是的,暖春时节,鸟儿又一次守约归来。但是,好朋友树却不见了。"发生了什么事情呢?"这是此时此刻鸟儿最想弄明白的。第 7 段可以看作鸟儿的内心独白。根据鸟儿自己的内心独白,可以推断出第 8 段的"问"字前如果非得加上表示情绪情感的词的话,那就是——"有些担心""有点着急"甚或"着急""悲伤""伤心"一类词。

这一部分有几个新词:"伐",砍伐的意思;"斧",形声字,形旁,象斧斤形。"融化"一词在本课中的含义为:雪消失了。

请各自读读这一部分,力求读出人物背后的情绪和情感。

三、学习10~13段,读出鸟儿询问背后的情绪和情感

一起继续读故事。"鸟儿向山谷里飞去。山谷里有个很大的工厂,锯木头的声音沙沙地响着。"孩子们,如果你是这只鸟儿,此时此刻,你会怎么想?你内心的感觉会是怎样的?嗯,想得都不错。"好朋友树,你不会被锯掉吧?"沙沙的声音每响一次,鸟儿的心就疼痛一下。她急忙落在工厂的大门上。她着急地问大门:"门先生,我的好朋友树在哪儿,您知道吗?""着急"一词,还可替换为——万分着急,可以。还可替换为——急不可耐,对。还可说成——"心如刀绞",行。大门的回答是,齐读——。孩子们,如果你是这只鸟儿,听到大门这样的回答后,你内心的感觉感受会是什么样的?会做出什么行为?形貌上会怎样?五脏俱焚、十分悲摧、伤心欲绝、失声痛哭、哭晕过去了、泪如雨下,都是正常反应,都说得过去。

请每三人结成一小组,互换角色,反复朗读这一部分。

四、学习14~19段,读出鸟儿"盯""看""唱"背后的情绪和情感

从门先生那儿得到了树的踪迹后,鸟儿向村子里飞出,继续追寻。先分角色朗读14~19段,我扮演故事讲述者,第二大组继续扮演鸟儿,第一大组改扮女孩。

同学们,这一段有几个字反复出现,你们注意到了吗?嗯,××注意到了,嗯,越来越多的同学看到了。是的,"盯、看"这两个字在17段和19段都出现过。"盯"的意思,我们通过查《现代汉语词典》来解决。在《现代汉语词典》中,盯的意思是——"把视线集中在一点上;注视"。

大家都是小侦探,任务是:"盯、看"这两个字在17段和19段都有出现,含义也一样吗?谁探出了结果?好。××,报告报告你的侦查结果。

同学们,××说得好吗?都认为好。那,此处应该有掌声才对啊。

答案预设:17段中的"盯、看"紧跟在16段之后,这表明,小鸟是在听到小女孩说"火柴已经用光了。可是,火柴点燃的火,还在这盏灯里亮着"之后,才睁大眼睛,盯着灯火看。据此,可以推断出——这"睁、盯、看"在文中的含义是观察、判断、确认的意思。鸟儿它在想:这是我的好朋友树化成的灯火吗?

盯了一会儿,看了一会儿,于是鸟儿仿佛看到树期盼的眼神,仿佛听到树对它说:"小鸟,我就是树。你还唱歌给我听。"于是她就唱起去年唱过的歌给灯火听。所以,鸟儿这一唱,其实是在兑现诺言。唱完了歌,鸟儿又盯着灯火看了一会儿。这次的"盯"与"看"两种行为发生在确认眼前的灯火就是好朋友树的化身之后,因此,其含义也不同于第 16 段中的了,它们的含义是"深情注视"。鸟儿"盯"了一会儿,"看"了一会儿,仿佛听见树儿对它说:"鸟儿啊,谢谢你还给我唱歌,你真是我的好朋友,我很满足,我在天堂过得很好,你不要牵挂。"

这部小说流传过程中存在两种结尾。当小鸟"唱起去年唱过的歌,给灯火听"时,其中一个结尾中多出这样一句话:"火苗轻轻地摇摆着,好像很开心的样子。"同学们真了不起,想得与作者一模一样。

火苗很开心,那鸟儿也应该是——满意地飞走了。

五、拓展提升并布置课后作业

有人说,童话作家为了给读者留下想象的空间,往往使用虚写与暗写的方法。用间接的方式叙事写人,即所谓的虚写。根本不让被写的人和事出现,是暗写的手法。

读《去年的树》时,老师总感觉新美南吉使用了虚写或暗写的手法。老师常常用自己熟悉的三个故事来填补。第一个故事是著名的《高山》《流水》遇知音的故事。(随即插入背景音乐《高山》《流水》,然后接着讲述)古时候,俞伯牙和钟子期是知音。俞伯牙倾情给钟子期弹奏《高山》《流水》。钟子期呢,无限欣赏地聆听俞伯牙弹琴。但是,子期后来不幸因病去世。伯牙闻听后悲痛欲绝,奔到子期墓前为他弹奏了一首充满怀念和悲伤的曲子,然后站立起来,将自己珍贵的琴砸碎于子期的墓前。从此,伯牙与琴绝缘,再也没有弹过琴。

第二个故事是民间传说中的梁祝故事。(随即插入背景音乐《梁祝》,然后接着讲述)梁山伯与祝英台同窗共读,感情深厚。祝英台伤寒感冒,梁山伯端茶送水,亲自煲药,照顾她直到她完全康复。祝英台呢,梁山伯衣裳破了,一针一线为他缝补。后来,他们的婚姻遭到父母反对,梁山伯英年早逝。祝英台呢,纵身跳入梁山伯坟墓中。然后,两人化成形影不离的两只蝴蝶。

第三个故事是小说《永远的蝴蝶》。"我"和樱子是一对将要结婚的情侣。一个下着人雨的晚上,樱子主动帮我到马路对面寄信。"我"呢,在马路这边含情脉脉地等着。随着一阵拔尖的刹车声,樱子的一生轻轻地飞了起来,缓缓地,飘落在湿冷的街面,好像一只夜晚的蝴蝶。

接下来,请每三人组成一个小组,分角色朗读课文。要求边读边展开联想,用自己熟悉的人和事来填补。

大家不光读得很认真,而且读得很有感情,从你们的朗读声中我感觉到你们对鸟儿与树之间的浓浓深情有了比较深切的把握了。接下来,我考考你们,新美南吉的代表作是哪一部? 对,就是××说的《小狐狸阿权》。在日本即使有人不知道新美南吉的名字,也一定会知道《小狐狸阿权》的故事。新美南吉创作这篇童话时,只有十八岁。今天的课后作业就是读一读这篇童话作品,体会体会它的内容与风格。现在,下课!

【板书设计】

| 依依不舍
坚定许诺
心如刀绞
五脏俱焚
…… | **去年的树**
新美南吉
话别、归来、寻找、重逢
幼儿童话——→浅显
虚写、暗写——→深厚 | 《树和喜鹊》
《小狐狸阿权》
伐、斧、融化
睁、盯、看 |

第四节 《临死前的严监生》教学设计

这一节,我们对照小学第三学段阅读课教学标准并运用前面所学的知识做《临死前的严监生》一课的教学设计,希望抛砖引玉,带动大家对小学第三学段阅读课的设计行为。

【教材分析】

《临死前的严监生》是人教版五年级下册第七单元的课文,突出地运用了抓住动作神态表现人物情意的写法,篇幅虽短,但所写人物个个栩栩如生。该文节选自我国古典讽刺小说《儒林外史》,作者吴敬梓。课文所在单元的教学目标是"感受作家笔下鲜活的人物形象,体会作家描写人物的方法,并在习作中学习运用。"根据教材编者的意图和课文本身的特点,可以推出:"品味抓住动作神态表现人物情意的写法"正是本文一个有价值的教学点。

【学情分析】

准确品出"这篇"课文人物动作神态背后的情意,需要阅读者对节选部分前后情节与人物的一贯做派、思想情感、相互之间的关系都有比较准确的把握,还需要阅读者形成联系上下文和自己的积累推想课文词句意思的良好习惯。通过课前谈话发现由于存在古白话这一语言障碍,被问及的学生普遍没有通读过《儒林外史》,因而对相关情节和人物都缺乏了解;但是,他们都知晓联系上下文和自己的积累推想课文难词难句的意思这一课标要求掌握的方法。

【教学目标】

领会课文内容。感受文中人物形象。能用恰当的语气语调朗读四次发话。品味抓住动作神态描写人物的写法。

【教学重点】

品味抓住动作神态表现人物情意的写法。

【教学难点】

联系上下文和自己的积累,推想节选部分人物言行背后的心理状态。

【教学课时】

两课时。

第一课时

【教学要点】

1. 梳理节选部分相关情节,介绍课文中主要人物之间的关系、各自一贯的做派与思想情感。

2. 认识生字,理解难词,读通课文。

【教学过程】

一、解题导入,做足教学铺垫

严监生(边称说边板书)是吴敬梓讽刺小说《儒林外史》中的一个人物。他很有钱。当时受聘至人家坐馆授徒的坐馆先生一年的馆金从十几两到几十两不等,便都可养活一家人。而严监生家有十多万银子,单是典铺一年的利钱,便有300两。他虽然很有钱,但是,家里人丁萧条,只有正妻王氏、妾赵氏及妾生的仅3岁大的儿子。而且一家四口在家度日,猪肉也舍不得买一斤。

相反,严监生的哥哥严大严贡生却生养了五个"就像生狼一般"的儿子。

所以,在宗法社会中,不管是论功名,还是论儿子,严监生与严大比,都处于弱势地位。

那严大一家,海吃海喝,从不节制;坐吃山空后,便总打严监生财产的主意;犯了官司,自己一走了之,逼迫严监生替他买单。

为保家产不被严大霸占,严监生在正妻王氏病重期间,用银子笼络两个妻舅王德王仁,征得他们同意扶正赵氏,从而使赵氏年仅3岁的小儿子继承家产合法化。

因为这件事赵氏心存感谢,田上的各项收成都不忘了给两位舅爷各备一份,还劝说严监生送给两位舅爷应试盘缠。当赵氏劝说时,"桌子底下一个猫,就扒在他腿上,严监生一靴头子踢开了。"可见对赵氏的大手大脚,严监生不耐烦,有些担心。

家产和子嗣是严监生的命根子,他生前最忧心的也是这两样。严监生死后,严贡生果然霸占了他的过半家产,还曾威胁要发卖遗孀赵氏。那两个妻舅王德王仁虽然得了严监生和赵氏诸多好处,但面对严大的霸道欺弱却并不援手。

严监生这个人在古典文学中赫赫有名,出名就出在他临死前的表现。板书:临死前的。

二、初读课文,把握词意,读通句子

1. 带着任务自学课文

这是一篇古白话文。腔调、用词与现在有些不一样。请自学课文,完成下列两项任务:(1) 各人读各人的,大声朗读,让我听得见,把每个句子读正确。(2) 圈出文言词汇,借助注释、字典、词典或联系上下文理解意思。

2. 读准字音、分辨字形与把握词意

课文读完了,检查一下对字音、字形与词语意思的掌握情况。

(1) 读准加点字的字音:诸亲六眷、监生、穿梭、挑掉一茎灯草、痰、一声不倒一声。答案预设:juàn、jiàn、suō、tiǎo、jīng、tán、dǎo。

(2) 说说"临"和"监"的区别。预设答案:"临"是左右结构;"监"字是上下结构,下面是两竖,而且最后一横笔是通的。

(3) 说说"眷、穿梭、滴溜、茎、挑、登时、不曾见面、哥子"这些词语的意思。
答案预设:

眷:亲属。诸亲六眷:文中泛指所有的家眷、亲戚。

穿梭:形容来往频繁。滴溜:形容很圆。

茎:量词,根。挑:在文中指用细长的东西挑掉一根灯草。

登时:立刻、立即、马上、顿时。不曾见面:没有见到。

"哥子":文中指严监生唯一的一个儿子,三岁,赵氏所生。

字词方面,还有不懂的可以提出来。没有了?那接下来就带着问题研读课文。

第二课时

【教学要点】

领会各出场人物言行背后真实的心理状态并读准四次发话的口吻与语气。

【教学过程】

一、研读课文,领会文中各出场人物言行背后的真实的心理状态

1. 提出研讨问题

一共 5 个问题,请看 PPT。

2. 带着问题研读课文

提示:每次阅读只带着一个问题。可根据背景知识、生活经验与上下文推断答案。

3. 汇报交流研讨结果

(1) 赵姨扶正的时候,诸亲六眷都应邀来贺喜,但严贡生一家硬是不来。而当"严监生的病一日重似一日,再不回头"时,严大的"五个侄子穿梭的过来陪郎中弄药"。试判断:这五个侄子是在为了严监生的病尽心尽力还是别有用心?

预设答案:别有用心。在盼着严监生早死,从此只面对孤儿寡母,更好霸占他的产业。

(2) "把两眼睁得滴溜圆"这种特殊表情会是什么样的内心活动造成的?

预设答案:发怒的表情。因为二侄子所问直接关乎银子,让严监生再次强烈感到严大一家图谋其家产的危险,所以勃然发怒,表情上便是"两眼睁得滴溜圆"。"狠狠摇了几摇",则是表示坚决否定。

(3) 文中统共四次发话。后两次发话的提示语中特别附加了形态动作。请站在作者的立场上思考,这是一般的描写,还是别有用意?

预设答案:①"娘亲舅大",抱着哥子的奶妈是在借机抬出二位舅爷用以与严大抗衡,借此打压严大一家企图霸占家产的野心。②"揩揩眼泪"说明赵氏处在悲伤之中;"慌忙"表明赵氏感觉到严监生生命将衰竭的信息。作为严监生身后的第一当家人,她这时才发声,承继了严监生一生卑微低调的作风。③"插口""走近"两个词语显示,在空间上,感情上最亲近的赵氏及被奶妈抱着的"哥子"都被严大一家给边缘化,这显示了严大一家的越位、强势与霸道,情节上这是在为严监生身后严大一家种种霸占家产的行为埋下伏笔,暗示了严监生家人之后的可悲命运。

(4) 联系语境说说文中省略号的作用。

预设答案:表示赵氏在公布谜底前语音上有停顿,这是她内心感觉不便将这家庭隐私公之于众的反应,表明心理上赵氏对严监生操纵的"过于节俭

的生活"的否定。在情节安排上,这是作者在为赵氏以后过"享福"生活做铺垫。

(5)严监生是个有十多万银子的财主,临死前却因为灯盏里点着两茎灯草而不肯断气。你怎么看这一现象?(温馨提示:① 一般情况下,煤油灯点一茎灯草可将室内照明。②"吝啬"一词,《现代汉语词典》的解释为:"过分爱惜自己的财物,当用不用。")

预设答案:① 严监生虽然很有钱,但对待自家生活一贯苛刻,临死前因为灯盏里点着两茎灯草而不肯断气,这实在是他本性的自然流露。② 家产和子嗣才是严监生的命根子,为保"命根子",严监生一直不遗余力,一直在做长远布局。临终时"指着不动",这是在借机最后一次告诫赵氏遵守他一贯的敛财习惯。

4. 点评并拓展,深化认识

这次研究性学习,同学们读得认真、想得正确、说得透彻,希望发扬光大。(转)我甚至发现,严监生借机最后一次告诫赵氏遵守他一贯的敛财习惯的做法与大文学家巴尔扎克笔下的吝啬鬼典型老葛朗台的做法惊人一致。请看《欧也妮·葛朗台》中的相关片段:

然而,老头儿虽然身板还硬朗,也感到需要让女儿学点持家的诀窍了。接连两年,他让欧叶妮当着他的面吩咐家常菜单,结收债款。他慢慢地、逐步地告诉她葡萄园和农庄的名字和经营内容。到第三年,他已经让女儿习惯他的全部理财方法,他让这些方法深入到女儿的内心,成为她的习惯,他总算可以不必担心地把伙食库的钥匙交到她的手里,让她正式当家。

二、用恰当的口吻与语气朗读全文,增进对文章内容与表达形式的理解

课文内容理解了,接下来咱们一起来琢磨琢磨四次发话的口气与口吻。预设答案:大侄子、二侄子的口吻应是装出的关心、亲切与殷勤。奶妈地位低、关系疏,通过插口的形式参与竞猜行列,就只能声音比较大了。而赵氏,第一句话是抢说的,是说给大家伙听的,所以发音应该突兀急速并且大,第二、三句是为了安抚严监生一个人说的,声音应该缓和、温顺且略低。

四次发话的口气与口吻明白了,接下来就请各自练练。嗯,练得都很认真,接下来,请6人为一小组,分角色练读。嗯,各小组都练得认真。哪一组愿意和大家分享练读的结果?哪一组还愿意来试试?

三、结课

《儒林外史》中耐人寻味的情节和人物比比皆是,课后读一读原著中感兴趣的章节。下周一课外阅读课上分享这次课外阅读成果。现在下课!

【板书设计】

临死前的严监生

人物	动作神态	心理
严监生	摇、睁	怒、担心
大侄子、二侄子	陪、问	别有用心
奶妈、小哥子	抱、插口	抗衡
赵氏	慌忙、走近	伤心、安抚

思考与练习

➤ 一、阅读课文《林冲棒打洪教头》(苏教版五年级上册,扫描目录页二维码阅读原文),按新授课要求,完成下列各题。

1. 写出本文的教学目标,并简要做出解释。
2. 写出本文的教学重点,并做简要分析。
3. 请你为本课预设完整的教学流程,并说明设计思想。

➤ 二、阅读课文《浅水洼里的小鱼》(人教版二年级上册,扫描目录页二维码阅读原文),按要求答题。(2018年教师资格考试题)

1. 如指导二年级小学生学习本课,试拟定教学目标。
2. 设计"甚至"一词的教学过程。
3. 设计本课的板书。

➤ 三、阅读课文《白鹅》(人教版四年级上册,扫描目录页二维码阅读原文),完成后面习题。(2017年教师资格考试题)

1. 简要分析文本的写作特点。
2. 指导中年段学生学习本文,试拟定教学目标、教学重点和难点。
3. 根据拟定的教学目标,设计新授课导入环节并说明设计意图。

➢ 四、阅读诗歌《草》(人教版二年级下册),完成后面习题。(2016年教师资格考试题)

《草》白居易

离离原上草,一岁一枯荣。
野火烧不尽,春风吹又生。

1. 描写该诗的意境并分析主题。
2. 指导小学二年级学生学习材料,试拟定教学目标。
3. 设计针对生字"枯"的写字指导过程。

➢ 五、阅读下列课文《坐井观天》,并按要求作答。(2016年教师资格考试题)

青蛙坐在井里。小鸟飞来,落在井沿上。

青蛙问小鸟:"你从哪儿来呀?"

小鸟回答说:"我从天上来,飞了一百多里,口渴了,下来找点水喝。"

青蛙说:"朋友,别说大话了!天不过井口那么大,还用飞那么远吗?"

小鸟说:"你弄错了。天无边无际,大得很哪!"

青蛙笑了,说:"朋友,我天天坐在井里,一抬头就看见天。我不会弄错的。"

小鸟也笑了,说:"朋友,你是弄错了。不信,你跳出井口来看一看吧。"

请根据上述材料完成下列任务:

1. 本文的寓意是什么?
2. 以小学低年段学生为教学对象,拟定教学目标。
3. 结合教学目标,设计一个揭示寓意的教学环节。

第四章

小学写话与习作课设计

第一节　小学写话设计概说

"写话"是课标对第一学段"写作"的称名。

一、为什么不称"写作"而称"写话"

写作,《现代汉语词典》的解释:"写文章(有时专指文学创作)。"课标不要求第一学段写"篇章",只在字词句和句末标点使用上提要求。这是课标将第一学段的"写作"称呼为"写话"的主要原因。

二、写话课的致力点有哪些

在课标中"写话"项目下共三条目标和内容:

1. 对写话有兴趣,留心周围事物,写自己想说的话,写想象中的事物。
2. 在写话中乐于运用阅读和生活中学到的词语。
3. 根据表达的需要,学习使用逗号、句号、问号、感叹号。

细细解读上列的三条目标和内容并联系我们关于小学语文课的经验,你将找到第一学段写话课的三大致力点。

第一,致力于培养写的兴趣、留心观察的习惯与乐于运用"学到的词语"的态度。这一致力点是课标的明文要求。课标指出:第一学段应"对写话有兴趣,留心周围事物""在写话中乐于运用阅读和生活中学到的词语"。

第二,致力于培养"想清楚再说与写"与"有顺序地写"的习惯。儿童说话和写话有两种普遍存在的毛病必须花大力气纠正:一是不假思索随口便说,于是不时发生话说不完整、说不明白的现象;二是想到就写,不去琢磨写的顺序,从而导致写话乱七八糟、没有条理。

第三,致力于用词妥帖、造句完整与正确使用三个句末标点符号。认字学词,掌握感叹句、疑问句、"给字句"、"像字句"、"把字句"及"被字句"等各种基本句式是小学《语文》第一学段的基本任务,这已成常识。基于这一常识,可以推断:用词则要求"妥帖"、写句则要求"完整"是第一学段不言而喻的写话目标与内容。至于"根据表达的需要,学习使用逗号、句号、问号、感叹号",

117

则是课标明文提出的写话内容与目标。

三、怎样指导写话

第一学段写话的指导策略与方法建议如下:

1. 先说后写,打牢写话基础

说话是写话的基础,说话阶段把字词句基础打扎实了,写话的难度就会大大降低。通览部编本小学《语文》,你会发现,其"写话"项目从二年级才正式设置;但一年级安排了大量的说话训练。

2. 以问导说,让儿童"话"说得明白、说得有条理

著名的特级教师斯霞老师擅长通过提问引导儿童"想清楚再说"。请看她在课间与学生的对话片断:

学生(匆匆跑来):"老师没有了!"

斯霞:"老师好好在这儿呢。什么东西没有了?"

学生(不好意思地笑着):"老师,我的本子没有了。"

看图说话前,斯霞老师常常通过一组精心设计的问题引导儿童观察并"找到说的顺序"。譬如图上面有杨柳、桃花、燕子、房子。斯霞老师会提这样一组问题引导学生观察与思考:这是什么季节? 天气怎么样? 有些什么花草树木,它们都怎样了? 有什么东西飞来了? 它们来做什么? 这一问,儿童就能说出:春天来了,天气很暖和。杨柳发芽了,发出嫩绿色的芽;桃花开花了,开出粉红色的花朵。有一对燕子飞来了,飞到小红家来做窝。

3. 以评导航,强化说话与写话要领

当学生对照图画说话后,教师可以这样表扬学生:"说得不错,新学的好词佳句用得很准确""好能干,将课外学的词语也用上了,而且还用得很妥帖""说得不错,知道按顺序说话""你也说得清楚完整,也知道按顺序说话"。

4. 先简单再复杂,减轻写话难度

先练说简单句再练说结构比较复杂的句子。先看单幅图说话,再看多幅图编连环故事。先写几句话,再写一段话,再写短文。

5. 选择贴近学生实际的话题,让学生易于动笔,乐于表达

小学《语文》部编本为儿童"写话"安排了"介绍自己喜爱的玩具""介绍自己的一个好朋友""把心中的问号写下来""写自己想养某种小动物的理由"等话题。每个话题都贴近学生实际。

6. 在看图与画画后写话,让学生的"写"有兴趣、有内容并有条理

之所以提出这一条策略,主要基于下列三条理由。其一,低年级学生的思维以形象思维为主,他们喜欢通过绘画表达自己的想法,也喜欢看图画。小学《语文》课本上配有大量插图。小学语文课上还可以巧借阅读或"口语交际"让孩子即兴绘画表达想法。其二,"画画"的过程是一个整理思路的过程,画画后再写话,就不会颠三倒四。其三,孩子"看图"时,有经验的教师一般会通过一组问题引导孩子看图说话;之后接着布置写话活动,这样,孩子不仅有内容写,而且还会有顺序地写。

四、课标对第一学段写话是否有立意与内容上的要求

古人云:"文以意为主,意犹帅也"。但是,关于第一学段写话的"内容",课标明文指出,"写自己想说的话,写想象中的事物",也就是说写话阶段"写什么"无"束缚",立意上无限制,更不需追求"有创意"。

本节主要依据课标关于写话的三条目标和内容探讨了四个相关问题。通览小学《语文》部编本一二年级的写话设计题,感觉其设计思路较之前的其他课标本是大大进步了。相信凭借正确的设计理念与部编本《语文》教材的导航,大家的每次写话指导课都会很精彩。

第二节 小学习作课的主要任务与指导策略

"习作",顾名思义,"练习写作"的意思。课标称小学第二、三学段的"写作"为"习作",强调的就是这两个阶段"写作"的"练笔"性质。

一、课标视点下习作课的主要任务

(一)小学第二学段"习作"项目下的目标和内容

1. 乐于书面表达,增强习作的自信心。愿意与他人分享习作的快乐。

2. 观察周围世界,能不拘形式地写下自己的见闻、感受和想象,注意把自己觉得新奇有趣或印象最深、最受感动的内容写清楚。

3. 能用简短的书信、便条进行交流。

4. 尝试在习作中运用自己平时积累的语言材料,特别是有新鲜感的词句。

5. 学习修改习作中有明显错误的词句。根据表达的需要,正确使用冒号、引号等标点符号。

6. 课内习作每学年16次左右。

(二) 小学第三学段"习作"项目下的目标和内容

1. 懂得写作是为了自我表达和与人交流。

2. 养成留心观察周围事物的习惯,有意识地丰富自己的见闻,珍视个人的独特感受,积累习作素材。

3. 能写简单的记实作文和想象作文,内容具体,感情真实。能根据内容表达的需要,分段表述。学写读书笔记,学写常见应用文。

4. 修改自己的习作,并主动与他人交换修改,做到语句通顺,行款正确,书写规范、整洁。根据表达需要,正确使用常用的标点符号。

5. 习作要有一定速度。课内习作每学年16次左右。

(三) 对两个学段习作任务的解读

显然,在课标中,两个学段的习作课各有任务,梯度明显:(1) 情感态度与价值观维度上,第二学段侧重培植写作兴趣与自信心;第三学段侧重培养留心观察、有意识地积累素材、自改与互评等写作习惯。(2) 过程与方法维度上,第二学段侧重"练写句段";第三学段侧重"练写篇章"。(3) 知识与能力维度上,第二学段要求"写清楚"、遣词造句无"明显错误"、冒号与引号等标点符号使用正确;第三学段,在文体、内容表达与文面规范上都有要求。文体上,要求"能写简单的记实作文和想象作文""学写常见应用文";内容表达上,要求"写具体""写通顺""有一定速度";文面上,要求"能根据内容表达的需要,分段表述""行款正确"并且常用标点符号使用正确。

二、课标视点下的习作指导策略

(一) 从小学生感兴趣的生活中选择话题,让写作成为孩子们自我表达和与人交流的途径与手段

最近五年,笔者一直在跟踪小学生作文指导问题,发现当前小学生作文存在"作前无兴趣,作时无话说"两大问题。产生这两大问题的根源在于很多教师给出的作文话题远离了孩子身边的"时事"。由于作文话题远离了孩子身边的"时事",因此,孩子们感受不到作文的意义,自然也没了写的兴趣;也由于这一"远离",孩子们没了鲜活的素材,于是"作时无话说"。

医治上述两大问题的对策便是命题时目中有"儿童",从小学生感兴趣的生活中选择话题,突出小学生在校园生活中的主体地位,给予小学生对自己的校园生活发表看法的机会。譬如,在学校,小学生通常需穿校服,但是部分孩子对现有校服的色彩与款式不满意。这时,教师可组织孩子开展校服小调查并基于调查结果写"校服之我见",这样,孩子不就有写的兴趣了吗?再如,校园安全问题频频出现,这时,教师可引导孩子们开展讨论、商量对策,然后写"做自己的首席安全官——平安校园行"倡议书,孩子不就有话可说了吗?再如,"六一"儿童节是孩子们自己的节日,让孩子们自己写节日活动策划书、发布活动通知、拟写活动广告词、解说活动场面、发表活动新闻,等等,孩子不就有话可说了吗?

结合孩子们的生活问题写作,在写之前他们是"有背景地写与有缘由地写";在写之时,是明确了写作者身份与角色的写;在写之后有特定"读者";而一经"发表",还必定产生实际反馈。所以,从小学生感兴趣的生活中选择话题,能让孩子们从自己的写作实践中真切地感受到写作的意义与作用,有利于端正他们对写作的认识。

这样的写作设计还能带来其他四大作用:其一,能推动孩童积极投身生活、关注生活并思考生活问题;其二,不再愁"写无素材";其三,习作管理与评价方面,因为是结合特定背景的写,防抄袭功能增强;其四,能有效培养书面交际的角色意识、受众意识、背景意识和目的意识。

(二)多角度仿作,提升文字驾驭能力

模仿是儿童的天性,是儿童的心理需要。因此,小学阶段的习作,理所当然应该包括种种"仿作":仿修辞、仿技巧、仿语言风格、仿结构体式。当然,课标视点下第二学段与第三学段的仿作侧重点应该不同。

1. 第二学段的仿作

第二学段侧重"练写句段"。《比尾巴》这首儿歌使用了问答、反复、押韵等多种修辞与技巧,好听、好记、节奏明快、充盈童真童趣,很适合孩子的胃口,颇受儿童喜爱。第二学段的教师可以在复习背诵的基础上让孩子仿照这首诗的样子,选择话题做新编儿歌的练习,譬如以"头发"为话题,问:"谁的头发长?谁的头发短?谁的头发最稀奇?"可以两人互练,一问一答,也可一小组一小组根据自己选择的话题做接力仿说游戏。于是,押韵与言语节奏两项训练通过好玩的游戏形式得以轻松完成。再如《小壁虎借尾巴》一文中的"略写"技巧——"小壁虎把借尾巴的事告诉了妈妈"也值得一仿,等等。

2. 第三学段的仿写

按课标要求,第三学段得侧重篇章习作训练,语文课本中有寓言体、传奇体、游历体、故事体、童话体等多种文体的课文。这些文体都可让学生尝试着练练。

结构方面,《长城》一课用起承转合式,《自己的花是给别人看的》用历时结构式,《桂林山水》是总分式、《鸟的天堂》则是分总式……结构形式不同,所产生韵味各异,都可让仿一仿,练写得多了,则选择的余地就大了,其驾驭篇章的能力必定增强。

语言风格方面,《牛郎织女》一课,使用了民间传说体:"明天黄昏的时候,你翻过右边那座山,山那边有一个湖,湖边有一片树林。在树林里,你会遇到一位美丽的姑娘。"上下句交接点使用相同字或词,叙事极为有条理,语言很有特色,颇值得一仿。

(三)多形式练写,让孩童感到作文好玩、有趣

童话作家鲁冰曾说:"如果失去童话,生命对我来说,还有什么意义?我感到自己是为童话而生的。"① 追寻作家创作史,你会发现,作家们之所以能坚持写作,大多是因为热爱写作。习作也是艰苦的劳动,但若能顺乎孩子天性,使用新奇、好玩、有趣的习作形式,那么,他们很可能因此爱上写作。

那么,有哪些新奇、好玩、有趣的习作形式呢?苏霍姆林斯基说:"当儿童找不出确切的、恰如其分的词语来表达自己的思想时,他就求助于图画。"② 由此可见,画画是孩童感兴趣的事情。办手抄报,孩童也会感觉有点意思。所以,小学第二学段习作不妨采用写绘画日记、画连环画、办图文结合的手抄报这些形式。第三学段建议使用接力习作、编剧、举办习作沙龙等新奇、好玩、有趣的习作形式。

(1) 接力习作的做法:教师开头,学生分组接作,连组成篇。

(2) 编剧的做法:分组提供素材,组内讨论,一组一章节,连章成剧。

(3) 举办习作沙龙的意义、目的与方法。中华写作文化一直崇尚写作主体人格心灵塑造,从孟子开始经韩愈、叶燮、王国维、林纾,形成连绵不断的写作文化精神。举办习作沙龙的目的,一是因为这种形式新奇,学生可能感兴趣,二是经由这一活动,学生可以接触到更多的人文历史和自然景观,生活经历和情感体验能得以丰富,人格心灵修养能得以提升。其具体做法为:借沙龙的形式,按周分组汇报各人收集的素材与感受,听众不仅要边听边记录,还要做出适当回应。

(四)开辟习作发表园地,满足孩童表现欲望

小学习作教学,还要多多开发"习作发表"园地,解决习作的发表与评价

---

① 鲁冰.我与童话的相遇[J].北京:小学语文,2018(6):58.
② 苏霍姆林斯基.给教师的建议[M].北京:教育科学出版社,1984:104.

问题,让作文被发表的同学收获成就感,让想发表作文的同学获得鞭策和激励,让"后进"的同学可以观摩到大量的同伴优秀作文。

建议:创办优秀习作专刊;出版优秀习作选集;组织编辑交流《我的作文选》;举办红领巾广播站,每天定时播报学生的优秀作品;结合"互联网＋"背景开展网上互评活动;等等。

第三节 《学写提示语》教学设计

【教材分析】

正确使用常用标点符号,是基本的表达功夫。所以,课标要求第二学段能"根据表达的需要,正确使用冒号、引号等标点符号"。对话描写,是一项基本写作技能。部编本三年级《语文》上册要求照样子写对话。该册教材第三、四单元选录了《去年的树》《在牛肚子里旅行》《总也倒不了的小屋》《不会叫的狗》等童话,都使用了通过对话推动情节发展的手法,并且,各种类型的对话提示语在这些课文中都有所使用。因此,在教完第四单元后练写提示语,正是充分利用课程资源的举措,不仅能夯实对话写作基本功,也能巩固冒号、引号、逗号、句号使用技能。

【学情分析】

与三年级学生谈话发现,"提示语"这一称名,他们之前没听过,因此,可以断定,提示语的类型与形式、提示语后标点符号的使用规律,对这些学生来说,都是新知识。谈话中还发现,该年级学生因为普遍喜欢编童话,所以几乎都希望能掌握对话描写技能。

【教学目标】

认识提示语,懂得提示语在内容上有简单型与复杂型之分,在摆放位置上有在前、在后、在中与隐藏等四种类型,会用提示语后面的标点符号。

【教学重点】

感受各类提示语特点与功用,用对提示语后面的标点符号。

【教学难点】

领悟到正确摆放提示语位置的重要性并能用对提示语前后的标点符号。

【教学方法】

凭借已学课文中的五个片段使用朗读法、练习法与谈话法领悟新知识、掌握新本领。

【教学课时】

两课时。

【教学准备】

1. PPT呈现相关课文插图并显示五段对话。
2. 给每个同学准备并分发印有题目的练习纸。

第一课时

【教学要点】

认识提示语,懂得提示语在内容上有简单型与复杂型之分,在摆放位置上有在前、在后、在中之别,明了牵羊式提示语等三类提示语后面标点符号的使用规律。

【教学过程】

一、复习导入,唤起学习兴趣

同学们,最近几周我们学过好多篇童话故事,包括——《去年的树》《在牛肚子里旅行》《总也倒不了的小屋》《不会叫的狗》,等等。(边说边用PPT呈现相关课文插图,唤起学生对已学课文的回忆)我发现你们不仅喜欢读童话故事,还喜欢编童话故事。这节课,我们学写提示语,(板书:学写提示语)相信掌握了写提示语这项新本领后,你们编写童话的本事就更大了。

二、认识"提示语"

同学们,知道什么是"提示语"吗?所谓"提示语"指的是把说话人或说话状态提出来的词句。

现在看练习纸第一题中的五段对话,各自大声读读,让老师听得见你们的读书声,边读边用红色标出提示语。(练习题第一题:标出下列各段对话中的提示语)

现在请抬头看PPT,字体加粗的就是提示语,你标对了吗?

PPT显示的五段对话如下:

对话一(出自《去年的树》):

"立在这儿的那棵树,到什么地方去了呀?"**鸟儿问树根**。

树根回答:"伐木人用斧子把他砍倒,拉到山谷里去了。"

对话二(出自《一块奶酪》)：

蚂蚁队长生气了。**他登上一块大石板，突然下令：**"注意啦，全体都。稍息！立正！向后——转！齐步——走！"

对话三(出自《总也倒不了的老屋》)：

"等等，老屋！"一个小小的声音在它门前响起，"再过一个晚上，行吗？今天晚上有暴风雨，我找不到一个安心睡觉的地方。"

对话四(出自《在牛肚子里旅行》)：

"救命啊！救命啊！"红头拼命地叫起来。
"你在哪儿？"青头急忙问。
"我被牛吃了……正在它的嘴里……救命啊！救命啊！"

对话五(出自《一只不会叫的狗》)：

"哎呀，"狐狸说道，"原来是这样！你这是给我设了一个圈套啊！"
"一个圈套？"
"当然啦。你让我以为，是一只公鸡在树林里迷路了，而你却设下圈套想抓我。幸好我发现得及时。"
"我向你担保，我压根就没想抓你，我只是在这里练习。"

三、识别简单提示语与复杂提示语

有的"提示语"只简单地提示了说话人是谁，提示的信息简单，我们把它叫作简单式提示语；有点提示语还提示了说话人说话的动作与状态，提示的信息比较多比较复杂，我们把它叫作复杂式提示语。请看练习纸，圈出上述五段对话中的复杂式提示语。

请看PPT，对话二、对话三、对话四中的提示语都将说话的情绪、神态、动作或表情等说话状态提示出来了，都可看作复杂式提示语。你标对了吗？

四、认识牵羊式提示语等三类提示语，明了提示语之后的标点符号的使用规律

同学们，提示语还有位置在前、在后、在中间与隐藏等种种不同。位置在前的我们把它叫作牵羊式提示语，羊还在后面，所以用冒号提示；位置在后的就叫推车式提示语，车子都推过去了，所以用句号结束；位置在中间的，把它叫作挑

担式提示语,担子太重,有时要歇一会再走,就用逗号表示句中停顿。

下面,各自看习题纸,在牵羊式提示语与后面的标点符号下加单横线,在推车式提示语与后面的标点符号下加双横线,在挑担式提示语与后面的标点符号下加波浪线。

现在同桌互换练习纸,对照PPT上的答案,互相批改。教师巡视课堂,根据学情实施个别指导。

五、小结收束

同学们,这一节课,我们增长了三项知识。第一,认识了提示语。第二,懂得提示语在内容上有简单提示语与复杂提示语之分。第三,知道提示语在摆放位置上有在前、在后、在中之别:位置在前的我们把它叫作牵羊式提示语,羊还在后面,所以用冒号提示;位置在后的就叫推车式提示语,车子都推过去了,所以用句号结束;位置在中间的,把它叫作挑担式提示语,担子太重,有时要歇一会再走,就用逗号表示句中停顿。现在下课。

第二课时

【教学要点】

明白隐藏式提示语的隐藏条件,进一步感受各类提示语特点与功用并在练习中用对提示语后面的标点符号。

【教学过程】

一、学习隐藏式提示语

1. 揪出隐藏式提示语并归纳提示语隐藏的条件

同学们,提示语是个调皮鬼,他有时和我们捉迷藏,故意躲起来,我们把这类提示语叫作隐藏式提示语。

请各自读读对话四和对话五,将故意隐藏起来的提示语一个个揪出来,写在空白位置,注意使用第三单元学过的增补符号。教师巡视课堂,根据学情实施个别指导。

现在请同桌交换习题纸,对照PPT,互相批改变脸后的对话,判别提示语的说话人是否正确。预设答案如下,加粗的为添加的提示语。

对话四(出自《在牛肚子里旅行》):

"救命啊! 救命啊!"红头拼命地叫起来。

"你在哪儿?"青头急忙问。

"我被牛吃了……正在它的嘴里……救命啊! 救命啊!"红头焦急地嚷起来。

对话五(出自《一只不会叫的狗》):

"哎呀,"狐狸说道,"原来是这样!你这是给我设了一个圈套啊!"

"一个圈套?"小狗疑惑地问道。

"当然啦。你让我以为,是一只公鸡在树林里迷路了,而你却设下圈套想抓我。幸好我发现得及时。"狐狸恨恨地说道。

"我向你担保,我压根就没想抓你,我只是在这里练习。"小狗委屈地替自己辩解。

我发现大家都很快批改完了。那么,认为揪出隐藏提示语是比较容易的请举手?都举起手来了。接下来,请开动脑筋想想:为什么这次捉迷藏游戏,我们能这么轻易地找到躲藏者呢?请各自大声读读对话四与对话五,找找成功秘诀。

嗯,有同学找到了。对,因为这两段对话的人物、场景都清清楚楚,所以,即使提示语隐藏起来了,我们也不会混淆。也就是说,当人物、场景之前有交代并且保持不变时,读者不会混淆对话人、清楚是谁在说话,所以这种情况下不用提示语;但当人物、场景切换后就得使用提示语,只有这样,读者才会更明白。

2. 通过对比朗读,探究提示语隐藏的原因

请抬起头看PPT。第一小组朗读变脸前的对话,第二小组朗读变脸后的对话。其他同学想想:提示语这个调皮鬼有时躲藏起来除了好玩还为了什么呢?嗯,有同学感觉到了,当人物、场景之前有交代并且保持不变时,读者不会混淆对话人、清楚是谁在说话,所以这种情况下提示语藏起来能让场景更逼真,对话更紧凑。否则,对话会比较松散。(当然,人物、场景切换后还得使用提示语提示,读者会更明白)

我们一起读读变脸前的对话。看来啊,提示语这个小朋友,具有多重性格,既调皮,也懂规矩,还很友善。

二、按要求改写对话,用对提示语后面的标点符号

接下来,我们利用提示语这个小朋友调皮的一面,带着他捣蛋,将课文中的五段对话一个个弄个大变脸。温馨提示,请务必按要求游戏。

要求:简单的将它变复杂,复杂的将它变简单;位置在前的将它挪到后面,位置在后的挪到前面,位置在中间的挪到某一边;对话四的隐藏提示语让它跳到话语中间。将变动后的对话写在原对话后面的空白处,注意标点不要弄错了。

游戏现在开始。看谁做得又快又好。教师边巡视课堂,边收集典型作业。游戏结束。教师用幻灯投影出格式上的错例并边分析边拿出红笔改过来。接着投影出几份正例。

三、朗读改写前后的对话,品评变化前后的不同效果

(一)品评"对话一"变化前后的不同效果

1. 第一小组分角色朗读原对话一,第二小组分角色朗读变脸后的对话一

原对话一:

"立在这儿的那棵树,到什么地方去了呀?"鸟儿问树根。

树根回答:"伐木人用斧子把他砍倒,拉到山谷里去了。"

变脸后的对话一:

鸟儿(一边流泪一边焦急地)问树根:"立在这儿的那棵树,到什么地方去了呀?"

"伐木人用斧子把他砍倒,拉到山谷里去了。"树根(用沙哑的声音痛苦地)回答。

2. 品评变化前后的不同效果

预设答案:变脸后的提示语更生动形象。但原文更简洁,给读者留下的想象空间更大。

(二)品评"对话二"变化前后的不同效果

1. 第三小组分角色朗读原对话二,第四小组分角色朗读变脸后的对话二

原对话二:

蚂蚁队长生气了。他登上一块大石板,突然下令:"注意啦,全体都。稍息!立正!向后——转!齐步——走!"

变脸后的对话二:

"注意啦,全体都。稍息!立正!向后——转!齐步——走!"蚂蚁队长下令。

2. 品评变化前后的不同效果

预设答案:变脸后的对话二变简单了。但原对话二由于提示了说话前的动作与说话状态,更具体、更生动、更形象,现场感更强。

(三)品评"对话三"变化前后的不同效果

1. 第五小组分角色朗读原对话三,第六小组分角色朗读变脸后的对话三

原对话三:

"等等,老屋!"一个小小的声音在它门前响起,"再过一个晚上,行吗?今天晚上有暴风雨,我找不到一个安心睡觉的地方。"

变脸后的对话三:

"等等,老屋!再过一个晚上,行吗?今天晚上有暴风雨,我找不到一个安心睡觉的地方。"一个小小的声音在它门前响起。

2. 品评变化前后的不同效果

预设答案:原对话三提示语在中间,能让读者感觉到小猫边说话边向老屋靠近的过程。变脸后的提示语挪后,小猫边说话边向老屋靠近的过程也感觉不到了。此外,由于小猫话语变得冗长了,感觉有些失真。

(四)品评"对话四"变化前后的不同效果

1. 第一小组分角色朗读原对话四,第二小组分角色朗读变脸后的对话四

原对话四:

"救命啊!救命啊!"红头拼命地叫起来。

"你在哪儿?"青头急忙问。

"我被牛吃了……正在它的嘴里……救命啊!救命啊!"

变脸后的对话四参见下文,此处省略。

2. 品评变化前后的不同效果

红头拼命地叫起来:"救命啊!救命啊!"(变脸后,没了原来的急迫味儿了)

青头急忙问:"你在哪儿?"(变脸后少了原来的急迫味儿了,因此感觉青头的友情也似乎变淡薄了)

"我被牛吃了……正在它的嘴里……"断断续续的声音在牛嘴里发出,"救命啊!救命啊!"(变脸后的提示语提示的声音出处和说话状态都是重复冗余信息。原文更干净)

(五)品评"对话五"变化前后的不同效果

1. 第三小组朗读原对话五,第四小组朗读变脸后的对话五

原对话五:

"哎呀,"狐狸说道,"原来是这样!你这是给我设了一个圈套啊!"

变脸后的对话五:

狐狸失望地说道:"哎呀,原来是这样!你这是给我设了一个圈套啊!"

2. 品评变化前后的不同效果

原对话五,提示语插在中间,特别突出了狐狸情不自禁、失声大叫的情状。变脸后的对话五,突出了狐狸的指责声,失望的尖叫声被减弱。

四、归纳总结、布置作业

1. 总结

这两节课我们认识了提示语,知道了有的提示语只简单提示说话人是谁,有的还提示说话人说话的情绪、神态、动作或表情等,还知道了提示语有位置在前、在后、在中间与隐藏的不同。标点符号使用方面,我们发现:人物的话语,都用双引号;提示语在前用冒号;提示语在中间用逗号;提示语在后用句号。我们还玩了有趣的带领提示语捣蛋的游戏。

2. 布置作业

下节课我们边看相声大师侯宝林相声《猜字谜》,边写对话,看谁能学以致用,做到:提示语位置摆放合适,标点符号使用也正确。现在下课。

【板书设计】

学 写 提 示 语

位置在前　　牵羊式提示语　　用冒号
位置在后　　推车式提示语　　用句号
位置在中间　　挑担式提示语　　用逗号
人物、场景之前有交代并且保持不变 隐藏

第四节　《学写童话》教学设计

【教材分析】

部编本《语文》三年级上册第三单元是"感受童话并编写童话"单元,课文有《去年的树》等。该单元的习作题目为:根据编者给出的"啄木鸟、冬天、森林超市"等三组词语发挥想象把故事写下来。编者给出的习作指导主要有二:(1)写之前想一想:① 故事里有哪些角色?② 事情发生在什么时间?

是在哪里发生的？③ 他们在那里做什么？他们之间发生了什么故事？（2）写完后小声读一读，看看句子是否通顺。显然，编者的上述两项指导，有内容与思路方面的，也有表达形式方面的，其所预期的目标与课标对第二学段的习作要求——"能不拘形式地写"并"写清楚"——完全一致，这固然是正确的。但根据学理，如果只提供这些指导，那么，那些不讲根据与意义的乱想奇葩便会因为得不到管制而破土发芽乃至生长泛滥。

【学情分析】

本次习作是小学阶段第一次童话写作练习，是一次奠基性写作。按照学理，下列三项知识是培养良好的童话创作习惯所不可缺少的：（1）童话创作应力求内容出新，应尽量在故事中添加当代背景与当代生活元素；（2）依据"物性"发展情节；（3）基于人物"个性"想象人物表情、语言与动作。但上述三项童话创作需有的知识在整个中小学《语文》课标和语文教材中都没有被突出、被强化。近三年笔者一直在跟踪中小学生童话写作，发现下列三种情况：（1）作品内容陈旧，多数是一些王子与公主的故事，缺少当代背景与当代生活元素；（2）鱼在天上飞、鸟在水里游这样一些不合"物性"的情节常常发生；（3）所写的表情、语言与动作显示不出不同人物的不同个性。究其根源恐怕与上述三项"需有"的知识在《语文》教材层面和教师教学层面都一直没有被突出与强化有关。

【教学目标】

1. 通过"故事情节想象与点评"活动领悟并部分应用下列三项基本知识：（1）童话创作应力求内容出新，应尽量在故事中添加当代背景与当代生活元素；（2）依据"物性"发展情节；（3）基于人物"个性"想象人物表情、语言与动作。

2. 根据给定故事片段完成若干情节创编工作，力求"写清楚"并写对词语与句子，字数不限。

【教学重难点】

通过"想象、写作故事情节并点评"领悟并部分应用童话创作的三项基本知识。

【教学方法】

利用著名童话作家作品通过问题讨论训练童话构思思路、学习童话创作理念，通过想情节、分享情节、点评情节等连环活动开阔思路、端正认识、深化理解。

【教学课时】

两课时。

【教学准备】

1. 三个出自著名童话作家笔下的或被掐头或被去尾或被省略中间环节的故事。

2. 给每个同学准备并分发印有三个片段故事的练习纸。

第一课时

【教学要点】
通过"读故事、想情节、分享情节"三项活动发展创作思路。
【教学过程】

一、引发写作兴趣

在第三单元中,我们学习了好几篇有趣的童话:《去年的树》《那一定会很好》《在牛肚子里旅行》和《一块奶酪》。(边说边用PPT呈现相关课文插图,让学生在回想中生发对童话的感觉)这些童话作品不仅情节有趣味,还能给我们带来人生启示。今天这两节课,我们自己来编写童话,字数不限。写得好的作品在班级墙报第3期公开发表。

二、读故事,议故事,想情节

(一) 读故事

老师这儿有三个故事,不过,有的被掐头,有的被去尾,有的在中间使用省略号去掉了若干情节。这样的故事,你读后免不了会心生困惑,请边读边将困惑一一记下来。老师也准备了若干问题,将请同学们读后回答呢。

故事(一)

林子里的空气,甜丝丝的。

他,一棵高高的白杨树,长得挺拔。树皮没有一丁点斑痕。树叶,油绿油绿的,大小均匀,叶脉清晰,像一张张印刷得非常精美的书签。

这次,森林里选美,非他莫属。

这是那只画眉鸟说的。……

……

终于,他和他的伙伴们用他们茂密的树叶,堵塞住了冒黑烟的烟囱口。

大烟囱不冒烟了。大烟囱沙哑着嗓门,有气无力地嘀咕了一声:"让我走吧……"

夜风里,他又听到一声"嘎吱吱"的声响。大烟囱钻回地底下,走了。

……

故事(二)

……我踏进房间。黑礼帽正坐在沙发上喝茶。他见我进门,瓮着鼻子说:"无事不登三宝殿啊！我是来取钱的。"
……

<h3 style="text-align:center">故事(三)</h3>

花蘑菇小姐获得本届比美大赛的金牌！
T型舞台周围,响起一片雷鸣般的掌声。
……
在热热闹闹的比美大赛授奖仪式上,大伙怎么也找不到这位金牌得主。
……

(二) 议故事,想情节

1. 引导提问

都读完了,很好。而且我看到大家都是边读边批注,有的还记下好几个问题呢,真是一群会读书的好孩子。现在比比看,谁提出来的问题多,谁的回答更神奇。

问题原则上由学生提。如果学生提不出,教师也可以提。

关于故事(一)的问题预设如下：

(1) 故事中的"他"是谁？(白杨树)(2) 故事中还有哪些人物？(画眉鸟、大烟囱、各自类型的树)(3) 大烟囱来自哪里？他为什么要冒出来？(4) 与白杨树一起并肩战斗的伙伴们是谁？他们是在什么样的背景下加盟的？当时他们怎么想？(5) 最后白杨树参加了本届选美比赛了吗？本届选美比赛的最终结果是什么样的？

关于故事(二)的问题预设如下：

(1) 我是在什么样的背景下踏进房间的？(2) 黑礼帽为了什么事找我取钱,在此之前他与我之间发生了一桩什么样的钱权交易？(3) 他是怎么进到我家里的？(4) 他是个什么样的人物？

关于故事(三)的问题预设如下：

(1) 获得了比美大赛冠军是可喜可贺的事情啊,为什么授奖仪式上这位金牌得主却不见了呢？是意外还是必然？是为了别人还是情非得已？(2) 哪些人在当评委？(3) 最后金牌给了谁？

2. 以评导航,帮助打开思路并摆正思路

上述大多数问题都是开放式问题,没有固定答案,原则上应充分肯定学生的异想天开。但是,鉴于学情,有必要通过点评正面强化正确思路。本次点评将针对学情启用下列三个观照点：(1) 是否给故事添上了当代背景下的时尚情节?(2)情节发展是否考虑了不同形象的不同"物性"(如生活环境、习性等)?(3)是否是"什么人说什么话"?

三、布置具体写作任务

刚刚啊,××同学、××同学、××同学和××同学基于老师和同学们提的问题给故事补充了相关情节,有的还惟妙惟肖、栩栩如生。看同学们的眼睛,老师就知道,其他同学也想说。下节课,老师请大家从三个故事中任选一个将你想说的都写下来。现在,下课。

第二课时

【教学要点】

通过"写故事、作品分享与点评"三项活动促进学生进一步领会关于童话创作的三项基本知识,发展创作童话的兴趣。

【教学过程】

一、定主题

同学们,上节课老师给了大家三个待完成的故事。你对编写好其中的哪个故事最有把握?请选择其中的一个,打个钩。写完后,还要给你补写的这个故事加一个题目。

二、开始写作

童话作家庄大伟说:"快节奏,有悬念,有精彩的情节,有动人的细节,闭上眼睛有画面感,我们的童话就'动'起来了。"现在,请大家拿起笔,在你选定的故事的空白处,根据需要添加文字。当然,你也可以根据需要删减掉原来的一些文字。

学生写作过程中教师边巡视边留心典型作文。

三、佳作共欣赏

好,写作时间到。下面是"佳作共欣赏"时间,请××同学、××同学、××同学和××同学与大家分享自己的作文。

温馨提示:"佳作共欣赏"时间不仅仅是分享写作成品,还包括分享听后的点评意见。(1)在听的同学都是评委。(2)请评委边听边根据下面三条提示准备评语(边说边张贴"提示贴"):① 是否给故事添上了当代时尚元素? ② 情节发展是否符合不同形象的不同"物性"? ③ 是否是"什么人说什么话"?

下面有请××同学宣读自己编写的童话故事,掌声欢迎!

感谢××同学的分享。下面有请××同学点评,掌声欢迎!嗯,××同学似乎有不同看法,请说……

四、布置课后作业

同学们,告诉你们一个秘密:这三个故事的原作者都是庄大伟,三个故事的原标题分别为:《燃烧的树叶》《"毕扑"一声》《花蘑菇悲喜剧》。刚刚老师将这三篇童话的电子稿都发到了班级群中,同学们课后可以去读一读。现在下课。

【板书设计】

学 写 童 话

① 是否给故事添上了当代时尚元素?
② 情节发展是否符合不同形象的不同"物性"?
③ 是否是"什么人说什么话"?

第五节 《学写启示类散文》教学设计

【教材分析】

人教版义务教育课程标准实验教科书《语文》五年级上册第四单元是"感受并编写启示类散文"单元,课文有《钓鱼的启示》等。该单元的习作题目为:

在生活中,有哪些事情曾经给你以启发?从中选择一件,仔细想想这件事是怎样发生的,你从中获得了什么启示。先说一说,再写下来,注意把事情的经过讲清楚,把得到的启示说明白。

显然,学得"通过一件事情写启示"这项小本领应该是课本编者安排本次习作的潜在意图。而要学得这项小本领,需要懂得一些启示言说策略、事件展开策略、细节选择策略,等等,但课本对这三项策略都没有"明言"。

【学情分析】

我召集 5 个写作水平相对比较好的小学五年级学生,要求其按照课本要求完成一篇启示类散文。批阅时发现存在三种情况。其一,叙事干瘪,缺少细节与情节;其二,有大量的细节描写并且也很逼真、富有感染力,但是,其中不少细节与"启示"不存在呼应关系;其三,启示不是从所叙之事中合理引出来的,而是很牵强地附加上的。根据上面的教材分析,不难发现,之所以会出现上述三种情况,主要原因在于教材和教师在指导方面都不全面。解决的办法自然是:在动笔写作之前,引导学生凭借课文去发现启示言说策略、事件展开策略与细节选择策略。

【教学目标】

1. 凭借《钓鱼的启示》这篇课文发现启示类散文言说启示的策略、展开事件的策略与选择细节的策略。

2. 运用上述三项策略写作一篇启示类散文,字数不限。

【教学重难点】

所写"启示"与所叙事情之间具有一种逻辑上的呼应关系并且叙事能做到细节生动逼真。

【教学方法】

通过已学的典范课文以问题研讨的方式发现写作秘密,通过全程指导帮助学生理解关键知识并尝试运用。

【教学课时】

两课时。

第一课时

【教学要点】

1. 依据课文《钓鱼的启示》找寻写作启示类散文"启示"部分的金钥匙。
2. 仿照课文完成草稿"启示"部分并开展交流与分享活动。

【教学过程】

一、布置写作任务导入

这次习作课的任务为:选择自己的一段人生经历写一篇启示类散文。

二、回读课文《钓鱼的启示》的最末二段,找寻言说"启示"的策略

我们学过的《钓鱼的启示》一文就是一篇典型的启示类散文。我们通过回读这篇课文的方式,一起找寻写作这类散文的金钥匙吧。请打开课本,各自大声读课文,让老师听得见你的读书声。

这篇课文由"叙事"与"启示"两个部分构成,最末二段写"启示"。作者从自身钓鱼经历中领悟到了一个什么样的道理?

预设答案:"一个人要是从小受到像把钓到的大鲈鱼放回湖中这样严格的教育的话,就会获得道德实践的勇气和力量。"预设回应话语:

回答正确。

那么,这一部分使用了哪些陈述启示的策略?

预设答案:用一句话明明白白地点出"启示"。预设回应话语:了不起的发现!请读出这一句话。

关于这一部分陈述启示的策略谁还有发现?

预设答案:运用比喻手法谈论"启示"。预设回应话语:也是一个了不起的发现。是的,在这一部分中,"诱惑人的鱼"与"钓到的大鲈鱼"都是比喻,比喻种种充满诱惑力但受之却不合道德要求的东西。齐读这一部分。

关于这一部分陈述启示的策略谁还有发现?

预设答案:使用"转眼间三十四年过去了"这一包含时间信息的过渡句快速推进叙事进程。预设回应话语:也是一个了不起的发现。使用这一叙写策略带来两大效果:第一,拉开了文中两个"我"的差距,加大了行文的自我质疑、自我审视的意味。一个是仅仅11岁年少的"我",那时还只会从自己的角度去考虑问题,是个"沮丧的孩子";一个是作为"一位著名的建筑设计师"的"我",感恩父亲当年对自己的严格要求。第二,让读者经由这一时间词语明白:原来这一"启示",这一人生秘诀,是作者深刻反思后的结果,闪烁着理性光辉,它因为沉淀了三十四年之久而弥足珍贵。事实上,这篇散文之所以成为经典名作,和他思考得深入很有关系。请各自再读一读这一部分。

三、仿照课文完成草稿的"启示"部分

写好一篇启示类散文的诀窍很多。接下来,我们就使用自己找到的陈述"启示"的金钥匙来打开我们思维的大门,运用我们自己发现的要领来写作。请看白板上的题目:

《钓鱼的启示》一文的作者从自身钓鱼经历中获得人生启示……你从自己的幼年或童年经历中获得过什么样的启示?试仿照课文借助比喻手法写出"启示"部分。

四、交流与分享

转眼间十分钟过去了。大家的"启示"部分也都写完了。下面是交流与分享时间。

谁愿意和人家分享自己的作品?好,××,你来。其他同学一边听,一边想白板上的问题。

1. "启示"是用一句话明明白白地点出来的吗?
2. 谈论"启示"时使用了比喻手法吗?
3. 使用了过渡句"转眼间××年过去了"吗?

第二课时

【教学要点】

1. 继续依据课文《钓鱼的启示》找寻写作启示类散文的金钥匙。

2. 仿照课文完成草稿的"叙事"部分并开展交流与分享活动。

【教学过程】

一、探讨启示类散文展开事件的策略

"通过一件事情写启示"是这篇启示类散文在谋篇布局上的鲜明特点。接下来,我们一起来考察考察,这篇散文运用了哪些具体的叙事策略?谁有发现?

预设答案如下:

(1) 使用了回溯式叙事笔法。不说"我十一岁时跟着父亲去钓鱼",而说,"那年,我刚满十一岁"跟着父亲去钓鱼。故意使用远指代词"那",有意提示时间差距,明白地显示我所写的事是多年后的回忆,让读者感到所写的"启示"是冷静思考后的结果。而且,一使用这种回忆笔法,行文的基调也舒缓起来了。而这正是散文的美之所在。预设回应话语:回答正确,体会到位。不愧是小博士。朱自清的《背影》用的也是回溯式叙事笔法。建议课外读读。

(2) 一开头便将时间、地点、人物交代清楚,叙事紧凑,入题快。预设回应话语:说得对。我们一起读读这篇启示类散文的第一段,进一步体会体会。

(3) 使用时间词语带动事件发展。预设回应话语:是的。咱们一起看课文,一起将相关时间词语标出来。课文使用的时间词语主要有:"那年""有一天""那是鲈鱼捕捞开放日的前一个夜晚""不一会儿""过了好长时间""这时是晚上十点""转眼间三十四年过去了"。请各自再将课文细细阅读一遍。

二、探讨启示类散文选择细节的策略

余光中先生在《散文的知性与感性》一文中说道:"说也奇怪,知性在散文里往往要跟感性交融,才成其为'理趣。'"细节描写是增强散文"感性"的办法。这篇课文使用了这一方法,而且所写细节种类多,有景物细节、动作细节、话语细节、声响细节、情绪情感细节,等等。请边标划边通过朗读体会:这篇启示类散文在细节选择上使用了哪些策略?

预设答案:主要使用了两大策略。其一,只突出与启示具有呼应关系的细节。1~3段的写良辰美景好心情的细节都是从反面衬托父亲要求的"严格"。4~9段的"盯""看了好一会儿""得""不容置疑"等细节,惟妙惟肖地显示了父亲自己思想斗争的历程;自己经过了艰苦的思想斗争才做到的也要求儿子做到,真是要求严格;这6段是从正面写父亲对我的严格要求。其二,只渲染与启示具有呼应关系的情绪、情感细节,如:"一圈圈彩色的涟漪""银光闪闪的湖面""小心翼翼地一收一放""得意地欣赏着""急切地问道""大声争辩者,哭出了声""依依不舍",等等。

预设回应话语:根据"启示"筛选人、事、景物细节并注重与启示具有呼应关系的情绪与感受细节的交代,是这篇课文写细节的突出策略。由于作者将自己在事件发展过程中的心理活动、喜怒哀乐、联想想象、感悟体验随同事件一并写出来,这就使文章在具有智性光芒的同时,还饱和着情感,洋溢着浓浓的情味。而"情思之美"正是散文创作的独特追求。请再次回顾课文的叙事部分细细体味。

三、仿照课文完成草稿的"叙事"部分

写好一篇启示类散文的诀窍很多,但限于时间,不再予以更多探讨。接下来,我们就使用自己找到的"叙事"金钥匙来打开我们思维的大门,运用我们自己发现的要领来写作。请对照白板上的作文题目完成"叙事"部分的写作。温馨提示:注意使用"时间词语",注意将自己在事件发展过程中的心理活动、喜怒哀乐、联想想象、感悟体验随同事件一并写出来。

四、交流与分享

好,文章都完稿了。下面是交流与分享时间。

谁愿意和大家分享自己的作品?好,××,你来。其他同学一边听,一边想白板上的问题。

1. 清楚明白地点出了所获得的启示了吗?
2. 文中是否有与所写启示相呼应的细节?
3. 作者在事件发展过程中的心理活动、喜怒哀乐、联想想象、感悟体验是否随同事件一并写出来了?

五、课后作业

林清玄的《心田上的百合花开》也可看作一篇启示类散文,大家课外可去读一读。

【板书设计】

叙　事	启　示
1. 回溯:那年。	1. 用一句话点出。
2. 细节:呼应启示。	2. 使用比喻手法。
3. 突出情绪与感受。	3. 使用过渡句。

第六节 《学写竞选发言稿》教学设计

【教材分析】

人教版义务教育课程标准实验教科书《语文》五年级下册第三单元是"感受语言表达艺术"单元。课文主要有《杨氏之子》《晏子使楚》《半截蜡烛》《打电话》。无论是名嘴晏子还是小女孩杰奎琳等都能根据语境机智应对圆满解决交际中出现的难题。该单元后的习作栏目要求根据提供的某一情境写一份发言稿。显然,"根据特定情境说得体精当的话"是本次习作的重点。"结合发言情境发言并讲究表达艺术"是编者对本次习作的期望。并且,课本还点拨了写作内容:"为竞选准备的发言稿,要讲清楚为什么竞选这个岗位,自己有哪些优势,如果竞选成功怎样为同学服务。"不过,课本并没有提供"发言稿"例文与写作格式。

【学情分析】

竞选发言除内容上必须尽显自己的任职优势外,表达上还需使用多种修辞方法,包括:(1) 使用假设法与问答法,增强演讲的对象感与临场感;(2) 使用比喻,让解说深入浅出、生动形象;使用排比,增强语势;(3) 使用民谚俗语,增强演讲的哲理性;(4) 使用顺序词"首先、其次"增强谈论工作思路的条理性。

但听大中小学学生的竞选发言,笔者发现:优秀的发言稿有,但有问题的发言居多;实际发言时有问题的居多,但愿意静下来学写竞选发言稿的少。问题出在三个方面:(1) 内容上,或者说参赛选手"人尽有之"的优点,不能打动听众;或者由于对自己所申报的岗位角色的理解与认识不到位,所以所说优势往往与所竞选岗位需求不一致。(2) 表达上,比较直白,不太运用假设法、问答法与比喻、排比等修辞格,甚至顺序词也不使用,总是一个劲儿地"然后"下去。(3) 文面格式上常常有欠规范。

显然,如果希望所指导的绝大多数学生都能"结合发言情境发言并讲究表达艺术",那必须在课本基础上进行二度设计。补充三项内容:(1) 竞选发言稿写作的基本程式;(2) "谈对自己申报的岗位职责的理解"应成为竞选发言稿的一项内容;(3) 竞选发言稿增强表达效果的措辞方法与策略。此外,还需想办法引发学习竞选发言稿写作的兴趣,强化发言稿写作的语境意识。

【教学目标】
1. 清楚竞选发言稿写作的基本程式、写作要点及常用的表达方法与策略。
2. 根据竞选情境准备一篇得体的能打动听众的竞选发言稿并脱稿演讲。

【教学重难点】
结合发言情境准备发言内容并讲究表达艺术。

【教学方法】
主要使用三种教学方法。(1) 游戏法。竞选发言稿写作必须有情境意识,所以,借助竞选闯关游戏诱发兴趣与推进教学进程。(2) 过程写作指导法。分步骤训练,分点学习,最后合成。(3) 榜样示范法与课内带动课外法。本次习作难度大、要求高,全体学生一次性学会比较难,所以先让部分学生试水,其余学生在课内观摩的基础上结合课外的练习慢慢消化。

【教学课时】
两课时。

【教学准备】
1. 两个示范段落。
2. 给每个同学准备并分发印有示范段落的练习纸。

第一课时

【教学要点】
在创设的游戏情境中阐释岗位要求、展示任职优势并介绍工作思路。

【教学过程】

一、创设情境导入

这节语文课,我们一起玩一个竞选闯关游戏。"闯关"是什么意思?答案预设:我查过词典,"冲过关口,多用于比喻"。"竞选"是什么意思呢?答案预设:我也查过词典,意思是,候选人在选举前进行种种活动争取当选。今天哪些人是候选人呢?就这四位同学吧,其他同学都当评委。我任本次游戏活动的主持,同时也是班主任与语文老师。竞聘的职位有班长、体育委员、宣传委员与语文课代表。这四位同学必须成功闯过五道关口,方能聘任,否则就另选高人。假定今天是新学期第一天。现在,我宣布游戏活动开始。

二、理解岗位要求

第一项活动,谈对自己所申报的岗位角色的理解与认识。要求使用比喻和排比两种修辞方式。我起个头,帮助打开思路。请看白板,各自轻声读一

读。各位评委,你们一定也有自己心仪的竞选角色,所以,都请拿起笔来仿照样例写一写。样例如下:

我申报的职位是班长。俗话说:"鸟无头不飞。"在我看来,班长,就是能带领我们班高飞的"领头鸟"。班长,意味着一种担当,一种建设优良班风的担当;班长,意味着一种责任,一种引领班级健康发展的责任。这就是我对班长这一职位职责的理解。

比喻,让解说深入浅出、生动形象;排比,增强语势。现在,请各位候选人仿照样例谈对自己申报的岗位职责的理解。

预设引导语:"各位评委,同意××候选人闯关成功的请举手。"

预设评价语:造句合乎要求,抒写出了你们对各自所申报的角色的热爱之情,显示出了你们的角色责任感。

三、展示任职优势

但是,我现在也有疑问,在座各位并不是"完人",你们有各自的短板,有的还毫无任职经历,毫无工作经验,你们能胜任吗?所以,接下来的第二项活动为——仿照样例展示各自任职优势。

样例为:

此时此刻,我仿佛感受到了来自四面八方的不信任眼光,似乎听到有人在问:"她能行吗?数学常常挂科呢。"对此,我的回答是:"我能行。因为,在本次竞聘者行列中,论英语口语,我名列前茅,我们英语老师常常在课堂上谦虚地说,佳佳的英语口语真是太好了,我都不能跟她比。"假如我成功当选了英语课代表,我一定会帮助那些英语基础不好的同学,借此提高全班的英语水平。

提示学生:看好了,仍然可以各自轻声读一读,然后仿照样例写一写。

都写完了。四位候选人,你们谁先说?

预设引导语:"各位评委,同意××候选人第二关闯关成功的请举手。"

预设评价语:真是一群聪明的孩子。很快就学会了样例所用的问答法,增强了演讲的对象感与临场感。现在,我明白了你们各自的优长。我预感到,本期我又将拥有一批优秀的小帮手。

四、理顺工作思路

可是,新学期已经开始了,班干部工作也得马上展开才行。你们的工作思路或者说任职打算梳理出来了吗?接下来开始活动三——理顺工作思路。思路决定出路。所以,工作思路是评判一个人能否称职的重要依据。称职是什么意思,谁知道? 对,"称"读 chèn,称职指能胜任所担任的职务。各位同学,请把你们的工作思路写下来,建议使用顺序词"首先、其次"增强说理的条理性。

都写完了。四位候选人,谁先来谈谈自己的工作思路?

预设引导语:"各位评委,同意××候选人第三关闯关成功的请举手。"

评价语预设:都使用了顺序词语,工作思路清晰,有的还切实可行。

第二课时

【教学要点】

1. 在创设的游戏情境中完成其余各部分的写作。
2. 四位候选人尝试脱稿演讲,给其余同学提供发言示范。
3. 要求课后开展小组学习,确保每位同学都有一次脱稿发表竞聘演说的经历。

【教学过程】

一、按照竞选发言稿的写作格式完成其余各部分的写作

接下来的第四项活动为参照 PPT 上的行文要领,完善各自的竞选发言稿。竞选发言稿,或称竞聘演讲稿,是一种应用文,写法和用语上都有一定的程式性。但也允许适度突破创新,从而让听众耳目一新。

PPT 上的行文要领为竞选发言稿写作六步骤:(1) 问候;(2) 交代申报岗位;(3) 发表对岗位职责的看法;(4) 展示竞聘优势;(5) 汇报工作思路;(6) 写结语,请求支持,表示感谢。

二、四位候选人脱稿发表竞聘演说

好。写作时间到。接下来的第五项活动为脱稿发表竞聘演说。考察指标共 6 项。请评委们擦亮眼睛,看好 PPT 上的 6 项考察指标哟。谁先演说?

6 项考察指标为:

1. 着装、表情、手势合适吗?
2. 语音语调正确吗?
3. 是否有礼貌?
4. 必要信息是否齐全? 有冗余信息或负面信息吗?
5. 引起你听的兴趣了吗?
6. 你被打动了吗?

评价语预设:符合竞选演讲词的写作要领,中规中矩。或:对固定程式有所突破,用语清新别致,诙谐幽默,好,不错。

接下来是表决时间,赞成4位同学全都闯关成功的请举手!哈哈,一致通过!恭喜恭喜,恭喜这四位同学学会了发言稿写作这项新本领。

三、总结学习要点并布置课后作业

请大家一齐看黑板,一起重温一下发言稿写作的基本要领。主要分四步走:(1)理解岗位职责要求;(2)展示竞聘优势;(3)梳理工作思路;(4)按照程式行文。今天课后作业为:以小组为单位,开展合作学习,确保每位同学都经历一次竞选发言活动。今天的语文课就上到这里。下课!

【板书设计】

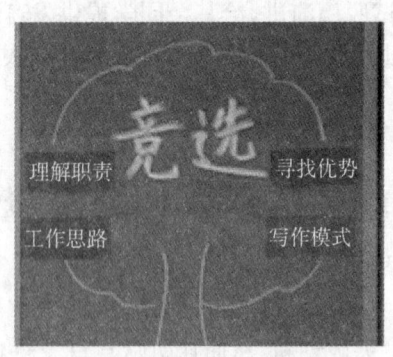

➤ 一、阅读下面的学生习作,结合本章的学习内容,进行一次"提示语"教学片断设计。

严厉的爸爸

我的爸爸个子高高的,身材瘦瘦的,高高的鼻梁上架着一副近视眼镜。眼睛不大却很有神,还透出一丝丝严厉的目光。

爸爸对我的学习非常严,每次考试必须考90分以上。如低于90分就会罚站。有一次,我考了72分,回家的路上我腿都软了,回到家我慢慢地将试卷递到了爸爸的手里。

爸爸说:"你这次怎么考得这么差?"我低着头,红着脸。爸爸说:"你难道没有记住我的话吗,天天光想着玩!"我说:"记住了。"爸爸又说:"去,站到墙边!头朝墙!不准掉头!自己好好地反省反省。"

➢ 二、阅读课文《好汉查理》(人教版三年级上册),并按要求答题。(教师资格面试考试题)

基本要求:

1. 试讲约10分钟。

2. 训练学生默读课文,思考文中的对话有几种不同方式及这样写的好处。

3. 引导学生朗读对话,分析查理成为好汉的原因,明白帮助人能带来快乐。

4. 配合教学内容适当板书。

➢ 三、在《乌鸦喝水》(人教版一年级下册课文)课堂教学中,有同学说他在"过家家"中玩过往瓶里填石子的游戏,发现瓶子里的水被石子淹没了,结果乌鸦还是喝不到瓶子里的水。结合本故事内容编写《新乌鸦喝水》童话故事,进行习作教学设计。

➢ 四、人教版小学五年级上册有《钓鱼的启示》《通往广场的路不止一条》《落花生》《珍珠鸟》等一组课文,学习本组课文后,请以"生活中的启示"为话题,编写一份写作指导方案。

➢ 五、阅读人教版二年级上册课文《黄山奇石》(扫描目录页二维码查看原文),并按要求作答。(2013年教师资格考试题)

回答问题:

1. 试对课文进行文本解读。

2. 若指导低年段小学生学习本文,试拟定教学目标。

3. 围绕教学目标,设计写话教学环节并简要说明理由。

➢ 六、阅读下面材料,按要求答题。(2015年教师资格考试题)

材料一:四年级写作课"说说心里话"的教学内容

在自己的成长过程中,你是不是有很多心里话想说,却没有机会说出来?这一次,就让我们在自己的习作中一吐为快吧!例如,对老师说,为了我们的成长,您操碎了心;对妈妈说,我已经长大了,别再把我当小孩看;对邻居叔叔说,谢谢您多年来对我们家真诚的帮助;对小伙伴说,我们不要再互相起外号了,这样不文明……总之,敞开心扉,把自己最想说的心里话,在习作里向对方说一说。说句心里话,就一定要真实,要说出内心的想法。写完后可以读给对方听,再根据别人的意见改一改。

材料二：某小学生的习作

我很想很想变成爸爸,你知道为什么吗？因为当爸爸的话,生气就可以随便打儿子或者打女儿,他们都不可以还手,不然他会被说不尊敬长辈,而且天天穿西装穿皮鞋多帅啊！如果上班当了领导就好了,可以叫别人做这个做那个,那种感觉可真爽啊,如果儿子求我帮他买玩具可傲慢地说不买,他会一直求到我帮他买的时候他才会停下来求我,当爸爸好处真多啊！我再告诉当爸爸最后一个好处就是……可以随便买东西,想买什么就买什么,当儿子的话什么都不可以买。咦！我想到了还可以当妈妈,我们家爸爸最怕妈妈。不过,我还是很想当爸爸。

请根据上述材料完成下列任务：

1. 设计本次写作课的教学目标。
2. 分析"材料一"中学生完成该写作内容的难点。
3. 为"材料二"中学生的习作写一则100字左右的评语。

第五章

小学口语交际课设计

第五章　小学口语交际课设计

第一节　小学口语交际课主要任务与教学策略

"口语",谈话时使用的语言,与"书面语"相对。"交际",社交的意思,指人与人之间的往来接触。"口语交际"是人与人在特定的情境中,为了达成一定的目的,运用口头语言,辅以身体语言,来表达情感、传递信息的一种互动性活动,具有"口语性""互动性""情境性"等特点。口语交际能力是现代公民的必备能力。

一、课标视点下小学口语交际课的主要任务

(一) 小学第一学段"口语交际"项目下的目标和内容

1. 学说普通话,逐步养成讲普通话的习惯。
2. 能认真听别人讲话,努力了解讲话的主要内容。
3. 听故事、看音像作品,能复述大意和自己感兴趣的情节。
4. 能较完整地讲述小故事,能简要讲述自己感兴趣的见闻。
5. 与别人交谈,态度自然大方,有礼貌。
6. 有表达的自信心。积极参加讨论,敢于发表自己的意见。

(二) 小学第二学段"口语交际"项目下的目标和内容

1. 能用普通话交谈。学会认真倾听,能就不理解的地方向人请教,就不同的意见与人商讨。
2. 听人说话能把握主要内容,并能简要转述。
3. 能清楚明白地讲述见闻,说出自己的感受和想法。讲述故事力求具体生动。

(三) 小学第三段"口语交际"项目下的目标和内容

1. 与人交流能尊重和理解对方。
2. 乐于参与讨论,敢于发表自己的意见。
3. 听人说话认真、耐心,能抓住要点,并能简要转述。

4. 表达有条理，语气、语调适当。

5. 能根据对象和场合，稍作准备，作简单的发言。

6. 注意语言美，抵制不文明的语言。

（四）对三个学段"听"与"说"训练任务的解读

在口语交际活动中，交际双方要互相配合，既要"说"给交际对象听，也要"听"交际对象如何说。依据课标，结合部编本《语文》教材，不难发现，小学三个学段在"听"与"说"两方面的训练任务都是各有侧重，都颇有梯度。

"说"的这方面，第一学段重在培养"说"的态度与自信心，主要训练点有：能主动发表意见，能用普通话说，能看着对方的眼睛说话并辅以适当手势与动作。第二学段重在培养商讨的作风，主要训练点有：能使用礼貌语汇向人请教，能用商量的语气口吻与人商讨。第三学段重在训练"说"的能力，主要训练点有：不打断发言人发言，能根据说话场合调整声音大小与说话内容，吐字清楚，语速恰当，表达有条理。

"听"的这方面，第一学段主要任务为：认真听，记住说话人说的主要信息；第二学段主要任务为：听后能针对说话人话语中感兴趣的或有疑问的地方有礼貌地提问；第三学段主要任务为：能听出说话人的想法，尊重与理解对方。

二、课标视点下小学口语交际课的教学策略

（一）活动选择：紧紧围绕目标并顺应学情

"围绕"与"顺应"是选择口语交际活动的主要策略。"围绕"即紧紧围绕各学段口语交际课训练目标与任务，"顺应"即顺应各学段孩子的认知特点与心理需求。

第一学段的"学情"主要为："喜动"，喜欢玩游戏，喜欢听故事与讲故事，还希望在新环境中尽快找到归属感；但认知能力还很有限。所以，建议该阶段选择"我说你做""我讲故事你来听""老鹰抓小鸡""我们做朋友"这类初级口语交际活动并以小组为单位展开。这类初级口语交际活动的共同特点是：(1) 都是孩子们喜欢的游戏活动，因而都能增强投入感；(2) "说"的内容简单，孩子们说得来，所以能借以养成说的自信心；(3) "听"者信息比较少但是一晃而过，所以，能借以培植"认真听"的好习惯；(4) 动作简单，难度低，容易保持兴趣；(5) 都是在团队中活动，能发展友情，发展归属感，扫除他们初入新环境的孤独、紧张与不安。

第二学段学生自己规划自己生活的意识在增强、求知欲望在增加，认知能力也在增强，所以，围绕"我爱做手工（做汽车、画画）""怎么过'六一'儿童节"这类儿童生活类话题或"有趣的动物（植物、星球）""推荐一部动画片（书）"这类认知类话题开展的口语交际活动会比较受这一学段学生的喜爱。这一学段的孩子常常被一些社交问题苦恼着，譬如，向同学借的书不能如期看完；爸爸正在看足球比赛，可是自己最爱看的电视节目就要开始了……解决这些矛盾需要"商量"。所以，该学段直接以"商量"这类社交任务做活动主题，也能引起兴趣。因此，第二学段选择口语交际活动时，要在儿童生活类话题、自然科学类话题与社交类话题三类话题中找平衡，不能偏废。

第三学段的孩子因为生活圈子在扩大，遭遇的社交问题也在增多，所以，寻求解决社交问题的方案、提高社交技能，是他们的内在需求。课标把口语交际能力训练作为该阶段的训练侧重点，也是对这种内在需求的顺应。所以直接以社交任务起名的社交类口语交际活动在这一学段要大幅度增加，建议话题有"请教""道歉""赞美""劝说""演讲""辩论"等。

（二）活动追求："一课一得"并"得得相连"

"一课一得"指的每次口语交际课训练前都有且只有一个明确集中的目标，不贪多；训练后，目标都能"落实"，都能让孩子收获一项口语交际的新本领。"得得相连"指的是各训练点连起来便成为一个有序有效的口语交际训练体系。

这方面，部编版小学《语文》有很优秀的设计样例。刚进校的孩子没有表达的自信心、不敢说话或不敢大声说，所以，一年级上册第一单元就安排"我说你做"这项口语交际活动，同时训练点很明确：(1) 大声说，让别人听得见；(2) 注意听别人说话。一年级下册第六单元安排口语交际活动"用多大的声音"，启发孩子认识到：声音大小要根据场合调节。

（三）活动过程中：口语交际在真实地发生

在游泳中才能学会游泳，这是常识。口语交际课也应回归常识，回归初衷，让口语交际课堂，主要发生口语交际行为；其他课堂，自觉运用口语交际知识。譬如上一年级上册"我说你做"这堂口语交际课，就得选择一处场地，一组同学围成一个圆圈，一人发指令，其他人做动作，轮流进行；一次不到位，接着重来，反复进行。于是，公众场合说的自信心和专注听讲的意识就得以形成。再如一年级下册"用多大的声音"这堂口语交际课，就得让学生在图书馆模拟环境下细声探问，在模拟办公室环境下有礼貌地悄声说话、在模拟户外游戏大环境下大声说话。每次都分小组进行,有说的,有听的,轮流进行,每个人都要能多次尝试。每次口语交际课都能学到一项新本领,每次口语交际课课后都能在其他课堂上自觉运用新本领处理课堂交际问题,长期坚持,持之以恒,口语交际水平必能步步提高。

(四)教师全过程给予指导,不缺位、不"无为"

  口语交际活动开始前,教师规划口语交际课程的系列目标,巧选话题,营造平等轻松的氛围,确保训练科学有序,学生有话说、有话敢说。口语交际活动进行时,教师要监控全场,还要适时提供交流方法,使学生能有话会说。譬如,课标要求第一学段学生"简要讲述自己感兴趣的见闻"。怎么讲呢?教师要给方法,如按"什么人在什么时间、什么地点做了什么事"这一顺序说。譬如,课标要求第二学段学生"能清楚明白地说出自己的感受和想法"。怎么发表看法呢?教师要给方法,如先讲清自己的观点是什么,再说支持观点的依据是什么。口语交际活动结束阶段,教师要归纳总结与提升,以便于课后学以致用。

  这一节主要探讨了小学口语交际课的主要任务与教学策略。任务方面,小学口语交际课不仅要让学生敢说、乐说、善于说,还要让学生主动听、认真听、会听并能恰当回应。教学策略方面,一共提出了四条策略。

  亲爱的朋友,笔者真诚地期待你能自觉运用新知识设计出一堂又一堂精彩的口语交际课。

第二节 《转述》教学设计

【教材分析】

  转述是一项基本的生活技能。课标要求第二学段学生"听人说话能把握主要内容,并能简要转述"。不过,教材方面,人教版《语文》没有设计"转述"训练。

【学情分析】

  关于"转述",笔者在课前运用随机抽样法做过小范围现场测试。由于转述是日常生活中的常见行为,因而测试前所有被试者都能愉快地接受任务;测试中几乎所有被试者都能看着对方眼睛说话,也能主动问好并道别。但由于这方面的新课尚未开始,所以,下列两个问题几乎普遍存在:(1)主要信息有遗漏;(2) 人称与时间词语常常出错。

【教学目标】

1. 懂得圆满完成转述任务的关键是:在转述前先琢磨给定场合下讲述人是谁、受话人是谁、人称有哪些变化、时间有哪些变化。

2. 领悟人称变化的规律,明白讲述人称自己为"我",称受话人为"你",称其他人为"他"。

3. 练习转述,初步学会转述。

【教学重难点】

转述时用对人称与时间词语并且不遗漏主要信息。

【教学过程】

一、借助课文对话玩转述游戏,领悟转述时人称与时间词语变化规律

新美南吉的童话《去年的树》我们已学过,主要人物是谁和谁?左边的同学扮树,右边的同学扮演鸟儿。我读提示语。对话开始——(指PPT)

树对鸟儿说:"明年春天请你再回来,还唱歌给我听。"

鸟儿说:"好的,我明年一定回来,给你唱歌。请等着我吧!"

(1) 现在让鸟儿将树去年对他说的话转述给大家听。谁来说?

教师边监控全场,边点拨指导:鸟儿在今年将去年发生的事讲给大家听,那么——鸟是讲述人,鸟儿称自己为"我",用第一人称;树成了第三者,该称"他"。还有,表示时间的词语也要变一变,"去年"这个词语得加进去,"明年"这个词要变为——"今年"。预设答案:鸟儿说:"树去年分手时对我说,今年春天请我再回来,还唱歌给他听。"

(2) 假设鸟儿当时没有听清楚树对他说的话,而旁边的小草却听清楚了,于是,小草友善地将树的话转述给鸟儿听。

教师点拨:小草是讲述人,鸟成了受话人。预设答案:小草对鸟儿说:"树说,明年春天他还请你再回来唱歌给他听。"

(3) 当鸟儿第二年春天飞回来的时候,树却不见了。鸟儿痛苦极了,心想,如果有朝一日还能见面,那得好好提醒他去年分别时曾经说过什么。

教师指导:在这一假设情境中,鸟是讲述人,树是受话人,时间发生了变化,从"去年"到了"今年春天"。预设答案:鸟儿(愤怒地)对树说:"分手时你对我说,今年春天请我再回来,还唱歌给你听。"

(4) 当鸟儿第二年春天飞回来的时候,树却不见了。鸟儿痛苦极了,他怀疑分别时树没听清他的话,没理解他话中的意思。他在心中再次回味分别时自己对树说过的话,借此提醒树。

教师点拨:这种情况下,鸟是讲述人,树是受话人。预设答案:鸟在心中再次对树说:"树啊,去年分别时,我对你说的是,我今年一定回来,给你唱歌,请你等着我啊!(你当时听明白没有?怎么就不在原地等我呢!)"

问:玩了这么久的游戏,谁发现了圆满完成转述任务的关键?预设答案:在转述前先琢磨在给定场合下讲述人是谁、受话人是谁、人称有哪些变化、时间有哪些变化。

追问:那么,人称变化的规律谁来总结总结?预设答案:讲述人称自己为"我",称受话人为"你",称其他人为"他"。

二、巧设会话情境,助学生身临其境学转述

1. 解题切入造情境

(1)解题

转述,《现代汉语词典》解释为:把别人的话说给另外的人。生活中常常需要转述话语。

(2)播放视频营造教学情境

视频情节大致如下:

(教室门外急促的敲门声响起。赶紧打开门)"张老师,您——"

"对不起,赵老师,影响您上课了。校长办公室通知我立刻出发去昆明参加一个会,下周的课得请刘玲老师代上;可是联系不上她……"

"我想办法转告她。"

"谢谢您。请她下周代上四(2)班的语文课。工作量算她的。我已教完第一单元。这是教本,请您转交给她。"

"行。会转告到位的。祝一路平安。"

"谢谢。再见。"

2. 巧借情境练转述

刚刚张老师对赵老师说的话谁听得比较清楚?请举起手来。很好。小明,请你把张老师和赵老师的对话说给全班同学听听,其他同学都请放下手。嗯,人称与时间词语都正确,不过——还有一个主要信息遗漏了,谁能补充?补充正确。小华,也请你把张老师和赵老师的对话说给全班同学听听。预设答案为:刚才张老师对赵老师说,校长办公室通知他立刻出发去昆明参加一个会。因此,他本人下周四(2)班的语文课得请刘玲老师代上,他已教完第一单元,工作

量算刘玲老师的。赵老师答应帮他通知刘玲老师并转交《语文》课本。

预设评价语:主要信息点无遗漏,人称与时间词语都正确,为你点赞。变化大家都能把准,为你们点赞。

3. 再借情境完成新的转述任务

接下来,我要加大难度了。听好了,如果我派你们中的某一位在课间休息时间去把张老师的话说给刘玲老师听,又该说什么、怎么说、怎么做?

哒哒哒哒,课间休息时间到了。这儿就是办公室。(教师坐下)我就是刘玲老师。谁敢来向我转述张老师的请托?谁还有补充?谁还来再演练一次?大家都想演练了吧?那,同桌两两相对,轮流扮角色练习。

预设答案:刘老师好!我,四(1)班学生。赵老师派我来传话,说是:张老师请您下周代上四(2)班第二单元的《语文》,工作量算您的。这是张老师临时出差前留在赵老师那儿的课本,转交给您。谢谢。再见。

主要评价点预设:(1)主要信息是否齐全。(2)人称与时间词语是否正确。(3)声音大小与说话场合是否相宜。(4)是否看着对方眼睛说话,表情自然大方并有礼貌。

三、联系生活,布置作业,推动学生课外积极应用转述知识

同学们,在生活中,还有哪些场合需要转述呢?课间,数学课代表去送作业了,语文老师在班上发布了一个口头通知,你是他的好朋友,你得转告他吧?如果爸爸妈妈不在家,有人打电话来,你得转述给他们听吧?所以,课后作业为:运用今天学的转述知识,每三人一小组,互相出转述题并演练。现在下课。再见。

第三节 《规劝》教学设计

【教材分析】

人教版《语文》六年级上册第七单元安排了一次以"了解与认识动物"为主题的口语交际活动。其中一个题目为:"小明的爸爸爱打鸟。今天,他又背上了猎枪准备出门,小明想劝阻爸爸。想一想,如果你是小明,你会怎样说服爸爸?试着跟同学分角色进行模拟对话。"这一命题除规定了交际场合("爸爸爱打鸟。今天,他又背上猎枪准备出门")和交际对象("爸爸")外,还明确给出了口语交际的任务("劝阻爸爸打鸟");在设计思路上兼顾了工具性与人文性两个维度的目标,既与课标对第三学段学生口语交际的要求保持一致——课标要求该学段学生"与人交流能尊重和理解对方"并"能根据对象和场合,稍作准备,作简单的发言",也与其所在单元入选的《老人与海鸥》《跑进家来的松鼠》《最后一头战象》《金色的脚印》等课文所体现的"保护动物"思想保持一致。当然,该题目有比较多的留白,譬如交际对象"爸爸"的个人信息没有给出,再如具体该应用何种劝说策略以达到劝阻的目的,也没有明说。

【学情分析】

学生在五年级下册已学过《杨氏之子》《晏子使楚》《半截蜡烛》等课文,他们对这些课文的主人公"根据对象和场合"机智应对的口才非常钦佩,初步形成了应该"根据对象和场合"说话的意识。

【教学目标】

1. 以"爸爸,别再打鸟"为话题,学习"根据对象和场合说话"这一口语交际策略。

2. 进一步增强爱鸟护鸟意识。

【教学重难点】

能根据对象和场合选择说话内容与策略。

【教学方法】

情境教学法、小组合作探究法。

【教学准备】

根据教材设置五个高匹配性的交际情境,给出关于"场合"与"对象"方面的详细信息。

【教学课时】

两课时。

第一课时

【教学要点】

根据交际情境分组探讨规劝方案并两两结对演练。

【教学过程】

一、提出学习任务

同学们,最近我们读的《老人与海鸥》《最后一头战象》《金色的脚印》等课文都相当感人,有些同学甚至边读边被真情感动得泪眼婆娑。但是小明的爸爸却爱打鸟!我们今天的任务就是帮小明想办法用语言阻止住他爸爸的打鸟行为。

二、设置交际情境分组开展规劝活动

规劝,得根据对象和场合有的放矢才起作用。现在我将全班分成五组。请各组根据我给定的情境(指PPT)探讨出规劝方案,在此基础上组内两两结对演示。

第一组的规劝情境:小明家里有一个果园,今天他爸爸又背上猎枪准备到果园去打山雀。

第二组的规劝情境:小明的爸爸爱打鸟。今天,他又背上猎枪准备出门。不过,他在家倒是挺尊老爱幼的,对小明很是疼爱。

第三组的规劝情境:小明的家安在一个有鸟语花香的地方。小时候他爸爸哄他早起上幼儿园常说:"鸟儿都起床了,咱家小明宝宝也该起床了。"但他爸爸爱打鸟。今天,他又背上猎枪准备出门。

第四组的规劝情境:小明的爸爸爱打鸟。今天,他又背上猎枪准备出门。小明挡在门口阻止。爸爸敷衍说:"乖儿子,爸只打这一次,下不为例。"

第五组的规劝情境:据说,小明的爸爸毕业于某名牌大学,文化水平高。但爱打鸟。今天,他又背上猎枪准备出门。

教师巡视课堂。各小组紧张探讨或演练。

第二课时

【教学要点】
分组汇报交流并总结评估。
【教学过程】

一、讨论评价关注点

嗯,各组练得都很认真。按流程,该汇报交流与总结评估了。根据给定的交际任务,大家想想,今天点评时应该关注哪些方面?

预设答案1:主要看是否针对设定的交际情境处置好话语内容与声音大小及语气语调。教师理答语预设:规劝,就是得根据对象和场合处置好话语内容与声音大小及语气语调。所以,你这一个意见抓住了主要评价点,对极了。

预设答案2:关注劝说的礼仪。譬如,是否使用了表示礼貌的词汇。教师理答预设:对。规劝对象是爸爸,对长辈,更应该讲礼貌。

预设答案3:关注自信这一维度,譬如,是否看着对方的眼睛说话并辅以适当手势与动作? 教师理答预设:对。作为规劝者,能看着对方的眼睛说话,是自信的表现。只有自信,对方才会被说服。适当的手势与动作能起到辅助作用。

二、分组汇报交流与评价反馈

下面,请各组依次派一个代表队上台演示,其他同学边观摩边准备点评稿。

第一组汇报稿预设如下:

我们组采取站在对方立场规劝的策略。

小明:爸,您背着猎枪去哪儿?

爸爸:我们家果园里山雀多,个儿还大,打回来给你吃。

小明:爸,大山雀是"果园卫士"呢。听说一只大山雀一天捕食的害虫相当于自己的体重。打了山雀,咱家果子就是虫子的美食了。

爸爸:(大为震惊的表情)是吗? 儿子,你这书没白读,爸没白疼你!(放下猎枪,拥抱儿子)好儿子,这山雀,咱不打了啊。

第二组汇报稿预设如下:

我们组用的是将心比心策略。

小明:爸,您背着猎枪去打鸟吗?

爸爸:是的,打回来给你吃啊。

小明:爸爸您真疼我,我爱死您了。(做拥抱状态,旋即转悲哀)只是您这一枪打下去,会有一只老鸟丧失反哺的儿子,一只雏鸟因为失去爸爸或妈妈而活活饿死。爸爸,您还忍心举枪打鸟吗? (泪眼婆婆地)

爸爸:(感动地)孩子,你真善良。这鸟,爸再也不打了,爸不愿意让你伤心。来,爸帮你擦干眼泪。

第三组汇报稿预设如下:

我们组用的也是站在对方立场规劝的策略。

爸爸:小明,早点收拾好去上学啊。爸出门去打几只鸟给你美餐一顿。

小明:(爽快地,朗声)好咧,爸,我这就去上学!(拉住爸爸的手,亲切地)爸,您还记得您过去怎样哄我早起上幼儿园吗? 您说:"鸟儿都起床了,咱家小明宝宝也该起床了。"咱们小区环境美,美就美在有鸟语有花香。可是,现在,您却经常打鸟。您想想,没有了莺歌燕舞,咱们小区的环境还美吗?

爸爸：儿子，你这学没白上，说得在理！爸不打鸟了。

第四组汇报稿预设如下：

我们组用的是归谬反驳法。

小明：(小明爸爸背着猎枪正要出门，小明紧走几步张开双臂挡在门口)爸，你不要再打鸟了！

爸爸：(敷衍地)乖儿子，爸只打这一次，下不为例。

小明：爸，您每次都是结队去打鸟吧？今天您这个队伍10个人每人打10只，明天另一个队伍10个人又每人打10只。这样下来，一天就要少100只，一年就要被消灭36 500只，这鸟不被灭绝才怪呢。据统计，已经有90种鸟从地球上消失了。

爸爸：儿子，你这归谬反驳法用得好啊，爸被你说服了，从此不打鸟了。今天是周末，爸陪你打羽毛球。

第五组汇报稿预设如下：

我们组用的是声东击西法。

(小明爸爸背上猎枪准备出门。)

小明：爸爸，请您缓一步出门。您是名牌大学的高才生，文化水平高，我有两个简单的问题想请教您。

爸爸：哈哈，我这儿子越来越讲礼仪了。(微微一笑)请说吧。

小明："春眠不觉晓，处处闻啼鸟"是谁的诗句？

爸爸：孟浩然《春晓》啊。儿子，你是真不明白吗？

小明：真不明白。第二个问题，"莫道众生性命微，一般骨肉一般皮，劝君莫打枝头鸟，子在巢中望母归"是谁的诗句？说的是什么意思？

爸爸：(脱口而出)白居易《护生诗》啊。(恍然大悟的样子)儿子，我明白了，你哪是在问问题啊，你这是在声东击西阻止我去打鸟。哎呀，我这儿子，大气聪明有智慧。爸为你喝彩，从此金盆洗手，不仅不打鸟还要护鸟。现在，你和你妈都收拾一下，咱们一家去歌剧院。

三、总结提升

今天的规劝活动演示水平很高啊，老师为你们点赞。关于规劝的要义谁能用一句话来总结总结？预设答案：规劝，不光要有一颗正直善良的心，还要能根据对象和场合选择说话内容与策略。(教师带头鼓掌，宣布)下课！

【板书设计】

| 设身处地
将心比心
声东击西
归谬反驳 | 规　劝
对象与场合
内容与策略 | 音量＋手势
语气＋语调
文明礼貌 |

➤ 一、阅读下列内容，以"转述"为课题编写一份口语交际活动指导方案。

赵小刚原定后天上午与李明同学一道去市区内花山公园玩，后因另有其他事情而去不了，就请张小丽同学转告李明，顺便问他游玩改在后天下午2点行不行。张小丽因为遇到李明的母亲，就请李明的母亲转达赵小刚的意思，李明的母亲第二天晚上转告了李明。

请四位同学分别扮演赵小刚、李明、张小丽、李明的母亲，"转述"这段话的内容。

➤ 二、生活中遇到应急的事情总是有的，于老师在一次上课时需要彩色粉笔，可班上和办公室里都没有，就请一位同学到隔壁上课的老师那借。

请以"如何向他人借粉笔"为话题，开展一次口语交际活动，进行教学设计。

➤ 三、阅读下列内容(部编本二年级下册)，进行"口语交际"教学设计。

长大以后做什么

你长大以后想做什么？为什么？跟小组同学说一说你的愿望，然后问一问他们的愿望是什么。

要求：
1. 清楚地表达想法，简单说明理由。
2. 对感兴趣的内容多问一问。

第六章

小学语文教学实施与评价

第一节 课堂讲述与讲解的策略

对话教学理论认为,教师是学生学习时的一位富有经验的伙伴。[①] 所以,每当学生遇到力所不能的问题时,教师"这位富有经验的伙伴"便常常采用讲述与讲解的方式给予帮助。"讲述"一词的含义为:"把事情或道理讲出来"。"讲解"一词的含义为:"解释,解说"。课堂实践调研表明,讲述、讲解水平的高低直接影响着学生的听课态度、学习热情与学习效果。

一、小学语文课堂讲述讲解的总要求

(一) 讲解要适时,内容要应需

讲解要适时,内容要应需,这是中国古代教学论经典著作《礼记·学记》的基本思想之一。

1. 在学生"困惑不能时"开讲

《礼记·学记》指出:"必也,其听语乎。力不能问,然后语之。"[②]意思是:为人师如果一定要开讲的话,也要先听学生的心声;只有当学生提出问题而又说不出所以时,才加以讲解。《义务教育语文课程标准》积极倡导"自主、合作、探究的学习方式",其关于"学生是学习主体"、学生"学"了后才"教"的思想是对《礼记·学记》思想的积极传承。在学生"自主、合作、探究"的过程中,每每会有"力不能"之时,这时教师开讲,就讲在"需要"时,犹如雪中送炭,学生会非常珍惜。

很多名优教师都很讲究"开讲时机"。著名特级教师霍懋征老师上课常说的一句话是:"还有什么疑问?"她上《望庐山瀑布》一课,第一步是"读读",第二步是"议议"。"议议"阶段她问学生:"你们懂得'日照香炉生紫烟'这句话的意思吗?"之前很活跃的学生这时却没有举手,这表明,这一问问在了"难

[①] 赵年秀.语文教师:从新手到反思性实践家[M].延吉:延边大学出版社,2011:78.
[②] 贺佳印.四书五经(第三卷)[M].吉林:吉林摄影出版社,2002:722.

点"上。于是霍老师开讲了:"这句话的意思是,太阳照在香炉峰上,峰顶云雾弥漫,蒙蒙的水汽透过阳光,呈现出一片紫色,好像燃起的紫烟缭绕着香炉峰。多么美丽的景色啊!你们再仔细体会一下这句话的意思,想象一下高高的香炉峰是多么漂亮。"①霍老师这一讲解不仅讲得"适时",而且在用语上也达到了《礼记·学记》要求的境界:"其言也,约而达(简约而透彻),微而臧(精细而完善),罕譬而喻(少用比方但能使人明白)。"②

2. 在学生似懂非懂时开讲

《人之初》是部编本一年级下册课文。上课时,教师问:"初"是什么意思呢?一个学生马上大声回答:"初学者"。显然,这位学生似懂非懂。此时,教师就该面向全班同学大声开讲:"'初'是开始、刚刚的意思。"接着,走近该生,抚摸着他的头,对他说:"'初学者'是……刚刚开始学习的人。"然后继续对着全班同学讲解:"夏天刚刚开始叫……夏初,冬天刚刚开始叫……初冬,人生刚刚开始,课文把它叫作……'人之初'。"相信,经过教师的这一番讲解与引导,全班绝大多数学生都将"初"这个字学到了"会运用"的程度。

《小动物过冬》是苏教版二年级上册课文。写课题时教师边写边说:"注意,'冬'的下面是两点,代表着……"一生马上借口说:"代表着雪花。"显然,这位学生也是似懂非懂。此时教师可顺势通过讲解给全体学生正确的答案:"对,冬天下雪,天气冷,常常结冰。这两点呀,就代表着'冰'。"教师这一"讲",也是在学生似懂非懂时的讲解。

3. 讲学生"力所不能"的内容

所谓"力所不能"的内容,通俗地说就是为达到教学目标必须知晓的,但却是学生当前"读不懂的、弄不明白的、探究不出的、想不到的"内容。譬如,北师大版二年级上册课文《我有一盒彩笔》第一节中后两句诗为:"画一条紫色的曲线,那是连绵起伏的远山。画一个细细直立的三角,那是电视塔插入云天。""为什么要用紫色的曲线代表远山?""为什么要用电视塔代表当今的美好生活?"这两个问题就是当今的二年级学生"力所不能"的内容。前者可边播放场景视频让学生感受,边像霍懋征老师一样用简洁的语言解释,后者则要说明写的是二十世纪八十年代的生活,那个时候电视机的出现代表着科技进步与生活富裕。

再如,语文A版四年级下册选了杜甫《春夜喜雨》一课。"杜甫这样一位

---

① 赵年秀.小学语文课设计要诀[M].长沙:中南大学出版社,2017:9-12.
② 贺佳印.四书五经(第三卷)[M].吉林:吉林摄影出版社,2002:721.

大诗人为什么会因为春夜下雨而大喜?"这一问题也是学生"力所不能"的内容,因为解决这一问题必须凭借成都气候特点及杜甫当时得靠"亲自种菜培药"维持生活这两个方面的知识。也就是说这两方面的知识就是学生学习该课时教师必须讲述与讲解的知识。

显然,上述三例中,教师讲解的都是学生"力所不能"又是为达到教学目标所必须知晓的知识。凭借这些知识,学生才可能与作者"发生视界融合",才可能真正走近作者,理解作者的原意与思想情感。

(二) 用语要准确、规范、简洁、明白

1. 语音、语调、句调必须正确,用词造句必须规范

用词、造句、组段、学习普通话都是小学低中年级语文学习的重要内容,"用普通话正确、流利、有感情地朗读课文"是课标对小学各学段语文学习的要求。因此,课堂上小学语文教师的语音、语调、句调等都必须准确,在此基础上还要力争做到音质纯正、音色优美、抑扬顿挫、铿锵悦耳,显示出普通话的美感力量。

小学语文具有入门性、启蒙性,因此,用词与称名都不能掉以轻心,必须妥帖与规范。譬如指导书写,要说:声母"t"写在中上格上,短横、竖右弯,共2笔;"w"写在中格上,第一笔斜下斜上,第二笔也是斜下斜上,共2笔;"鸟"字的第四笔为"竖折折钩",要一笔写成。指导认识字的间架结构,使用术语要准确,要说:字有独体字与合体字之分;合体字有上下结构、左右结构与包围结构;等等。

造句组段方面,不仅要符合语法规范,还要具有严密的逻辑性、鲜明的条理性并尽可能追求美感。因此,备课时要花功夫打磨语言。著名特级教师王崧舟《长相思》一课的导入语颇受人称道:"同学们,在王安石的眼中,乡愁是那一片吹绿了家乡的徐徐春风。而到了张藉的笔下,乡愁又成了那一封写了又拆、拆了又写的家书。那么,在纳兰性德的眼中,乡愁又是什么呢?请打开书本,自由朗读《长相思》这首词。"殊不知,这一段短短的导入语花了他多少润色功夫!

2. 表达要尽可能简洁明白

孩子的说话是从字到词再到简单句子。因此,小学课堂用语除要求准确规范外,还要特别简洁明白。任教年级越低,这方面的追求却要越高。说拼音字母的书写特点使用"周正、规规矩矩"两个词就可以了。指导两拼法与三拼法的发音可各用一句短口诀:"前音轻短后音重,两音相连猛一碰。""声轻

介快韵母响,三音连读很顺当。"指导硬笔字运笔可说:"横要平,竖要直,提、撇要尖,捺要有脚"。指导毛笔握笔可说:"指实、拳空、掌竖、腕平、笔正"。

用语的"简洁明白"可以说是斯霞、袁瑢、霍懋征等名优特级教师们的共同追求。请看霍懋征老师《望庐山瀑布》一课的导入语:

师:我们学过许多首李白的诗,谁能背?注意每人背一首,不要重复别人背过的诗。

师:大家背得都很熟,今天我们再学一首李白的诗。(板书:望庐山瀑布)①

全用短句子,干净利落,既指向、定调,又收心、造境,真是言简意赅的典范。

二、小学语文课堂讲述讲解的策略

(一)根据学生课堂情绪情感变化调整讲述与讲解内容

课堂教学中,教师要注意观察学生听课时情绪的变化,并据以调整教学内容。譬如,四年级上册课文《给予是快乐的》讲述了保罗与一个男孩及这个男孩的腿有残疾的弟弟之间的故事。假定教该课时,教师发现班上那位有腿疾的男生因为自卑一直低着头,那么这位老师便应该巧妙地将激励的话语关联到自己的讲解中。他可以这样面向全班同学说:"是的,生理的残疾难以改变,但心理的健康、思想的成熟、不懈的努力能使人绝处逢生,乃至创造辉煌人生。这种身残志坚的精神尤其令人敬佩。"相信一语刚落,那位残疾学生就会抬起头,恢复常态。

(二)根据课堂具体情境选词造句,讲求课堂用语的可接受性

小学语文课堂具体情境所指范围很宽,包括年级、学风、学生上课时的情绪、课文的文体风格以及当前教学任务,等等。如果当前教学任务为讲故事,则用语要力求生动和富于吸引力;如果当前任务为解释解说,则要注重严谨和准确。

学生方面,年级越往低走,越要求教学用语通俗、活泼和口语化。这方面许多名优教师都做得相当好。譬如,部编本一年级下册《人之初》因为是识字模块的课文,所以不能满足于一般意义上的背诵出来,而要特别注意识记生

---

① 赵年秀.小学语文课设计要诀[M].长沙:中南大学出版社,2017:9.

字的音、形与义。这一教师层面的极具思辨性的教研用语,在特级教师张敏华那儿被化成了下面这句极简单的口语:"小朋友们,上识字课要主动与生字宝宝交朋友。"讲授"写字需记住字形与字的间架结构"这一知识,著名特级教师霍懋征老师对小朋友说:"人有各貌,字也一样,有不同的'长相'。"告诫小朋友要记住每个字的"长相"。

(三)在讲述讲解中穿插提问、举例并安排活动

在讲述讲解中穿插提问,为的是以"问"促"思",吸引学生将精力集中到将要讲解的内容上来。结合举例讲解,为的是增强讲解的形象性与生动性。著名特级教师袁瑢老师指导学习三年级下册课文《惊弓之鸟》第一段,就使用了在讲述讲解中穿插提问与举例的策略。这一段的教学,袁老师分四步进行。第一步,指名学生读这一自然段。(这一段包含两个生字"赢""魏"。在初读课文阶段,袁老师提示"赢"字下面中间部分是"羊",并让学生把它跟"赢"字的写法做比较。显然,这个时候的指名朗读也意在检查生字认读情况)第二步,讲解:"'古时候',确切地讲是两千多年以前,那时候有一个国家叫'魏'。(板书,并分析'魏'字字形)"第三步,提问、讨论并结合举例讲解。问题为:"能手"(板书)是什么意思?"射箭能手"(板书)呢?"射箭能手"前加上"有名的"说明什么?讨论后的讲解如下:"对某一项技术、某一种工作特别熟练,干得特别出色的人,称作'能手'。如织布技术特别熟练,布织得特别好的人称'织布能手';种菜特别出色的人称'种菜能手';射箭的技术很高明的人就称'射箭能手'。有名的射箭能手,说明更赢不是一般的射箭能手,他射箭的技术特别高明,射箭的经验特别丰富,因而大家都知道他。"第四步是概括段意。①

在讲述讲解中安排活动,为的是增进学生的感受与体验。特级教师吴琳引导学习成语"管中窥豹"时,就有意在讲解中插入了学生的窥探活动:"对呀,带穴宝盖的字一般跟洞穴、孔穴有关系。窥,就是从小孔当中偷偷地看的意思。那,管中窥豹,能看到什么呢?别着急,吴老师这里呀,有一根管子,哪位小朋友来窥一窥?看看你能窥到什么?"

(四)结合拟人等修辞手法讲述与讲解

第一学段孩子区分能力很弱,但是,第一学段有那么多形近拼音字母、

---

① 崔峦,陈先云.斯霞、霍懋征、袁瑢语文教育思想与实践[M].北京:人民教育出版社,2003.

那么多形近字,怎么才能让他们在比较短的时间里学到位、不"返生"呢?我们都知道这一阶段的孩子把所有的事物都视为有生命的东西。那么,基于这一学段孩子的泛灵心理结合拟人手法讲述与讲解就会是个很有效的策略。

譬如:整体认读音节形体难记、读音难学,其中的"yu、yue",更是常常被误读,怎么办?编一个拼音宝宝过家家的游戏就可以了。"……就这样,大 y 拉着小 i、大 w 拉着小 u 高高兴兴往各自的新家走去。草地上只剩下孤零零的小 ü 了,她忍不住放声大哭。大 y 对小 i 说了几句悄悄话后赶紧跑回来拉着小 ü 的手往一个小屋子走去,小 ü 这下可高兴了,他用手擦掉眼泪,嘻嘻地笑了,他们也挂了一块牌子:整体认读 yu 之家。""……于是,小 i 就把身子一晃,变成了大 y,ie 就成为 ye,变成了名副其实的音节了。üe 这个复韵母看到 ie 变成了整体认读音节,可急坏了,它也想自成音节。好心的大 y 安慰它:'别急,我来帮你。'说完,就站到它的前面。üe 感动极了,赶紧叫家中的 ü 脱帽致敬。就这样,üe 就成为 yue,也变成了名副其实的音节了。"

孩子们在写话作业本上写下了为数不小的错字,很显然,必须纠正。老师将这些错字抄到黑板上,指着黑板说:"同学们,生字宝宝被制造成了残疾人,它们不是缺胳膊就是少腿,等在那里多难受啊!请快快走上讲台给自己写错的字宝宝治治伤!"学得快忘得快是儿童的突出特点,为巩固强化起见,老师接着对学生说:"同学们,黑板上的错字宝宝的伤医好了。作业本上的伤宝宝还在等着呢。快快打开自己的作业本,治治作业本上的字宝宝的伤吧。"

除拟人法外,比喻也是一种能让讲解深入浅出的修辞手法,建议常加运用。譬如,讲解"典"字的书写要领时可说:"中间是一块面包,横来一刀,竖着两刀,要切得均匀才会好看。"讲解之后还可安排写"争、净"等一类需要平均分割的字,用以加深体会。

(五)结合课文插图与态势语讲解

小学低年级学生以形象思维能力为主,所以,讲解时宜结合课文插图与态势语。"口、耳、目、水、火"这些象形字一配上实物插图与简笔画或古字形,字义字形就顷刻变得易学了。部编本一年级上册识字课第 9 课《日月明》中"一条心"这个词语的意思,结合课文上的三人一同植树图一讲解,孩子们就很容易体会到。再如"连绵起伏"这个词,出示远山轮廓图再加上动作比画,学生便会很容易领会该词的词义是"一座座山峰相连,高低起伏伸向远方"。

态势语方面,名优教师们留下了很多精彩的案例。譬如,斯霞教"身体"的"身"字,她把身子一侧,左脚往前一踢,然后对学生说:"你们看,这就是'身'字形,'身'字上一小撇,好像是一个人的头,中间部分是身子,身子里面有心、肺、肠、胃等器官;下面部分好像是两只脚,一只脚站着,一只脚向前踢出去。"再如,"饱满"一词有两个义项:一是表示颗粒丰满,二是表示精神充足。斯老师让班上学生造句,得到的回答为:"菜籽结得多饱满。""豆粒长得多饱满。"于是她走到教室门口,突然转过身来,胸略微一挺,头微微昂起,面带微笑,两眼有神,问道:"你们看,老师今天精神怎么样?"经老师这一动作点拨,孩子们的感受鲜活了,于是,"老师精神很饱满"脱口而出。斯霞老师马上接着说:"现在让老师来看一看,小朋友上课精神是不是饱满?"于是全班学生个个昂首挺胸,坐得端端正正,认真地听老师讲课。显然,孩子们对"饱满"这个词的引申义已经掌握得很扎实了。

第二节　课堂提问与追问的策略

中国现代语文教育泰斗叶圣陶先生曾建议教师们:"可否自始即不多讲,而以提问与指点代替多讲。"[①]顺着叶老的思路,本节集中探讨小学语文课堂提问与追问的策略。

一、创建问题水平评估量表评价拟提问题的水平层次

布卢姆(B. S. Bloom)按知识掌握水平将知识分为六大类:知识、领会、运用、分析、综合、评价。笔者认为,语文课堂上所研讨的问题也可据此分为六个类别,详见表6-1。

---

① 叶圣陶.语文教育书简[M]//叶圣陶语文教育论集.北京:教育科学出版社,1980.

表6-1　语文课堂研讨问题的认知水平类别

认知层次	问题类型	问题示例
最低水平	知识水平的提问	自然段的前面有两个空格。数一数，课文一共有几个自然段？
较低水平	领会水平的提问	朗读课文《乌鸦喝水》。说一说乌鸦是用什么办法喝着水的。
较高水平	运用水平的提问	在什么情况下可以使用这个成语？请造个句子。
高认知水平	分析水平的提问	你为什么认为这种情况是"掩耳盗铃"的行为？它与"掩耳盗铃"故事有什么相似之处？生活中还有哪些行为是"掩耳盗铃"？
	综合水平的提问	单韵母、复韵母在发音方法上有什么不一样？
	评价水平的提问	有人说，《春夜喜雨》是一首精美诗歌，用字美、造句美、表现手法美。你同意吗？请结合这首诗谈谈你的意见。

笔者为《临死前的严监生》一课搭建过一个问题支架。为评估该问题支架的认知水平层次，笔者创建了一个如表6-2所示的提问认知水平评估表。

表6-2　《临死前的严监生》一文提问认知水平评估表

教学目标	问题	认知水平评估
1. 领会课文内容	读准"眷、监、棱"等生字音、分辨"临"和"监"等形近字字形	知识水平的提问 最低水平
	圈出"诸亲六眷"等文言词汇，借助注释、字典、词典或联系上下文理解意思	领会水平的问题 较低水平
2. 感受文中人物形象	1. 五个侄子是为了严监生的病尽心尽力还是别有用心？ 2. "把两眼睁得滴溜圆"这种特殊表情会是什么样的内心活动造成的？ 3. 联系语境说说文中省略号的作用。	分析水平的问题 高认知水平
	4. 严监生是个有十多万银子的财主，临死前却因为灯盏里点着两茎灯草而不肯断气。你怎么看这一现象？	评价水平的问题 高认知水平

续表

教学目标	问题	认知水平评估
3. 能用恰当的语气语调朗读四次发话	琢磨琢磨四次发话的口气与口吻，在此基础上分角色练读并展示交流。	运用水平的提问 高认知水平
4. 品味抓住动作神态描写人物的写法	文中统共四次发话，其中后两次发话的提示语中特别附加了形态动作。在作者，这是一般的描写，还是别有用意？	评价水平的提问 高认知水平

在表6-2中，问题水平层次由低到高，合乎循序渐进的教学原则。较高认知水平的问题占比75%，这就在某种程度上保障了课堂问题探讨的深度。对于高年级课堂，如果发现高认知水平问题所占比例过小，笔者就会重新设计一些高认知水平的问题来替代其中的低认知水平的问题。因为，来自田野的研究结果已经证明，高认知水平问题和学力的提升呈正相关的关系。当然，高认知水平的问题提出后，一定要给足学生探究思考的时间和充分表达的机会。没有学生思考的提问，实质上是借着提问的形式进行的知识灌输，很难培养出用理性和证据说话的理智态度，若据此培养创造力则更是荒谬。

特别指出，读准字音、认清字形，领会字义、词义、句意与段落篇章意思这类低认知水平的问题，在小学语文课程中必须有一定量的占比，因为恰恰是这类问题鲜明地体现了这门课程的入门性与基础性。

二、积极建构与作者及课文深度对话的平台

搭建了一个高认知水平问题支架后，接下来，就应该为学生的问题探究提供适量指导，从而确保高认知水平的问题被高质量地解决。

上文谈到，在《临死前的严监生》一课中，"五个侄子是在为了严监生的病尽心尽力还是别有用心？"这一问题是高认知水平的问题。那么，怎样才能确保这一高认知水平的问题被高质量地解决呢？诀窍自然是，在学生解决这一问题前，教师主动为学生的问题探究提供适量指导，帮助他们建构与作者及课文深度对话的平台。教师的指导可以从下列两个方面进行：(1) 对节选部分前后情节、人物的一贯做派、思想情感与相互之间的关系做一个相当充分的介绍。(本书第三章第四节中恰好有这一内容，可参照)(2) 指点问题解决的门径：联系上下文根据人物行为发生的背景运用对比法分析思考。凭借这两方面的指导，相信在一番主动积极的对话后，达成下列共识是水到渠成之事。即：严监生一直把"子嗣"当作命根子，而赵妾扶正就是他解决这一命根

子问题的关键做法。而赵妾扶正的时候,诸亲六眷都应邀来贺喜,独独严贡生一家硬是不来。这一"不来",其实已经显露了这一家人霸占严监生家产的野心。在课文节选部分中,"五个侄子穿梭的过来陪郎中弄药"这些行为是在"严监生的病一日重似一日,再不回头"时发生的。也就是说,他们自己心里很清楚,这个时候请医看病,是在放"马后炮",绝对不会产生严监生康复的结果了。但他们却"穿梭的过来陪郎中弄药",这显然是"别有用心"的写照,是做给不知情的群众看的,是在为今后"霸占严监生的家业"造假与制造舆论基础。

教师确定指导内容的依据主要有二:(1)教学目标;(2)学情。既基于教学目标又满足学情需要的内容,即便内容比较多、耗时比较长,也仍是"适量"的。在本书的设计中,《临死前的严监生》这一课给的背景知识指导比较多,《月光曲》一课给的语境知识补充也不少。由于存在中西文化背景差别,加上学生对贝多芬的人生经历与人品知之不多,所以,理解该文情节发展的合理性就成了难点。于是,适时补充上述背景知识,也就成了解决"该文情节发展合理吗"这一高水平问题所必须具备的前提知识。由于提供了必要的前提知识,学生得以和文本作者拥有比较一致的视域,从而得以领略贝多芬的高尚人格与勤奋创作的精神并感受故事情节的合情合理性。

三、借助多种类型的追问引导学生深度思考

追问,有时是在听取学生汇报核心问题解答结果的过程中随堂生成的。根据追问的目的,可以将它分为下列五类:重新聚焦核心问题的问题、解释性问题、验证性问题、限定焦点的问题和让更多学生参与的问题。

对于深度对话语文课堂来说,高认知水平的问题是一种驱动力,教师的必要的指导是解决问题的金钥匙,学生的主动积极的探究就是在对话中行进,而探究成果汇报讨论阶段,教师的种种追问则是走向多元深度对话的催化剂。

譬如《月光曲》一课,一方面,这篇课文新词难句多,情节貌似平淡,不少学生不爱读它;另一方面,由于缺乏相关语境知识,且没有充分掌握"结合语境领会内容"这一解读方法,课文读完后不少学生对课文情节发展的合理性提出质疑,譬如:"穷人家怎么会有钢琴?""盲姑娘眼睛怎么会睁得大大的?""听完贝多芬弹了一曲后盲姑娘怎么就能断定来人是贝多芬?""贝多芬这样一位知名大音乐家怎么会走近茅屋并且弹了一曲还弹一曲?"针对上述两种情况,我们在第一章第五节中从疑点入手,启动了研究性学习程序设计。核心问题为:"传说有真有假。如果这则传说是编造的,那么,其情节的发展合

乎情理吗?"

汇报交流阶段,当学生偏离中心话题或对贝多芬人生经历侃侃而谈,或对盲姑娘"随便说说而已"这句话背后的心态与情态大肆旁征博引之时,教师可以使用"重新聚焦核心问题"的问题追问:"你说贝多芬出身穷人家庭,一直同情贫苦的人;你说盲姑娘是真心渴望有机会听贝多芬亲自弹奏,那所谓的'随便说说而已'是为了抚平哥哥的愧疚情绪,是'善意的谎言'。那么,上述两种情况与讨论本文情节发展的合理性之间是什么关系?"

当发言者堆砌材料或观点空洞时,教师可以使用解释性问题追问:你援引"贝多芬一生贫穷,儿童时期上学的权利也被剥夺"这一事实是想说明什么? 是哪些情、哪些景、哪种境界催发了贝多芬即兴创作的灵感?

当汇报者不加思考、人云亦云时,教师可以使用验证性问题追问:你怎么知道穷兄妹俩都还颇能欣赏音乐并不是荒诞不可理解的,你的依据主要是什么?

当发言者照搬照抄时,教师可以使用限定焦点的问题追问:"请说一说本篇课文的情节梗概。"

当汇报者拘泥于某一角度,思维不发散时,教师可以使用让更多学生参与的问题追问,如:关于贝多芬弹了一曲后还弹一曲的原因,谁还有不同的意见?

如果在汇报交流阶段,所有的教师都能娴熟地借助多种类型的追问予以引导,那么,学生对《月光曲》一课情节发展的合理性必将有更充分的认识:因为"走近茅屋",贝多芬了解到穷兄妹俩的要求:妹妹渴望有机会听自己亲自弹奏,哥哥因满足不了妹妹的心愿而愧疚;又因为贝多芬出身穷人家庭,一直同情贫苦而善良的人,所以他就能"走进茅屋去弹琴",满足穷兄妹俩的要求。一曲弹完后,清幽的自然环境、盲姑娘激动的赞美声、穷兄妹俩准备聆听的神情,所有这些唤起贝多芬高山流水遇知音的感觉,于是,心情特别激动,灵感顿生,弹一曲后又即兴创作了一曲。而飞速奔回客店记下曲子,则是贝多芬勤奋创作、忘我工作的一贯精神的体现。

四、其他策略

提问与指点若要生效,还需讲究下列三条策略。

(1)准确定位课堂教学目标。预设目标的合理性是提问结构发生功效的前提条件。如果一堂课的目标设计不合理,那么即使提问结构再怎样优化,也是射偏了靶子,会将教师的教学和学生的学习引入歧途。

(2)保持"目标—问题"的双向一致性。所谓保持"目标—问题"的双向一致性,指的是课的每一个教学目标都有某一个核心问题与之对应,反之,课堂讨论的每一个问题都应该是指向课的目标的问题。强调"目标—问题"的双向一致性,为的是保障课堂全过程都在教学目标的导引之下,从而确保课堂教学目标落实到位,避免出现"脚踩西瓜皮"、跟着感觉走的无效或低效状态。

(3)尝试变换提问角度,创设生动有趣的问题情境,吸引全体学生参与。曲问法是一种不直接问而从侧翼寻找问题切入口的提问法,其能极大地催发孩子们的好奇性和趣味感。这方面,钱梦龙老师上《愚公移山》一课所提的几个问题堪为经典。譬如,不直问"愚公年且九十"的"且"字是什么意思,而问:"愚公九十几岁了";不直问"邻人京城氏之孀妻有遗男"的"孀"字与"遗"字是什么意思,而问:"邻居小孩去帮助愚公挖山,他爸爸同意吗?"

第三节　课堂意外情况的理答策略

在本节中,理答是指教师对课堂内外情况(主要是学生在课堂内外中的言语、行为与表现)做出反应与处理。理答的方式方法很多,包括前两节探讨的讲述、讲解、追问以及转问、探问、反问等;还包括倾听、重述、梳理、纠正、再组织;等等。"重述"是将学生的回答原原本本地再说一遍。"梳理"在学生回答层次混乱时使用,其特点是只改变用语和表达方式,不改变其基本内容。"再组织"是指教师在理答的最后阶段,对学生的回答重新组织或概括,目的是给学生一个更准确、清晰与完整的答案。

意外,意料之外的意思。课前教师对课堂情况每每都有比较周密的预设。但课堂是一个动态生成的过程,师生在思维方式、认知水平上原本存在差异,加之语文文本本身具有开放性,因而始料未及、出乎教师意料之外的情况自然会时不时发生。本节采取案例研讨法探讨对策。

一、课堂异样应答的处置策略

课堂环境千变万化,课堂上出现超出常态的应答是很正常的。有的是满满的正能量,有的是比较棘手的,有的是错误的,有的是带抵触性质的。无论是哪一种,教师都得在积极倾听的基础上迅速调整预设方案。请看下面四个案例。

案例一 一堂低年级语文公开课。课的后半段,教师让学生选择自己认为读得最好的一段,展示读给大家听。其中一个男孩读得声情并茂,全班同学和场下听课的老师都报以热烈的掌声。

这位男生不仅充分领会了课文内容,而且在语调、节奏的把握上也很到位。这是宝贵的课堂生成资源,因此,最为理想的处置方案就是:立刻改变"一人读一段"的预设方案,充分利用榜样的带动作用,最大限度地优化教学效果。教师可以这样说:"你看,读得这么精彩,大家都热烈鼓掌了。我们欢迎他再给大家读一段,好吗?"可以想象,在那位同学同样精彩的朗读过后,全场会再一次响起热烈的掌声。这时,任课教师可趁机对全班同学说,"我们也像×××同学这样,再读读课文,好吗?"

案例二 一年级语文公开课。课上到一半的时候,按照预定教案,要做一个放松性质的游戏了。于是,教师问学生:"大家累不累?"学生齐答:"不累!"这一回答出乎教师意料,于是再问:"大家上了这么长的时间了,还不累呀?"学生又一齐说:"不累不累,就不累!"

此时,任课教师应该顺势应对,说:"不累呀,本来我还想让大家玩一个游戏放松放松呢,既然这样,那我们就不玩了。"实际上,新课内容那么多,学生这时已累了,听老师这一说,于是,他们会马上改口说:"老师,我们累呢,玩一个游戏吧。"至此,教学之船已驶过风浪区,来到风平浪静的湖面。

案例三 课标要求第三学段学生"阅读叙事性作品,了解事件梗概,能简单描述自己印象最深的场景、人物、细节,说出自己的喜爱、憎恶、崇敬、向往、同情等感受。"教材方面,苏教版国标本第十二册课文为《三打白骨精》。于是,课堂上教师让学生谈读后感受。有学生说:"我敬佩白骨精,因为她败不气馁,有毅力",有学生说,"我也敬佩白骨精,她很会动脑子。"

这样"价值偏离"的错误言语,必须现场纠正,否则会谬种流传;而且这是语文课,因而必须使用"语文教育方式"现场纠正。课标要求第三学段学生能"辨别词语的感情色彩"。因此,可根据课标,以词语的感情色彩为抓手,分三步理答。(1) 提问:"败不气馁、有毅力、很会动脑子"是褒义词还是贬义词?结论:都是褒义词语,应该用来评价正面人物。(2) 要求回读课文,标出体现白骨精行事目的与办事手段的语句,并出声读一读。(3) 提问:从行事目的(吃人)与办事手段(欺骗)两方面看,白骨精能算正面人物吗?那么,应该使用哪些贬义词来评价它呢?

案例四 这是一堂低年级语文课。课文为李白《夜宿山寺》："危楼高百尺，手可摘星辰。不敢高声语，恐惊天上人。"初读、再读、三读课文后，教师请学生进行小组交流，说说诗句中写了哪些事物，并说说自己的理解。但教师很快发现一些学生并没有参加小组交流，而是饶有兴趣地在画画，并发现其中一幅画有问题，那是一张画有星星、月亮和一座倾斜得厉害的高楼。

显然，这节课发生了学生不听指令的行为。此时此刻，假如你就是在场的任课教师，你会选择下列哪种理答方法呢？

第一种：揪住其中误读"危"字含义的冒犯者，将他狠狠训斥一顿，以消心头之气。

第二种：意识到涂鸦是小孩的天性，而且画图也是一种表达理解的方式，于是继续按预设执教。

第三种：面对这部分学生的异常表现，迅速从现场情境中找原因并尽快还原这部分学生异常行为的发生轨迹：前一个问题太过容易，没有讨论的价值；后一个问题因为指向不够清晰，于是他们便不知道该从哪些方面谈理解。而涂鸦原本是小孩的天性，于是便相继选择用画画来打发时间。

上述三种处置方法显示三种境界。第一种是跟着感觉走，显然不理性。第二种，能站到冒犯者立场上去想问题，有包容心，有理性，但问题考虑欠全面。第三种，将学生、教师及现场相关情境都纳入审查反思范畴，在此基础上还原出的异常行为发生轨迹更为逼真。"从哪里跌倒了就从哪里爬起"，接下来教师要做的工作自然是因现场情境修正预设的教学内容、教学程序或方式方法。譬如，将"危"字的含义调整为当前的教学点；称赞这些学生用画画表达理解"方式很别致"，高高举起那幅画，请学生们品评这幅画的优点与不足，借此巧妙地纠正对"危"字的错误理解。可以预测，从此以后，这部分学生与这位语文教师的关系会更和谐，学习方面也会更主动与更灵活。

课堂上不听指令的现象常常发生，有的上甲课做乙事，有的随意讲小话，有的甚至故意嘻嘻哈哈打打闹闹，等等。所有这些，对于正在上课的教师来说，都可能被看作"冒犯"行为，有的甚至大动肝火严惩冒犯者，师生关系因此被弄得越来越紧张，双方都苦恼。但这些教师却很少意识到，这些冒犯行为其实是学生上课时心理状态的表征：不愿听课，学生则表现为注意力转移，看别的书、做别的活动等；被迫听课，表现为呆滞、无动于衷；听不懂或跟不上，表现为烦躁；觉得内容无价值，表现为嘻嘻哈哈。相反，如果对正在学习的内容有强烈的兴趣，则神情专注；感觉受到深刻的启迪，则表情激动。儿童是最真的群体,悲、喜、爱、憎,或喜形于色,或怒容满面,甚至形于动作或语言。明乎此,上课时注意倾听学生的言语,注意观察学生的动作、表情与眼神,你就能"看得见学生的思路",在此基础上根据你所"看见的思路"或还原的"异常行为发生轨迹"调整教学内容或教学方法,于是一切就自然越来越好。

二、课堂意外质疑的理答策略

小学语文课堂上很多始料未及的发问都针对课文本身,而且,还往往是高声说出并伴随着一脸兴奋。这说明发问的孩子充满童真与求知欲望。教师如果不予当场回应或回应不当,都会挫伤孩子,产生极大的负面影响。面对这样的意外发问,任课教师自然要倾听并通过验证性追问探明发问者的视点、立点与判断依据,并根据课标与当前任务评估其课堂教学价值,在此基础上予以妥善回应。请看下面三个案例。

案例一 人教版二年级下册课文《三个儿子》。该文讲述了一个短小的故事,大意是:三个妈妈在井边打水,三个儿子迎面跑来,却只有一个儿子接过妈妈手里沉甸甸的水桶提着走了。于是,在场的老爷爷说他只看见一个儿子。课文后的"泡泡"为:"老爷爷为什么说他只看见一个儿子?"听读完这篇课文后,执教的教师便准备顺着课本思路,引导学生探讨老爷爷只看见一个儿子的原因。但恰恰在这个时候,一个瘦小的男生突然站起来大声问道:"老爷爷为什么说他只看见一个儿子呢,他应该看到两个儿子哟?"

面对这样异样的声音,是把学生往预定的路上赶——探讨老爷爷只看见一个儿子的原因,还是顺着学生问题,倾听其心声呢?因为我们已置身于一个以学习者为中心的时代,所以答案肯定是后者。教师可以顺势追问:"那么,在你看来,老爷爷应该看到哪两个儿子呢?"这一问,得到的回答很可能是:"还有那个会唱歌却提不起沉甸甸水桶的男孩子,但我相信他长大了有力气后一定会给妈妈做事的。"这一回答具有三方面的教学价值:其一,这孩子在联系自身体会与课文中的人物对话,暗合朱熹"读书六法"中的"切己体察法";其二,在进行体贴父母、孝顺父母教育方面,其与课文"泡泡"后的问题具有同样的功效;其三,是训练根据语境领会词句含义的好素材。面对如此宝贵的生成资源,任课教师的处置方案自然应该为:即时调整教学计划、及时利用这一资源。实施方面,可以先评价:"天哪,你居然会像大学问家朱熹一样用自己切身的体会来读书,真了不起。而且从你的话语中,老师已经感到你和那个帮妈妈提水的孩子一样都是很体贴父母的孝顺的孩子。"接着面向全班同学发问:"同学们,××同学眼中的儿子与老爷爷眼中的儿子含义上一样吗?"结论为:都是男孩子、都会孝顺妈妈。"那么,老爷爷眼中的儿子与三个妈妈话语中的儿子含义上一样吗?"结论为:不一样。三个妈妈嘴中的"儿子"用的是词典中的含义——"男孩子(对父母而言)"。

案例二 苏教版四年级上册课文《鹬蚌相争》。这是一则根据古文改编的寓言故事。课堂上,课前预设的诵读与表演活动在热闹地开展着。突然,一位学生高高地举起了小手,用毫不掩饰的兴奋语气说道:"老师,我觉得课文有问题!"该生发现的问题是:"在鹬的嘴正被蚌夹着时,课文作者却让它们彼此对话。"

品读课标,不难发现:培养"咬文嚼字"的习惯、训练谨慎选词造句的意识正是小学语文课的重要任务。那么,显然,这一发问也是一项随堂生成的宝贵资源。具体应对办法为表扬激励法。教师仍可使用颇带夸张的口气说:"天哪,孩子,你太棒了!孩子们,你们看,就是课文作者也有出错的时候。所以,出错不是什么可怕的事情。我担保,如果你们当中谁将来要当作家,一定比这个作家更棒!现在请想想,按照课文情境,选用哪个词来替换更合乎情理?"结论自然为:将"说"改为"想"。

案例三 选读课文阅读指导课上,一位学生针对人教版国标本四年级下册选读课文《黄继光》提出了这样一个问题:"《孝经》说:'身体发肤,受之父母,不敢毁伤,孝之始也。'那,黄继光为什么要舍身扑向敌人的机枪口呢?难道就没有别的方法了吗?"

课标要求第三学段学生阅读叙事性作品关注"场景、人物、细节"。那么,在引导重视细读叙事文本上,这一发问也是一项值得现场使用的生成资源。教师仍可使用颇带夸张的口气说:"天哪,你真是太棒了!居然能完整引用古文。而且,你的珍爱生命的态度也值得充分肯定。但是,'黄继光为什么要舍身扑向敌人的机枪口呢?难道就没有别的方法了吗?'我们一起带着这个问题再次阅读一遍课文吧。温馨提示:重点关注'场景、人物、细节',不要放过任何一个细节。"结论自然为:没有其他方法了。可以预测:由于阅读过程中细细关注了场景、人物与细节,孩子们被烈士的大智大勇与大爱所深深感动,精神受到一次充分的洗礼。

三、课堂其他意外情况的应对策略

上公开课是教师生活中的大事,大家都格外重视。但极端的情况也会出现。这不,五年级语文教师小张老师一大早就在改课件,课件是改得越来越好了,但是糟糕的是临出发时忘记了将优盘从家中的电脑上拔下来。更为糟糕的是,由于堵车,居然迟到2分钟。这两分钟里,听课的领导和老师面面相觑,班上的同学你看我,我看你,胆大一点的不时回头偷窥后边的听课老师,此外还有各种各样的推测。就在这时,小张老师轻快地出现在教室门口,轻快地走上了讲台,起立过后,声音响亮地说:"同学们,这节课是作文课,作文题目为——当张老师迟到2分钟的时候。要求有场面描写、语言描写与心理描写。"毫无疑问,这将是一堂相当成功的语文公开课。而结合现场情境机智调整预设,则是小张老师成功的法宝。

学生上课也可能会迟到。这不,小张老师正在讲"小扣柴扉久不开"时,一个迟到的学生"砰"的一声推开教室门,然后急匆匆地坐到座位上听起课来。他看在眼里,想在心里,没有像一般老师一样严厉批评该生,而是让学生辨析"猛扣"与"小扣"两个动作背后的人物心态与修养,收到了"春风化雨"般的功效。

教室的窗户门是常开的,有时会飞进小鸟。这时,小学生的注意力会被小鸟吸引过去。有时,正上着课,教室外响起了一阵阵锣鼓声或鞭炮声……这些时候,最好的办法是调整教学内容,把这些意外情况当作宝贵的课程资源,让学生带着任务尽情地去看、去听,然后汇报交流。

多媒体给我们日常教学带来极大便利。可是,课堂上如果突然断电或教学设备出故障,怎么办?如果课前做了断电或设备出故障的准备,那么,一旦遭遇,就执行"课堂计划B"好了。这就是做"课堂计划B"的好处的最好注脚。

著名的教育学家叶澜先生指出:"课堂上可能发生的一切,不是都能在备课时预测的。"[①]因此,课堂出现意外情况是常态。事实上,一旦出现意外情况,教师只要顺势而为,随机应变,机智调整教学内容、教学程序或方式方法,那么,极有可能"柳暗花明又一村"。教学应变能力是各种教学能力的综合运用,又称"教育机智",是一个成熟教师应该具备的基本素质。小学语文新手教师应该苦练听说读写基本功,并不断强化自身的综合素养,只有这样,才能增强教学应变能力。

---

① 叶澜.让课堂焕发出生命活力——论中小学教学改革的深化[J].教育研究,1997(9):7.

第四节　期末考试命题策略

我们处在一个新时代,立德树人是当前教育的根本任务。"立德树人"语境下的小学《语文》期末测试应该兼顾"知识与能力""过程与方法""情感态度与价值观"等多个维度;兼顾"识字与写字""阅读""习作(写话)""口语交际"与"综合性学习"五大模块的内容与目标;结合笔试与面试两种考核形式;在注意考查字词句标点及阅读积累的同时,还要突出分析、运用与评价这些高阶性能力的测试;加强试题的开放性,加强阅卷的包容性,为发展个性与求异思维创造条件。

一、依据课标命题,加大考查范围

国家课程标准是从学科的角度回应国家教育目的的落实情况,即学科的育人价值问题。《义务教育语文课程标准(2011年版)》(以下仍简称课标)是国家课程标准。而教育部印发的《基础教育课程改革纲要(试行)》明确指出:"国家课程标准是教材编写、教学、评估和考试命题的依据。"[①]由此可见,小学语文教学与评价的"老家"就是课标,教师理所当然应该依据课标命题制卷,与课标先进理念共舞。课标从"识字与写字""阅读""写作""口语交际""综合性学习"五个方面一一规定了各学段的目标与内容。因而,将这五个方面都列入期末考试考查的范围也是理所当然的。

目前,各小学基本上采取笔试方式评价小学生一学期语文学习的成绩,笔试时量100分钟,满分100分。从第二学段开始,期末考试一般按三个部分出题。第一部分:字、词、句(30分);第二部分:阅读与积累(40分);第三部分:快乐作文(30分)。课标明确指出:语文课程评价"其目的是为了考察学生实现课程目标的程度""应准确反映学生的学习水平和学习状况,全面落实语文课程目标"。而当前的命卷只兼顾了基础知识、阅读能力与写作能力测试三个方面,显然,其评价范围过窄,其测试的信度不高。

---

① 中华人民共和国教育部.基础教育课程改革纲要(试行)[J].人民教育,2001(9):7.

为提高考试信度，也为了力避烦琐，笔者认为，小学语文期末测试可采取活动考查与纸笔测试相结合的方式。

二、活动考查策略

以第二学段为例。课标要求该学段"用普通话正确、流利、有感情地朗读课文"，课标还指出："评价学生的朗读，可从语音、语调和语气等方面进行综合考察"。"语音、语调和语气"，是传统纸笔测试测不出的，因此为保证期末语文成绩评定的信度，必须在传统笔试外增加现场口试这一考查方式。

第二学段中用传统纸笔测试测不出的学习点还有：(1) 识字写字模块的"会运用音序检字法和部首检字法查字典、词典"；(2) 口语交际模块的"能就不理解的地方向人请教，就不同的意见与人商讨""讲述见闻，说出自己的感受和想法。讲述故事力求具体生动"。

课标明文指出，之所以单设综合性学习模块，是为了"加强语文课程内部诸多方面的联系"。而第二学段的综合性学习模块明文要求该学段学生"能在教师的指导下组织有趣味的语文活动，在活动中学习语文，学会合作"。

于是，笔者构思了一个趣味语文活动评价方案，即通过举办各层级选拔比赛或语文游戏比赛的方式考查上述所有学习点。具体比赛项目有：讲述见闻选拔赛、讲述故事选拔赛、朗诵选拔赛、根据情境现场"请教"（商量）比赛、查字典与词典选拔赛，等等。这些选拔赛都可以分层级举办，包括小组内选拔赛、小组间互赛、总决赛，等等。比赛级别越来越高，每晋级一次，成绩等级加一级。

那么，谁来充任评委呢？课标要求："将教师的评价、学生的自我评价及学生之间的相互评价相结合"。相关研究表明，充当评委（或老师）是最有效的学习方式之一。于是，由学生来充任各轮比赛的评委就是理所当然的了。建议评委由参赛选手们选举。教师本人则扮演全程监控者、指导者、帮助者角色。

1. 查字典选拔赛

三人参加该游戏。一人用音序法、一人用部首法、一人用笔画法。要求查出给定的每个字的页码。比赛分为三组。

(1) 组：缩、簿、蟀、躁、谢

(2) 组：菅、垩、妁、祎、氚

(3) 组:鼐、戌、彧、丐、厄、

题目说明:(1) 组的字读音清楚,用音序法快捷;(2) 组为生僻字,不能用音序法,而部首清楚,不属于难检字,所以只能用部首法。(3) 组生僻字多,不知道读音;部首不清楚,用部首法困难;属于难检字,用笔画法。

2. 口语交际选拔赛

遇到下面的情况,你们两人会怎样商量?请即兴在评委面前演一演。

(1) 向同学借的书不小心弄丢了,想到书店买一本新的赔偿。

(2) 周日爸爸妈妈都出差不在家,想到小丽家住一天。

评价点为:(1) 用了"商量"的语气了吗?(2) 要"商量"的事情说清楚了吗?

三、纸笔测试策略

仍以第二学段为例。

纸笔测试题评价结果的呈现方式为分数,系定量评价。题型方面,在传统的基础题、阅读题、写作题的基础上增加听力题。增加听力题的依据有二:(1) 课标对每个学段都提出"倾听"方面的要求,不将"倾听"纳入测查范围,难以正面引领这方面的日常学习。(2) 英语水平测试一直有听力题。

(一)听力题举例

命题依据:课标要求第二学段学生"学会认真倾听""听人说话能把握主要内容,并能简要转述"。

【例题】

1. 听谜语,写答案。

2. 听一个故事并简要转述。

3. 听一段新闻并写下要点。

(二)基础题举例

命题依据:课标要求第二学段学生"累计认识常用汉字 2 500 个左右,其中 1 600 个左右会写""能使用硬笔熟练地书写正楷字""体会句号与逗号的不同用法,了解冒号、引号的一般用法""积累课文中的优美词语、精彩句段,以及在课外阅读和生活中获得的语言材料。背诵优秀诗文 50 篇(段)""学习修改习作中有明显错误的词句"。课标还要求"语文知识的学习重在运用,其概念不作为考试内容。"

1. 读拼音,规范地写词语。

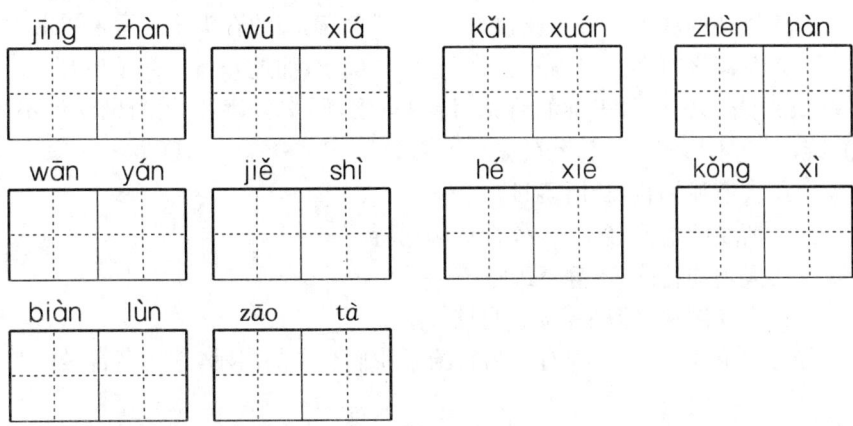

2. 在括号内选择正确的汉字或读音画"√"。

蝙蝠夜间,不仅能巧妙地(辟 避)开障碍物,还能捕(bǔ pǔ)捉飞蛾和蚊子。科学家经过反复研究,终于揭开了蝙蝠夜间飞行的秘密,于是给飞机装上了雷达。雷达发出的无线电波,一遇到障碍物就会反射回来,显示在(萤 荧)光屏(píng bǐng)上。

3. 把下面的四字词补充完整,并根据提示写出相应词语。

( )心( )目　一丝不( )　不( )不忙

波( )壮( )　( )寒取暖　清( )见底

本学期,我还积累了_____、_____等这些描写"山"的四字词语。

4. 下列词语中没有错别字的一项是( )。

① 鱼惯而出　② 胆大妄为　③ 水平如境　④ 拔地而起

5. 形容战争中趁对方还没有意料到就采取行动的成语是( )。

① 草木皆兵　② 四面楚歌　③ 出其不意　④ 神出鬼没

6. 给加点字选择正确的解释,把序号填在括号里。

(1) 固执己见( )　① 拿着;② 坚持;③ 实行。

(2) 愚不可及( )　① 趁着;② 比得上;③ 和,跟。

(3) 亡羊补牢( )　① 养牲口的圈;② 监狱(jiānyù);③ 牢固。

7. 人们都说:"桂林山水甲天下。"一句中双引号的作用是( )。

① 表示否定或讽刺　　② 表示特定称谓

③ 表示引用的部分　　④ 表示着重强调,引起注意

8. 都包含有"积少成多"意思的一组成语是( )。

① 聚沙成塔　集腋成裘　② 一曝十寒　聚沙成塔

③ 集腋成裘　寸进尺退　④ 坚韧不拔　集腋成裘

183

9. 小华比小明迟学钢琴半年,现在弹奏水平却远远超过了小明,真是(　　)。
① 早开的红梅——一枝独秀　　　② 砌墙的石头——后来居上
③ 王羲之写字——入木三分　　　④ 八仙过海——各显神通

10. 苏轼曾评价王维的诗是"诗中有画,画中有诗"。我们也读过不少他的诗,下列不属于王维诗句的是(　　)。
① 大漠孤烟直,长河落日圆
② 渭城朝雨浥轻尘,客舍青青柳色新
③ 人闲桂花落,夜静春山空
④ 春江潮水连海平,海上明月共潮生

11. 《论语·学而》中有句名言给了我们交友的启示,这句名言是(　　)。
① 言必信,行必果
② 爱人者,人恒爱之;敬人者,人恒敬之
③ 与朋友交,言而有信
④ 己所不欲,勿施于人

12. 下列诗句中,为我们描绘了一幅江南夏夜图的是(　　)。
① 采菊东篱下,悠然见南山
② 黄梅时节家家雨,青草池塘处处蛙
③ 落木千山天远大,澄江一道月分明
④ 鹅湖山下稻粱肥,豚栅鸡栖半掩扉

13. 修改病句。
大家诚恳地批评了我,但是我犯了错误。
_____

14. 下面三部经典名著你读过吗?请用简洁的语言各写出一个你熟悉的故事。
《红楼梦》　　　刘姥姥进大观园
《西游记》　　　_____
《水浒传》　　　_____
《三国演义》　　_____

(三)阅读题举例

命题依据:课标要求第二学段阅读叙述性作品能"关心作品中人物的命运和喜怒哀乐""能联系上下文,理解词句的意思,体会课文中关键词句表达情意的作用""略读的评价,重在考察学生能否把握阅读材料的大意""要重视学生课外阅读的评价"。

【例题】阅读短文，完成习题。

自然之道

那天我们上岛时，已近黄昏，很快就发现一个大龟巢。突然，一只幼龟把头探出巢穴，却欲出又止，似乎在侦察外面是否安全。正当幼龟踌躇不前时，一只嘲鸫突然飞来，它用尖嘴啄幼龟的头，企图把它拉到沙滩上去。

我和同伴紧张地看着眼前的一幕，其中一位焦急地对向导说（　　）你得想想办法啊（　　）　向导却若无其事地答道（　　）　叼就叼去吧（　　）自然之道（　　）　就是这样的（　　）向导的冷淡，招来了同伴们一片"不能见死不救"的呼喊。向导极不情愿地抱起那只小龟，朝大海走去。那只嘲鸫眼见到手的美食丢掉，只好颓丧地飞走了。

1. 在文中（　　）里加上合适的标点。
2. 联系上下文，解释下列词语的意思。（2分）

企图：_____

若无其事：_____

3. 文中"眼前的一幕"，指的是怎样的一幅情景？请用"_____"画出相关的句子。（2分）

4. 面对这惊险的一幕，"我们"和向导表现出截然不同的态度，请从文中找出描写他们神态的词语，写在横线上。（2分）

向导:冷淡、_____、_____　　"我们"：_____、_____

5. 当后来"我们"看到成百上千只幼龟被肉食鸟啄食时，"我们"的心一定很痛。此时此刻，"我们"的内心会想些什么呢？　（3分）

_____

西　湖

① 杭州素有"人间天堂"的美称。西湖，就是镶嵌在这天堂里的一颗明珠。

② 站在柳丝轻拂的西湖边极目远眺，只见湖的南北西三面的山峦，一山绿，一山青，一山浓，一山淡，真像一幅优美的山水画。平静的湖面，犹如一面硕(shuò)大的银镜。一群群白鸥（飞过　掠过）湖面，尾尖偶尔沾了一下水面，扇动的双翅在阳光下一闪一闪的，好看极了。

③ 围绕着西湖的是一圈树木织成的绿色镶边。十里明湖中，葱绿的孤山显得格外（柔美　秀美）典雅。孤山东边的白堤和西南的苏堤，就像两条绿色的绸带，轻柔地（飘浮　漂浮）在碧水之上。湖心的三个小岛——小瀛(yíng)洲、湖心亭、阮(ruǎn)公墩(dūn)，掩映在绿树丛中。（明净　明丽）的湖水晃动着

绿岛和白云的倒影,仿佛仙境一般。在这如画的西湖边走一走,看一看,怎能不令人心旷神怡呢?

④ 月光下的西湖,又是怎样一番景象呢?夜幕初垂,明月东升,清风徐来,湖水荡漾。岸边的华灯倒映在湖中,宛(wǎn)如无数的银蛇在游动。远处,不时飘来悠扬的琴声。人们泛舟湖上,会觉得天上人间,全都溶化在月色里了。

1. 用"\"划去括号内不恰当的词语。(2分)
2. "岸边的华灯倒映在湖中,宛如无数的银蛇在游动。"一句中的"宛如",在文中还有两个近义词,分别是_____、_____。(2分)
3. 文中画"_____"的句子,会让我们想起唐代诗人刘禹锡《望洞庭》中的诗句:_____。(2分)
4. 请用"____"画出文中的反问句,并改为陈述句。(3分)
_____
5. 关于这篇文章,下列说法不正确的一项是( )。(2分)
① 文章第二自然段主要是介绍了山峦和湖面的美丽景色。
② 白堤和苏堤都在孤山的东边,风景都很优美。
③ 这篇短文作者是按照由远及近、由白天到夜晚的观察顺序来描写西湖的。

(四) 写作题举例

1. 命题与评价思路

第二学段综合性学习模块要求"结合语文学习,观察大自然,观察社会,用书面或口头方式表达自己的观察所得""尝试运用语文知识和能力解决简单问题";该学段写作模块要求写"简短的书信、便条""运用自己平时积累的语言材料,特别是有新鲜感的词句"。课标要求"突出语文课程评价的整体性和综合性"。基于课标这一要求,拟将上述四个学习点两两整合:

(1)"结合语文学习,观察大自然,观察社会,用书面或口头方式表达自己的观察所得"与"运用自己平时积累的语言材料,特别是有新鲜感的词句"两个学习点整合,任务为"写观察作文",评分侧重考查下列三点:① 是否写清楚了? ② 是否在有意识地运用"有新鲜感的词句"? ③ 用词造句是否妥帖?冒号与引号等标点符号是否使用正确?

(2)"尝试运用语文知识和能力解决简单问题"与写"简短的书信、便条"两个学习点整合,任务为"写书信、便条",评分点有三个:① 是否写清楚了?

② 文面格式是否正确规范？③ 用词造句是否妥帖？冒号与引号等标点符号是否使用正确？

2. 例题

(1) 孩子们,你们是一小校园生活的小主人。那么,你们对现有校服的色彩与款式满意吗？你们对现有图书借阅制度满意吗？你们对本学期开展的节日庆祝活动满意吗？学校的申校长啊,很想听听你们的心声。请选择其中一个问题向校长写一封书信,表达你个人的意见,好吗？要求:① 把你的意见写清楚。② 注意按书信的文面格式要求写。③ 用词造句要妥帖。标点符号也要使用正确。

(2) 孩子们,这个学期的节假日你去过哪些地方,观察过哪些事物？最近,学校组织过运动会,你观察过哪一项比赛？班级植物角种植了很多品种的植物,你特别留心观察过哪一种植物？请选择你留心观察过的一种事物或场面,和老师与同学交流交流。要求:① 将你观察过的事物、植物或场面写清楚。② 注意用上"有新鲜感的词句"。③ 用词造句要妥帖。标点符号也要使用正确。

➢ 一、阅读人教版四年级上册课文《秦兵马俑》(扫码目录页二维码查看原文),按要求作答。(教师资格面试考题)

基本要求:

1. 试讲约10分钟。
2. 引导学生会认生字"誉、瞰、统、率、征、靡、魁、搏",读通课文。
3. 引导学生随课文理解并积累"享誉世界、殊死拼搏、惟妙惟肖"等词语。
4. 配合教学内容适当板书。

➢ 二、下面是《秋天的雨》(人教版三年级上册)教学(案例)片断,阅读后,请对其中的"提问""追问"设计环节进行教理评析。

一、激趣引入,揭示课题

教师呈现几幅(秋景)画面,让同学们欣赏一下,并说说是什么季节的景色？

(学生联系生活,感受到秋天的景色)

通过美景感受,唤起学生情感。教师提问:你觉得这样的景色美吗？你喜欢秋天吗？为什么？

学生交流看法和感受。

二、听读课文,整体感知

边听边想象,选画出文中你觉得很美的句子,待听完后和大家分享。

(请同学把自己认为美的语句和段落读给大家听。要求:读准生字,读通句子)

三、通读课文,认识字词

1. 学生自读中画出生字

学生自己注音拼读,教师巡视检查,了解情况。

2. 检查字词的认读

钥匙 缤纷 邮票 丰收 颜料 飘哇飘哇 争着 勾住 喇叭

一盒 一枚 仙子 淡黄 好闻 香梨 厚厚的 一曲

小组交流读,指名读。师生共同指正:注意"匙"是翘舌音,"钥匙"里读轻声。注意前鼻音字:缤、颜、仙、淡、闻;注意后鼻音字:丰、争。

四、抓总起句,理清思路

学生再读,教师启问:秋天的雨是多样的,文中写到的秋天的雨又是怎么样的呀?请同学们找出关键句来。

学生回答,讨论交流。找出关键句后,发现这篇文章可以读成五句话了:

秋天的雨,是一把钥匙。

秋天的雨,有一盒五彩缤纷的颜料。

秋天的雨,藏着非常好闻的气味。

秋天的雨,吹起了金色的小喇叭,它告诉大家,冬天快要来了。

秋天的雨,带给大地的是一曲丰收的歌,带给小朋友的是一首欢乐的歌。

五、把握内容,探讨秋雨

1. 如诗般秋天的雨,它有五彩缤纷的颜色、好闻的气味,还会吹喇叭。请同学们自由读第二自然段,教师启问:你们都看到了哪些颜色?把这些词读一读。

黄色、红色、金黄、橙红、紫红、淡黄、雪白

2. 追问:这些颜色都给了谁?(完成连线题)

黄色——银杏树,红色——枫树,

金黄——田野,橙红——果树:橘子、柿子,

紫红、淡黄、雪白……——菊花。

3. 启发、追问:菊花仙子得到了什么颜色?你们知道菊花仙子得到了多少种颜色吗?

文中提到了三种颜色,学生还会提出红色、蓝色、墨色等多种颜色。

追问:这么多的颜色,文章估计已经列不过来了。作者很聪明,用一个词语概述了秋雨的颜色,这词语是什么呢?

——五彩缤纷

追问:你还知道跟它意思相近的有哪些词吗?

五光十色、五颜六色、色彩缤纷、五色斑斓、万紫千红……

4. 迁移练习,启问:在这段景物描写中,我们确实感受到秋雨带来的色彩美,不过,老师觉得秋雨肯定远不止这些色彩,如果是你眼中的秋雨,秋雨还会把颜色给谁呢?咱们学着这段话的表达方法来写一写。

学生练习,教师巡查:

秋天的雨,它把红色给了苹果,红红的苹果像小姑娘的笑脸,露出深深的酒窝,笑啊笑啊,盛满了秋天的美酒。

秋天的雨,它把黄色给了鸭梨,黄澄澄的鸭梨像一个个金葫芦,挂满枝头,秋风一吹,荡啊荡啊,荡出一支快乐的歌。

秋天的雨,它把白色给了天空,团团白云像洁白的羊毛,慢慢地飘啊飘啊,飘出一幅优美的画。

……

➤ 三、阅读以下一则教学故事,试对这一"课堂意外"的处理方式进行评析。

某实习生执教《生命桥》(苏教版四年级下册《生命的壮歌》中第二个故事),在教学到课文第三段时,经历以下一段教学过程:

阅读第三段课文:试跳成功!紧接着,一对对羚羊凌空腾起,没有拥挤,没有争夺,秩序井然,快速飞跃。顿时,山涧上空划出了一道道令人眼花缭乱的弧线。那弧线是一座以老羚羊的死亡作桥墩的生命桥。那情景是何等的神圣!猎人们个个惊得目瞪口呆,不由自主地放下了猎枪。

师问:"同学们,当你看到这个壮烈的场景,你有什么感想呢?"

(前排)生1:我的感想是母爱太伟大了!

(前排)生2:珍惜生命是生物本能,但在危急关头,动物都有自我牺牲精神,人类何尝不是这样!

……

(后排)一生(小声)说:"我感到了猎人滥杀无辜的凶残!"(教师一愣,但似乎"没有"听到)

师:"噢,同学们都感到这个场景的震撼,一种伟大的母爱的震撼!老师也觉得是这样。"

课后,在和这位师范生交流中,我告知班级后排那位同学的看法,他很愕然,没有办法应对学生的这种"意外"看法,也就"忽略"过去了。

> 四、阅读下列材料,解答后面问题。(2018年教师资格考试题)

沈老师在教学《第一场雪》时,对学生说:"雪景很美,谁能把它美美地读出来?这位同学读的时候,大家闭着眼睛听,体会他能不能把你带到那么美的雪景中去。"第一个学生读完后,沈老师问:"你们是不是感觉走到雪野中去了?"大多数学生很犹豫。沈老师笑着说:"刚走到雪野的边上,是不是?"大家都笑起来。沈老师说:"看看我能不能把大家领进去。"接着示范读了一遍,然后问:"往前走几步没有?"学生都点头说:"走了。"沈老师继续说道:"相信有同学会比老师读得更好。谁领着大家继续往前走?"……后面的学生果然越读越好。

问题:
(1) 评析这一教学片段中沈老师的教学行为。
(2) 结合材料谈谈沈老师是如何在教学过程中发挥主导作用的。

> 五、阅读下列材料,解答后面问题。(2017年教师资格考试题)

在《小稻秧脱险记》一文中,有这样一段描写。与小稻秧争夺营养的杂草在除草剂的作用下,有气无力地说:"完了,我们都……喘不过气来啦!"上课时,于老师问学生:"谁能把杂草的话读一读?"小鹏举手站起来后,声音洪亮而又流利地读完了。于老师笑了笑说:"你没完,要么你的抗药性太强,要么这除草剂是伪劣产品。来,我再给你喷洒点。"说完,用手比画着朝小鹏"嗤嗤"地喷了几下,学生大笑起来,小鹏心领神会,耷拉着脑袋,缓慢而小声地又读了一遍"完了,我们都……喘不过气来啦!"于老师说,好,掌声鼓励,这才是"有气无力"。

(1) 评析这一教学片断中于老师的教学行为。
(2) 结合材料谈谈你对"教学是一门艺术"的认识。

> 六、阅读下列材料,解答后面问题。(2017年教师资格考试题)

语文老师在教古诗《春晓》时,小龙禁不住发问:"老师,诗人春天好睡觉,连天亮都不晓得,那他夜里怎么能听见风雨声呢?"老师不假思索地说:"这有什么奇怪的,早上起床到外面一看不就知道了嘛。"小龙还想追问,老师不耐烦地摆摆手,让他坐下,并说道:"大家在课堂上要认真听讲,不要随便提问。"教室里顿时安静下来,小龙也尴尬地低下头去。

(1) 结合材料评析这位教师处理学生课堂提问的做法。
(2) 谈谈教师怎么保护和培养学生的问题意识。

第七章

小学语文教学研究

  小学语文教育研究有广义和狭义两种。小学语文教师的日常教学工作中已经包含许多"研究"的因素，如，观摩与评课、钻研语文教材、了解学生、制订语文教学计划、安排语文教学过程、选择语文教学策略，等等，这些都可以称为广义的语文教学研究。一个语文教师如果连广义的语文教学研究都没有，他的语文教学工作是断然做不好的。狭义的语文教学研究，是一种以小学语文教育问题为对象，以科学方法为依托，以探索小学语文教育规律、指导小学语文教育实践为目的的创造性的认识活动。

  这里的所谓"小学语文教育问题"，是指小学语文教育领域客观存在的、需要探明和解决的种种矛盾和疑难。譬如：小学语文期末命卷怎样才能做到既能有效引导平时的学习，又不至于给教师"增负"呢？再如："互联网＋"背景下，小学语文教学怎样开展线上线下相结合的混合式教学？等等。

  科学方法的内涵是比较广泛的。我们在教育科研中所运用的研究方法，如文献法、历史法、观察法、实验法、调查法、比较法、预测法、统计法等，均具有科学方法的性质。

  当然，进行教育科研首先需要一定的知识基础与研究背景。狭隘的知识视野会限制教师研究的广度与深度，而宽广的知识背景则可以为教师的教学研究提供平台。

第一节　知晓本国语文教育史

语文教育研究专家周庆元先生曾谆谆告诫我们：创新立足承传。应既"总结我国语文教育的成败得失"，又"借鉴各国母语教育改革的经验"，而且相比之下，积极"承传"本国语文教育的优秀传统和宝贵的现实经验显得尤为重要。"因为它更加直接，更加切实，更有本土特色，更加便于承传、改造与创新；而且，'越是民族的，才越是世界的'，只有承传好自己的优秀传统和现实经验，才有可能使我们的创新独具民族特点与中国特色，使我们的母语教育自立于世界民族之林。"[①]

本节基于周先生的论述，从本国语文教育史长河中撷取几朵精美的浪花共同分享，希望诸位能从此开始深入研究下去，从而使我们的小学语文教育研究更具历史眼光和民族文化底蕴。

一、古代语文教育回眸

中国古代教育中，并无独立的语文课程，但语文教育早在远古时代就开始了。西周时代面向贵族的"六艺"教育——"礼""乐""射""御""书""数"，就有语文教育的成分，"乐"包括音乐、诗歌、舞蹈，"书"包括识字、写字。

春秋时期，私学兴起。为了教育弟子，孔子删《诗》《书》，定《礼》《乐》，赞《周易》，修《春秋》，并以之为基本教材。《诗经》居于"六经"之首，是孔子非常重视"诗教"的体现。他说："小子何莫学乎《诗》？诗，可以兴，可以观，可以群，可以怨。迩之事父，远之事君。多识于鸟兽草木之名。"（《论语·阳货》）孔子的上述言论，后人称之为"兴观群怨"说，该学说指出了诗歌的 7 大教育作用，用今天的话翻译即：(1) 感发志趣；(2) 考见得失；(3) 教人团结和睦；(4) 陶冶性情，使人怨而不怒；(5) 孝顺父母；(6) 报效国家；(7) 增长百科知识。孔子还把诗歌学习看作提高外交能力的途径，他说："不学诗，无以言。"（《论语·季氏》）意思是，要学会说话、办外交，就要学诗。

---

① 周庆元. 承传与创新：语文教育改革的哲学思考[J]. 湖南教育，2006(2).

战国时代,出现了世界上最早的教学论著作——《学记》,比捷克大教育家夸美纽斯《大教学论》的问世,还要早1800多年。该著作言简意赅,提出了"教学相长"、善教善喻等著名的教学原则。什么是"善教善喻"呢?原文为:"道而弗牵,强而弗抑,开而弗达。道而弗牵则和,强而弗抑则易,开而弗达则思。和、易以思,可谓善喻也。"意思是:要疏导,而不要强迫;要激励,而不要压制;要开通其思路,但不径直告诉其结论。做到这三点,那么师生之间就关系和谐,学习就变成容易的事,学生也能形成独立思考的好习惯。"和""易""思"三者都做到了,就算"善喻""善教"了。由此可见,启发式教学、重视思维能力培养等都是我国源远流长的教育传统。

"以学生为主体"的思想在《学记》中也有明确表述,原文为:"必也,其听语乎。力不能问,然后语之。语之而不知,虽舍之可也。"意思是:为人师,一定要先听学生发言与质疑。只有当学生发现了问题而又凭一己之力解答不了时,教师才加以讲解;假如讲了还不明白,就不必再讲下去,留待以后再因势利导。

识字写字教学在中国古代一直受重视。课本方面,秦代的《仓颉篇》是丞相李斯作的;汉代的《凡将篇》作者是大文学家司马相如,《劝学篇》的作者是当时的一流学者蔡邕;南朝梁代的《千字文》是皇帝亲召周兴嗣编写的,这些识字写字课本大多具有集中识字、易学易记等诸多优点。《太公家教》是中唐到北宋初普遍流行的一本童蒙课本,是当时"一部格言谚语汇海"。如:"款客不贫,古今实语。""凡人不可貌相,海水不可斗量。"后来的蒙学书《增广贤文》沿用了《太公家教》的编写思路。

"三百千千"是《三字经》《百家姓》《千字文》《千家诗》这四部蒙学课本的统称。其中的《三字经》全书千余字,被誉为"袖里通鉴纲目""千古一奇书"。

《弟子规》是清朝中期以后流行最广、影响最大的三言课本,共1 080字,是对《论语》中"弟子入则孝,出则弟,谨而信,泛爱众而亲仁,行有余力,则以学文"这句话的通俗解说。在当时,比《三字经》还要受欢迎。其中解释"泛爱众而亲仁"时,说道:"凡是人,皆须爱,天同覆,地同载。""和而不同"的中华文化种子借助和谐悦耳的朗读与背诵在孩童的心中轻轻松松地传播并生根发芽。

《幼学琼林》也是清代出现的一本曾风靡全国的幼学用书。琼林,比喻美好如玉的书库。人们常说:"读了《增广》会说话,读了《幼学》会看书。"其中的"求士莫求全,毋以二卵弃干城之将;用人如用木,毋以寸朽弃连抱之材"可以看作对"治国理政"的大胸襟、大格局的启蒙。由此可见,中国古代的这些蒙学经典,能引起今天的我们多方面的思考,给今天的语文教育研究者带来多方面的启迪。

发蒙之后,就开始读书了。应该读哪些书?应该按怎样的顺序读这些书?《三字经》有清楚的表述:"为学者,必有初。小学终,至四书。……孝经通,四书熟,如六经,始可读。……经既明,方读子,撮其要,记其事。……经子通,读诸史,考世系,知终始。"

那么应该怎样读这些经典书籍呢?

南宋史学家、教育家吕祖谦在《古文关键》中提出了"读文四看法",即"第一看大概主张;第二看文势规模;第三看纲目关键;第四看警策句法"。

大才子、大文豪苏东坡认为:"书富如入海,百货皆有,人之精力,不能兼收尽取,但得其所欲求者耳。故愿学者每次作一意求之,勿生余念。又别作一次,求事迹、故实、典章、文物之类。亦如之,它皆仿此。此虽迂钝,而他日学成,八面受敌,与涉猎者不可同日而语也。"苏轼这一读书方法后世称之为"八面受敌"法。

朱熹的弟子们把朱熹要求的读书方法概括为"朱子读书六法":"曰循序渐进,曰熟读精思,曰虚心涵泳,曰切己体察,曰着紧用力,曰居敬持志。"

"循序渐进",指读书必须按照次序,逐步推进。"熟读精思"指读书既要读得熟,又要精于思考。"虚心涵泳"指读书时要虚怀若谷,反复咀嚼,不能穿凿附会。"切己体察"指读书穷理,当体之于身。就是说,读书穷理,要体现在自身的修养之上,要用切身的体会去读所有的书。"着紧用力"这一条指读书要抓紧时间,不能松垮。"居敬持志"这一条指读书要专静纯一,全神贯注,同时要有远大志向,不能瞎读书。所谓居敬,就是收放心,精神专一。朱子说:"收敛此心,这便是敬"。

曾国藩在《家书》中说:"读书之法,看、读、写、作四者不可缺一。"其中的"读"是"高声朗诵"的意思;"写"就是练毛笔字;"作"与今天的作文有区别,是指"读史书的同时作史论或作咏史诗"。

那中国古代是否有作文教育呢?有的。韩愈在《进学解》里,给作文树立了一个理想的标准,叫"闳中肆外"。"闳中"就是思想内容博大丰富,"肆外"就是语言表达汪洋恣肆。怎样做到"闳中"?在韩愈看来,这就要学儒家经典中的"道"。他谈自己学文的经验说:"行之乎仁义之途,游之乎《诗》《书》之源,无迷其途,无绝其源,终吾身而已矣"(《答李翊书》)。韩愈的这一写作思想上承孟子,下启叶燮、王国维,形成连绵不断的崇尚写作主体人格心灵塑造的中华写作文化精神。

二、现代语文教育概览

1904年,语文开始独立设科,对应课程有"读经讲经""中国文学"两门课程。

这一时期的"中国文学"课程开设的主要目的,用今天的话来说,就是"会写公务文书","浅显书信、记事、文法"是该课程的主要内容。1906年起统称"国文"。1920年北洋军阀政府通令全国,小学开设"国语",主要教白话文;中学开设"国文",仍然教文言文。在中国教育史上,这是现代文第一次进入语文教材,在语文教学中取得了合法地位。20世纪30年代,中学的"国文"里也编进了一些现代文,使现代文在语文教学中的地位逐步提高。随着现代文进入语文教材,也开始了对现代文教学的研究。但是,从严格意义上说,文言文是古人的书面语,白话文是今人的书面语,这时的"国文""国语"教学总体上仍是注重书面语。

1950年6月,"国文""国语"的学科名称被取消,代之以新建的学科名称——"语文"。叶圣陶在60年代回顾这一学科名称改变的往事时,曾进一步解释道:"平常说的话叫口头语言,写到纸面上叫书面语言。语就是口头语言,文就是书面语言。把口头语言和书面语言连在一起说,就叫语文。"他在当时统编的中学语文课本《编辑大意》中指出:"语文教学应该包括听、说、读、写四项,不可偏轻偏重。"

正如叶至善所指出的:"以'语文'取代先前的'国语'和'国文',应该说是一次划时代的实质性改革,决不能看作仅仅是名称的变动或统一。"

1956年—1958年,汉语与文学分科教学。1958年至今,学科名称为语文。

现代以来,语文教育改革与实验层出不穷,诞生了梁启超、黎锦熙、朱自清、叶圣陶、夏丏尊、斯霞、袁瑢、霍懋征等众多名家大师,限于篇幅,本节暂列下列5项成果,其他更多的精彩留待大家日后自行去发掘与领略。

(1)霍懋征老师的小学语文教育改革成果。霍老师认为语文教学是塑造人类灵魂最有力的工具;而解决"灵魂"问题,最关键的就是让孩子们多读书,读好书。于是她提出了"速度要快,数量要多,质量要高,负担要轻"的16字改革方针。第一个学期,教材里的文章只有24篇,而她却教了学生95篇优秀范文。学生的作业都在课堂上完成。三年实践后,全班的作文人人字迹工整,卷面干净,无错别字,全班平均成绩达到98.7分。

(2)黎锦熙先生提出的"预习""整理""练习""发展"四段法。"预习"段包括"指示目的,唤起学习动机"—"预备的指导"—"预习(并欣赏)"等步骤。"整理"段包括"学生问疑"—"教师试问"—"学生发表"等步骤。该讲读教学程序具有注重发挥学生学习主动性和积极性的突出特点。

(3)朱自清先生提出的语文教学四步教段:① 学生报告预习的结果;② 学生分析段意、篇意;③ 师生研究课文情思与文笔;④ 口试或笔试。

(4)20世纪80年代育才中学各门学科普遍施行的"读读、议议、练练、讲讲""八字教学法"。这是育才人奉献给我国基础教育改革的一笔宝贵财富。

"读读"是指在课堂上引导学生阅读教科书(不是指课前),让学生主动地从课本中吸取知识。"议议"指学生在读的过程中产生了疑难,教师因势利导,引导学生通过相互议论去寻求答案。"练练"指学生在联系中既动脑,又动手,又动口,基本上做到当堂理解、当堂消化、当堂巩固。"讲讲"指教师可以主动地在学生读之前或议之前,提出一些启发性的问题与思考性的题目,引导学生去读去议;在学生议论时,教师要有重点地到一两个组去听听,并对学生及时进行启发和点拨式的讲解;学生议论后教师要进行总结,总结要承前启后,要言不烦。总之,"讲"的作用在于对学生的引导、解惑和对教学的总结,而不是灌输。

(5) 20世纪90年代李白坚教授的"题型写作教学法"实验。该实验在国内引起很大反响。他上的第一堂小学作文课的题目是《猜硬币》。下面是他对这堂课的回忆:

我把从国外带回来的稀奇古怪的硬币给孩子们每人发一枚,请他们在稿纸上记录自己手上这枚硬币正、反面的图案、颜色、硬度、直径、厚度等。一边观察一边记录。这一写,就写了两三百字!

然后,我由大到小选出5枚硬币,将它们一一抛起来任其自由落地,让孩子们仔细记录从"老大"到"老五"落地时发出的声音,并且记录时要运用一个恰当的比喻。孩子们还真行。我至今记得,有个小姑娘把一枚"小弟弟"落地的声音比喻为"像两个小朋友在说悄悄话"。"多美的比喻啊!"我不禁赞叹起来。

等到听硬币落地声音的过程完毕,孩子们又写了近两百字。

这时我要求大家伏在课桌上,不许偷看。然后将五枚硬币打乱顺序抛起,让他们根据落地的声音判断抛出的是哪一枚硬币,并记录在案。最后,我再公布答案。然后再对照他们的猜测,请他们写这次"猜硬币"中对或者错的感想。

小朋友们几乎是在"耶!耶!"的欢呼声中结束了这两节作文课。他们平均写了六百多字,而且都是生动活泼的真情流露,没有丝毫的做作。

第二节 了解国际母语教育态势

本节对美国、英国、法国、德国和俄罗斯这五个国家的语文教育情况和教育改革经验做些粗浅的介绍。诸位可从此开始做更深入的研究,从而使自己的语文教育研究既有历史眼光,更具国际视野。

一、美国的语文教育

美国的语文教学是注重"实用"的。20世纪初,他们把报纸、杂志、各种单行本作为重要的教学资料,甚至把路标、图表、时间表、新闻栏目等都作为教材。他们强调培养实际有用的读书能力,教师以一定的生活需要为主题组织单元教学,进行听说读写的训练,简称"单元学习"。有人将它与学科单元相区分,称之为"生活单元"。

但是,美国的语文教学并没有放弃文学教育。1982年10月,"美国全国英语教师理事会"通过一份题为《英语的要素》的文件。该文件认为:"学习英语包括语言知识本身、作为基本的交际手段的语言应用的发展,以及对在文学中所表现出来的语言艺术的欣赏。"可见,文学教育仍是美国语文教育的重要一环。

美国中小学语文课程的名称在不同时期、不同地区、不同学校是不统一的。有的统称为"英语"或"语言",有的分称为"阅读""写作""文学"等,有的合称为"语言艺术"。"英语"课程内容包括语法、阅读、写字和作文等项。"语言艺术",内容一般包括阅读、书写、拼音、语言、文学、文艺创作等。"文学"包括美国文学、英国文学、世界文学、比较文学等。

二、英语的语文教育

英国语文教学注重戏剧表演活动。在小学,儿童们亲手制作木偶,演木偶戏;进入中学,首先是即席表演和朗读台词;到高年级,就排演剧本,主要是莎士比亚戏剧。在演剧中磨炼口头言语和发音、语调以及手势和姿态表情。英国教师们认为表演能够帮助儿童显示他们"想象力的潜在生活"。而且,在戏剧中表现愤怒、憎恶、恐惧、爱情和快乐的时候,不仅仅是流露学生潜在的感情,而且可以帮助他们在现实环境中更好地进行活动。

英国语文教学还注重"阅读与反应"的教学方法。这种教学方法强调学生的个人发展及学生的参与意识,要求学生在阅读与反应中感受、体验、理解人物的思想、性格和人际关系。如把小说改写成诗歌或戏剧,并组织、指导学生排演戏剧;从小说中某句关键的话展开一段情节;等等。如要求按《威尼斯商人》提供的情景编一期报纸,设想该报出版于当时的威尼斯,尽量模拟当时的口吻,把莎剧所表现的风土人情、社会风貌,尤其是主要剧情,都当作真人真事反映出来,形式可以有社论、短评、新闻报道、庭辩纪实、轶闻琐事、星象算命、插图漫画,甚至添字游戏等,并要求用电子计算机编辑排版。

在英国,有一种被称作"课桌上的研究"的语文考查方法也很有特点。"课桌上的研究"的考查目的是检测学生理解和应用语文的实际能力,方法是在考前48小时将材料发给学生,让考生搜寻资料,仔细研读,带着已经准备好或基本上准备好的答案到考场作答。这种考查方法能够真正考查出学生的语文能力而不会因为其他因素影响学生能力的正常发挥。同时,英国的语文教师可以参与对本校学生的考评,即便是大规模的考试,教师也可以参与对本校学生的考评而不用回避,因为人们普遍认为本校教师最了解自己的学生,对学生最有发言权,不让教师参与评阅不公平,也不利于检测学生的真实水平。

三、法国的语文教育

在法国人看来,阅读不仅是使学生获得学业成功的重要手段,还是学生认识世界和接受新信息的主要渠道。法国政府1990年为小学制定的新政策中,明确规定了各学习阶段有关阅读的不同目标:2至5岁阶段不要求儿童具体学习阅读,但要求儿童对语言文字产生敏感。5至8岁阶段是系统学习阅读的重要阶段,在该阶段末,要求学生初步学会,并对读物的含义有初步、直接和概括的了解。8至11岁阶段要求学生掌握三方面的阅读:各种文章的阅读,包括文学和诗歌;各门课程的学习和班级活动所必需的阅读;对各种资料的阅读,包括独立学习中对课外参考书、字典、卡片、语法书等工具书籍的阅读和使用。学生在该阶段结束时即小学毕业时,应当能够较全面地掌握阅读,并且培养起阅读的兴趣。在中学阶段,学生的阅读水平将提高到一个新的更高水平,它不仅要求学生掌握精读、泛读、速读、浏览等阅读方法,还要求学生进行评价性、批判性阅读。

为了切实提高小学生的阅读水平,培养阅读兴趣,法国国民教育部于1990年推出了一项全国性的小学生课外阅读计划,要求每所小学必须建立资料图书中心,必须为每个学生提供书籍,并配有专门的图书管理人员指导学生个人或小组的课外阅读。为此,国家和市镇政府均拨出专款用于装备小学的资料图书中心。政府还提倡每个班级建立班级图书馆,并鼓励学生充分利用家庭所在社区的市镇图书馆。另外,办校报既能激发学生的参与意识、创作热情,又是鼓励学生阅读和接受新信息的一种好方法。现在,越来越多的小学都办起了由学生自己投稿、编辑和出版的校报。

四、德国的语文教育

德国的语文教育也很有特色。在德国,小学的德文课与其他课程的关系最为密切。小学教学大纲规定,语文贯穿于每一节课中。语言的掌握不能依靠规定的课时,而应当充分利用所有有助于语言发展的情景、方式和方法。掌握语言是学习其他学科的基础。从这一意义上讲,所有学科对帮助学生掌握语言都负有义不容辞的责任。

1—2年级,语文课与常识、数学、图画和音乐课合上,由一位教师承担授课任务。上德语课时,教师用单词编成歌曲,用同一曲调反复轮唱,然后讲解新词和课文,当堂就所学的内容进行练习。图画课上,在学生们画了约半小时后,教师会读一篇童话。已画完的学生可专心听讲,未画完的学生可以边画边听。童话里的人物、花鸟和各种景物不仅能丰富孩子们作画时的想象力,还能启发他们和教师一起构思。在2—4年级的语文课堂上,教师有时会弹起吉他和孩子们一起放声歌唱,唱完了再继续学习。

五、俄罗斯的语文教育

俄罗斯的语文分为两个教学科目,"俄语"从1年级开到9年级,"语言和文学"则从1年级开到11年级。

俄罗斯在语文课程中辟有专门时间用于指导和交流课外阅读,称作课外阅读。他们课外阅读课的课型很多。有一种被称之为"现代诗评论课"的课外阅读课。课前,教师要求学生从所推荐的诗集中挑选二至三首诗,把它们编进该班级的"诗选",并说明自己挑选的理由。课堂上分五步展开教学过程:

第一步,教师讲述。讲述内容包括诗人生平、创作道路、风格、代表作及课前布置让学生阅读的诗集。

第二步,学生进行关于"诗选"的谈话。由学生逐个提出所选的诗并朗读(背诵或朗读),之后,解释选这首诗的理由。该步骤中,教师不断用提问的方式来鼓励和肯定发言者的意见,同时,针对学生没有涉及的内容予以多方启发、引导和开掘。

第三步,全班讨论,表明意见。

第四步,教师补充评论并纠正学生谈话中出现的片面化见解。教师的一般做法是,读一首诗,说说自己的意见,同时,援引评论家和读者的有关评价,讲解为何这首诗引起人们的注意,并指出这首诗之所以成为诗人艺术成就最高峰的原因。

第五步,进行总结并布置新的课外阅读任务。

第三节 基于教学岗位开展教学研究

培养研究型教师是社会发展的需要,也是世界教育发展的共同趋势。实践证明,只有进行语文教育研究的语文教师,他的语文教学工作才会不断进步、不断出新;只有进行教育科研的教师,他的语文教学才越来越精彩。

一、从自我困惑中找研究项目

确定研究课题,既是教育科研的起步环节,也是决定科研成果大小和研究成败的关键环节。所谓课题,就是研究项目的意思,也可以理解为研究的问题。关于课题选择,前人有不少经验,不妨学习并借鉴。

有的说,课题选择要坚持四条基本原则:(1)需要原则。选题要从最急需解决的问题入手。(2)创新原则。研究的目的是有所发现、有所前进,创新则是它的灵魂。(3)科学原则。选题只有符合教育科学的基本原理和基本规律,才能使研究有正确的方向和路线。(4)可能原则。选题要考虑到现实的可能性,顾及资料、经费、设备等客观条件,量力而行。

有的说,选题的窍门就是紧扣"三点":(1)热点,即当下最吸引眼球的问题。(2)难点,需要解决但长期悬置一直没被解决的问题。(3)创新点,使用新角度、新仪器设备或研究新内容,等等。

俗话说,教无止境。笔者从教三十多年,对语文教学尚存诸多困惑,新手教师初任教职,自我困惑更多。笔者认为,从自我困惑中找研究项目是一条不妨一试的策略。譬如,"学习范式""立德树人"都是当前的热词。那么,"学习范式"如何在小学语文教学中应用呢?"立德树人"语境下小学语文教学应该如何进行? 如果你对此困惑,就可以将之作为你研究的选题。当然,你是新手教师,按照上文提到的"可能原则",建议你先选择一个相对比较小的范围研究。譬如,"学习范式视域下新手教师阅读教学的问题与思考""立德树人语境下小学阅读教学的思考"。

小学语文教学涉及语文课本、语文课堂、语文活动、学生、教师自身等多个方面,这许多方面都可以成为选题的视点。其中,课堂教学是教师成长的基点,最值得关注。此外,教学中遇到的主要矛盾和必须解决的重要问题优先选择。

二、带着问题读经典论著、优质期刊与权威报纸，夯实理论平台

做研究工作，立点宜高。这就需要与多种经典论著与优质期刊对话。做小学语文教学研究，必须要懂方法，所以，裴娣娜的《教育研究方法导论》应该读读。做小学语文教学研究，不能偏离方向，国家教育部颁布的《义务教育语文课程标准》无疑是必须阅读的经典文献。好的课堂教学，必定建立在优质的教学设计的基础上，所以苏霍姆林斯基的《给教师的一百条建议》、加涅的《教学设计原理》、叶澜的《教育学》、叶圣陶的《文心》、张楚廷的《给教师的101条建议》等经典作品都需读读。

如果你研究的课题为"吕祖谦'读文四看法'与小学第三学段阅读教学"，那么，吕祖谦的《古文关键》中的相关章节是你必须阅读的原典。

如果你研究的课题为"语境在小学语文课文解读中的作用与启示"，那么，索振宇的《语用学教程》则是必须阅读的原典。

语文教师还应该经常阅读一些教育教学方面的期刊，如《教育研究》《课程·教材·教法》《人民教育》《语文建设》《语文学习》《语文教学通讯》《小学语文教学》等。报纸方面，如《人民日报》《光明日报》《中国教育报》等。如前所述，假如你的课题为"立德树人语境下小学阅读教学的思考"，那么，载于《人民日报》上的习近平主席的《青年要自觉践行社会主义核心价值观——在北京大学师生座谈会上的讲话》建议一读；载于《人民教育》上的田慧生的《深化育人方式改革 落实立德树人根本任务》也建议一读。

三、带着问题与课例对话

本文的观点是"基于教学岗位开展教学研究"，力求"教"与"研"一体化，研究的目的是解决我们自身教学工作中的困惑，提高自身小学语文教育教学的水平。所以，带着问题与课例对话就成了我们开展研究的重要策略。当代小学语文界有很多优秀小学语文教师，如斯霞、袁瑢、霍懋征、李吉林、贾志敏、于永正、王崧舟、李卫东，等等。这些优秀教师的课例都可反复观摩与研读。

在上文中我提到一个课题——"学习范式视域下新手教师阅读教学的问题与思考"。假如通过与经典理论对话，你取得了两大阶段性成果。其一，捕捉到了"学习范式"不同于传统"授受范式"的三大特点。其二，对"学习范式"视域下，以学习者为中心的阅读课堂应该具有的下列几大特点也有了清晰的认识：(1) 以发展学生的语感与语用能力作为语文课堂的教学宗旨。(2) 给足学习者与文本对话的时间，把发展语感、锻炼语用能力的主动权还给学生。

(3)给足学生充分交流与发表读后感受的时间……接下来,你要做的工作就是找寻课例。著名的特级教师王崧舟上过《孔子游春》一课,很有名,那么,在学习范式视域下,他这堂课还能成为经典吗?如果是新手教师上这一课会怎么教呢?他们上的课与王崧舟的这一课的本质差距在哪儿?改进方向在哪儿?

在上文中我还提到一个选题——"立德树人语境下小学阅读教学的思考"。假如通过与经典理论对话,你也取得了两大阶段性成果。其一,比较透彻地把握了"立德树人"这一概念的来龙去脉及其古今含义。其二,认识到立德树人语境下小学语文阅读教学不仅要树有"德"之人,还要树有"才"之人及有"审美情怀"之人。接下来,你要做的工作是要带着"立德树人语境下小学语文阅读课究竟应该怎么上"这一问题与《圆明园的毁灭》《慈母情深》《窃读记》《去年的树》《观潮》《鲸》等具体的课文与课例对话。

经过上述二重对话后,相信你已经形成了自己的行动策略。但行动策略只是我们关于实践的一种假设,还需要我们将其应用于教学实践中,并对其效果进行评估与检验。行动—反思—行动,直到问题最终解决。

第四节　语文教育方向毕业论文的写作

语文教育方向的毕业论文探讨的是关于语文课程与教学方面的问题。笔者认为毕业论文写作中比较关键的几个环节有:

一、定选题

选题质量是影响一篇毕业论文质量的首要因素。确定选题的原则有二。其一,有条件;其二,有意义。结合近几年笔者指导的几篇毕业论文做一具体说明。

(一)《小学语文第二学段朗读教学的现状及对策研究——基于对S小学的调研数据》

选题原因之一,课标要求第二学段学生"用普通话正确、流利、有感情地朗读课文"。

选题原因之二,该生普通话等级为一乙,对朗读多有研究,加之她教育实习的年级就是小学四年级,便于开展观察与调研活动。

(二)《〈弟子规〉进小学校园的思考与建议》

选题原因之一,通过语文教育弘扬中华优秀文化传统是课标的主要精神之一。

选题原因之二,该生实习的小学正在开展《弟子规》等经典诵读活动。

(三)《基于语境理论的小学习作教学策略探讨》

选题原因之一:该生在教育实习时批阅了好几次作文,还观摩了该校的几堂小学作文课,感觉小学习作教学必须有一个大的改革才可。

选题原因之二:受任课教师的影响,该生对语境理论有比较深入的了解。

二、确定研究方案并根据研究方案扎扎实实开展调研工作

正确的研究方案是有效研究的前提条件之一。选定题目后,接下来的一个步骤就是在指导老师的指导下制定切实可行的研究方案。

笔者给上述第一位同学的研究意见于下:

(1) 研读《义务教育语文课程标准(2011年版)》《叶圣陶语文教育论集》等参考文献,把握关于小学朗读教学的基本理论。

(2) 朗读的定义建议采用著名节目主持人陆澄先生的说法,将之归入"非艺术性朗诵"类。

(3) 调研方法方面,建议采用现场测量法、问卷调查法、课堂观察法、访谈法等多种方法。现场测量法从是否读正确并读得有感情两个方面施测。"读正确与否"的施测点包括"音准、归音清晰度、节奏";音准情况从"一、不、啊、上声相连、儿化音、轻声、句子助词、感叹词"等多个方面考察;材料用课文中的句子。"读得是否有感情"从"是否有表情、表情是否正确、语调是否丰富"等四个方面考察。

(4) 根据问题产生的原因逐一提出建议。

(5) 按"一、研究设计;二、调研结果与分析;三、研究结论与建议"这一框架行文。"研究设计"部分要求逐一说清楚各种调研方法的使用缘由及其具体操作方案。"调研结果与分析"部分要求按"调研结果"与"产生原因"两部分展开。"调研结果"从被测学生是否读正确并读得有感情两个方面分开说明,最后做出一个总体上的质性评价。"产生原因"从教师自身是否具有朗读示范能力(即教师自身是否能读正确并有感情,用课堂观察法结合案例说

明)、教师是否具有较强的朗读指导能力(从朗读目的是否正确并多样有层次、是否有朗读指导、朗读指导是否正确)、朗读后是否有评价、评价关注点是否正确等四个方面找原因。

笔者给上述第二位同学的研究意见于下：

(1) 研读《弟子规》及《21世纪学生发展核心素养研究》等参考文献，探讨《弟子规》于当代小学教育的多重价值及指导当代小学生学习《弟子规》的有效策略。

(2) 按"一、《弟子规》的历史溯源；二、《弟子规》于当代小学教育的多重价值；三、指导当代小学生学习《弟子规》的建议"这一框架行文。

笔者给上述第三位同学研究意见于下：

(1) 研读《义务教育语文课程标准(2011年版)》《小学语文课设计要诀》等参考文献，把握关于小学习作教学的目标要求，依据索振宇《语用学教程》把握语境理论。

(2) 基于小学习作教学目标要求，依据语境理论考察小学习作教学现状并预测其不良影响。

(3) 依据语境理论针对小学习作教学存在问题探讨提高小学习作教学效率的策略，并确保"对策"与"问题"之间对应清晰。

三、拟初稿、成定稿、编辑打印并准备论文答辩

无论是研究阶段还是写作阶段，指导老师都会"在场"或"在线"指导。写作者只要虚心学习、勤于钻研，完成毕业论文也不是很难。

(一) 拟定标题

论文标题有论题式标题、论点式标题、论题与论点结合的标题三大类型。

(1) 论题式标题。该类标题对文章的内容范围进行了限定。如：《略论部编本小学语文教材习作编排的特点》《基于部编本小学语文教材的考试评价研究》《小学语文作文教学仿写训练探析》《基于部编小学语文教材的汉字教育探究》《小学语文部首教学现状与问题》等。学术型教育论文的标题，大多是论题式标题。

(2) 论点式标题，即把文章中的中心论点概括出来作为标题。如《要重视语文学科的交际性》《作文评分要注重实效》《作文评改也要树立科学发展观》等。

(3) 论题与论点结合的标题一般为正副双标题。正标题为论点式标

题,副标题为论题式,点明研究内容、研究对象或研究目的,这样,论点和论题都在标题中体现。如:《合宜的教学内容是一堂好课的最低标准——以〈竹影〉的教学为例》《朗读就是理解,朗读更是发现——以〈林冲棒打洪教头〉教学为例》。

上引标题中有的包含"略论""研究""探析""探究"一类词,这类词被称为标题特征词。标题特征词要与研究的范围和深度相一致,不能胡乱使用。文章的理论性较强、篇幅较长,对问题研究较深入,就用特征词"论"。如果篇幅较短,问题阐述不是很细,说理不是十分全面,论据材料也不是很翔实,只能用特征词"略论"或"简论"。

标题用特征词"研究"的文章主要有三类:一是作者对教育教学某一问题做了深入的研究,论文的材料也很翔实,论文的理论性也很强,篇幅也较大,即为实实在在的花功夫较大的课题研究的成果表达;二是作者进行了实验、实践的探索,取得了较好的效果,即为实验、实践成果的表达;三是作者将两个或两个以上相似的问题进行分析比较,即为比较研究的成果表达。

新颖的标题对编辑、对读者都会有吸引力。如果文章是从新角度去分析"老问题",建议直接将新角度嵌入标题,如《基于语境理论的小学认字学词策略探讨》。

(二) 搭好行文框架

合理的行文框架是毕业论文质量的保障。所以,有经验的写作者不惜在谋篇布局方面反复斟酌。下面是笔者指导的几篇毕业论文的框架,供大家参考。

1.《小学语文第二学段朗读教学的现状及对策研究——基于对S小学的调研数据》

该文的基本框架为:"一、研究设计;二、现场测量结果与分析;三、思考与建议"。调研方法方面,采用现场测量法、课堂观察法、访谈法这三种方法。所以,"研究设计"部分,便以"方法"为纵线组织材料。而对"现场测量法"则从测量对象、测量材料、施测点、等级认定标准、施测员五个方面一一说明。

2.《〈弟子规〉进小学校园的思考与建议》

该文的基本框架为:"一、《弟子规》的历史溯源;二、《弟子规》于当代小学教育的多重价值;三、《弟子规》进小学校园的构想"。采用的是纵向递进式结构,层层深入,具有比较强的思辨性。

3.《立德树人语境下小学语文阅读教学的思考》

该文的基本框架为:"一、立德树人的内涵;二、立德树人语境下小学语文阅读教学的任务;三、阅读教学的现状;四、优化对策"。采用的也是纵向递进式结构。论文立点高,概念清楚,还使用了实证方法,内容充实,思辨性相当强。

4.《基于语境理论的小学习作教学策略探讨》

该文采用的是一种思辨性比较强的行文框架:"一、小学习作现状分析;二、以语境理论指导小学习作教学的可行性分析;三、对策"。

(三) 写好摘要

时间上通常正文先写,"摘要"后写。但是,位置上,"摘要"却是"后来居上"者。内容上,摘要主要是说明研究工作的目的、方法、结果和结论。可以以问题提出的背景或原文论证要依赖的理论作为引语。一般使用第三人称,字数200字以内。

以下是笔者指导的两篇毕业论文的《摘要》,供大家参考。

1.《学习范式视域下新手教师阅读教学的问题与思考》一文的摘要

依据学习范式理论,使用课堂观察法和对比研究法对新手教师与知名特级教师的阅读教学情况进行比较研究。在找准新手教师阅读教学存在的问题的基础上,提出三条改进建议:(1)依据课程标准与学情确定探究问题;(2)给足学生自主与文本对话时间,以读为本;(3)组织时间宽裕的读后交流活动,在多元互动中综合发展语文能力。

2.《〈弟子规〉进小学校园的思考与建议》一文的摘要

《弟子规》是一部成书于清朝并广为流传的儿童启蒙读物,拥有"童蒙养正宝典"之称誉。其对当今小学教育仍具有"以孝悌之德立身""以谨信之规处事""以知行合一之势学文"以及"认字学词,为尽早阅读夯实基础"等多重价值。建议小学校园积极开发《弟子规》校本课程,开展《弟子规》诵读活动,课上课下双轨并行践行《弟子规》,并于小学校园内形成学习《弟子规》的小气候。

答辩是检查和评估毕业论文质量的重要手段。高质量的毕业论文既是扎实研究的结果,也是写后从内容到形式反复打磨的结果。为顺利通过论文答辩,毕业生还应该了解答辩程序,预想可能被问及的问题,并为自己的论点准备方方面面的辩护词。

请你从下列题目中任选一题开展文献研究,并将研究结果整理成书面稿。你的研究结果很可能成为你今后的教学设计的指南针。(提示:在查阅纸质资料的同时,别忘了利用中国知网、万方数字化期刊数据库及一站式文献检索平台——超星系统等)

➢ 一、国外语境理论研究情况综述。

➢ 二、"立德树人"概念内涵考证。

➢ 三、学习范式的特点。

➢ 四、结合小学文本谈一谈你理解的对话式教学。(2018年教师资格证考试面试题)

各章习题解析

第一章 习题解析

练习题一 分析与解答

语文课程性质的理解是语文教学中首要思考的问题。因为,有什么样的课程理解,就会有什么样的教学理念和行为。语文课程是重"语言理解"还是重"语言运用"还是两者并重？既是一个教育思想问题,也是一个价值取向的问题。"语言理解"是一元化思想的时代要求,"语言运用"是多元化思想的社会需要。语文课程曾有过"思想性""人文性""工具性""民族性"等多样性的理解,而概括其"基本属性",既有着社会意识的理解,也有着统一口径的需要。关键是语文教师如何将"课程性质"落实到实践教学,这才是主要问题。由此来解答问题如下：

(1) 对于"运用祖国语言文字"的理解：

课标以"学会运用祖国语言文字"取代"正确理解和运用祖国的语言文字",来统一语文课程性质的认识,避免了长期以来语文课程学习在"理解"或"运用"中争论。传统的教学,我国中小学语文教材多采用"以阅读为中心"的编写思路,"理解"成为重点。新课改以来,语文教材转向以"语言学习""语言能力"为主题,强调"听、说、读、写"的运用,而不仅仅是理解。语文教学的实际也是如此：会运用了总是理解了,理解了却不一定会运用,运用语言文字才是语文课程教学的根本。

此外,"学会运用祖国语言文字"带给语文教学的启发是：教师要将学生"听、说、读、写"方面的"会运用"作为教学目标,而不能仅仅把"理解"当作教学任务。"运用"比"理解"更重要,体现了社会生活对语文课程教学的要求。

(2) 关于"工具性与人文性的统一,是语文课程的基本特点"的理解：

工具性：反映了语文本身是表情达意、思维交际的工具,它着眼于语文课程培养学生语言运用能力的实用功能和课程的实践性特点,它既是学好其他学科的工具,还是承载着人类生存的思想、情感的工具。

人文性:指语文不仅负载、传承文化,传达社会价值观,而且它本身就是一种文化。语文教学中,不可放弃语文课程对学生思想情感、价值观的熏陶。

但语文的"工具性"与"人文性"是一体两面、有机统一的,而不是两点相加,落实到语文教学中的表现应该是:运用语言文字(工具)时总要呈现一定的情感思想(人文),感悟某种思想情感(人文)时也要联系体会言语形式(工具)的运用。

练习题二 分析与解答

本题主要是考查对新教育理念的理解。教育理念在世纪之交有着颠覆性的转变,教育已不再是"一桶水注满一桶水",而是"一把火点燃另一把火",不再是"灌输",而是"唤醒"。在这种理念下,传统"师道尊严"的师生观发生了重大变化,教师已不再囿于"师者,传道授业解惑"角色,而成为教学活动中的组织者、引导者、促进者;学生也不再是被动的接受者,而是学习的主动者、求知的发现者和探索者。教育要促成师生之间构建民主平等和谐的合作关系,教学是"以学生为中心""学生为主体、教师为主导""教师是平等者中的首席"。于是,在这种教育理念下,教学必然就是师生平等的"对话"。

但是,教学"对话"已不只是狭义上的师生之间语言的交际,而是指教学中师生双方的"互动",它既是一种教学理念,也是一种教学方式。它包含两方面的含义:第一,体现了一种民主化的教学。指课堂教学中师生之间相互交流知识信息的权利是平等的,体现出师生双方共同参与的一个学习过程。第二,体现了一种全新的教学方式。传统教学中教师单向的"灌输"和"标准答案"的方式已经过时,学生拥有怀疑文本和他人(包括教师)主张的权利,学生认知中的个性理解要得到尊重。

练习题三 分析与解答

对语文课程理念的理解,曾经走过不少弯路,语文是"教知识"还是"教能力",是"学深度"还是"学方法",本不是困惑的问题,却被"标准答案""灌输知识"逼进死胡同。新课程改革确立"以生为本""能力比知识更重要""方法比知识更有价值"等教育理念,从而落实"教是为了不教"的课程形态。在此背景下,课标提出了语文课程的基本理念:

(1) 全面提高学生的语文素养。

(2) 正确把握语文教育的特点。

(3) 积极倡导自主、合作、探究的学习方式。

(4) 努力建设开放而有活力的语文课程。

关于"语文素养",是要求使学生获得基本的语文素养,不是全部的语文素养。相比语文核心素养(语言的建构和运用、思维的发展和提升、审美的鉴赏和创造、文化的理解和传承),语文的基本素养可概括为:必要的语文知识、丰富的语言积累、熟练的语言技能、良好的个性思维、深厚的文化底蕴、健全的精神品格等。

关于"语文教育的特点":一是丰富的人文内涵,熏陶感染作用,学生的独特体验。二是语文课程是实践性课程,以实践能力为培养目标,以语文实践为培养途径。三是强调遵循汉字、汉语的自身规律,重视培养学生良好的语感和整体把握的能力。

关于"自主、合作、探究的学习方式":"体现自主性"指语文学习要体现学生个性化行为,要改变学生的学习方式,由被动接受学习转向自主学习,帮助学生提高学习自觉性,掌握学习方法,养成良好的学习习惯。"体现合作性"指自主学习是基础,合作学习是手段,既要保护学生的好奇心、求知欲,鼓励自主阅读、自由表达,激发问题意识和进取精神;又要让每一个学生在群体合作、交流、对话中承担责任,相互支持、相互配合,遇到问题能协商解决。"体现探究性"指倡导合作探究学习理念,引导学生自己发现问题、探索解决问题的方法,获得理智发展和深层次的情感体验。

关于"建设开放而有活力的语文课程",包含以下几点理解:

(1) 学科综合:沟通学科间的联系,注重语文与生活的联系。

(2) 实践教学:积极开发和利用课程资源,课内外学用结合。

(3) 创新思维:吸收新思路新观念,运用新技术新方法。

(4) 适应差异:满足不同地区、不同学校和不同学生的需求。

练习题四 分析与解答

所谓教材分析,就是将教材先分解,认识它的各个部分或层次的实质,乃至整个教材的实质,然后通过综合分析,获得对教材的整体认识。因此教材分析多遵循"整体—部分—整体"的思维路线,即从教材内容和结构的整体出发,分解并分析教材各个部分的编辑意图,然后再回到整体上来,从而获得一个有学理的教学思路。这种思路,是教学设计的原则,也是方法。由此,**教材分析的思路一般为**:(1) 教材内容分析(包含把握知识要点、知识重点、知识特点,判断知识难点、教育渗透点)。(2) 教材结构分析(教材系统构成分析、知识的基本结构分析)。(3) 教材功用分析(领会编者意图、教材使用条件分析)等。

教材分析是确定教学目标、教学重难点的依据,是寻求适合教学方法的理据,它一般有学段教材分析、单元教材分析和单篇教材分析,本案属于单篇教材分析,按照上面的思路,本题可进行以下教材分析:

人教版小学语文六年级上册第二单元编排了《詹天佑》《怀念母亲》《彩色的翅膀》《中华少年》四篇文章,本单元的学习要点为:"随着本组课文的学习,去感受中华儿女的爱国情怀。"本文《詹天佑》记叙了詹天佑一生中最重要的事迹——主持修筑"第一条完全由我国的工程技术人员设计施工的铁路干线"京张铁路,刻画了一位杰出的爱国工程师形象。人物的"杰出""爱国"形象应该是本文的学习重点,这在开篇第一句"詹天佑是我国杰出的爱国工程师"中就点出了文眼和脉络。后文在刻画詹天佑的形象时,紧扣"修路"一中心事件,是以"杰出"为经、"爱国"为纬来组织内容,突出"克服困难"的多个细节,字里行间流露着对中国人民智慧的赞誉之情。

教学中可能还要考虑一个要素,由于文中涉及的事件距今时久,学生对当时的社会环境可能不熟悉,绝大多数学生可能对居庸关、八达岭一带的地形不了解,只借文字去想象可能还感受不到詹天佑的建设"困难"。因此,教学时需要适当拓展史料,运用多媒体图片呈现,引导学生理解内容,进而产生对詹天佑的敬佩之情。

练习题五 分析与解答

现代教学论已有一致的认识:任何内容和形式的教学都是基于一定学情的教学。这从另一个角度也看出,不考虑学情的教学都是一种盲目的教学。但多数教师对"学情"容易理解却不知从何处把握和分析,以致不对路的分析大有人在,最典型的不准确的"学情"表述有:"教育学心理学认为……当前的小学生有以下特点:长处+短处=集中表现为……""我校属于城市中学或农村中学或完全中学,我校学生的心理:长处+短处=集中表现为……"。这样的学情分析可谓"论之有道,使之无用",因为它是"主观定性""先入为主"的分析,笼统地套用了"放之四海而皆准"的理论帽子,是"指定的""臆断的"学情分析,对具体的教学个例没有指导价值。

具体的、科学的"学情"要关注两点:学生现有的认知水平和需要提升的知识需求。它的针对性指向应该包含:了解学生的已知和未知、推测学生的应知,指导学生的需知,期望达到的目标。因此,一个严密规范的"学情分析"表述应包含四个要素:调查方式、学生状态、引导方法、追求目标。

基于此,《牧场之国》设计如下学情分析:

本学期授课的四年级学生都是城市的孩子,在学习本单元"田园风光"的一组课文前,曾经学习过《荷叶圆圆》《夏夜多美》(一年级)、《秋天》《三只白鹤》(二年级)、《白鹅》《猫》《母鸡》(四年级)等类似课文,感受到城市的孩子们对农村田园风景有着强烈的兴趣和好奇。前文《乡下人家》学习之后,再来学习这《牧场之国》,孩子们的眼光由家乡田野转向国外风光,调查发现不少学生早已自读了该课文。四年级的学生,识字、认词已不是困难,通过之前的学习状况了解,这些学生自己看课文已没有字面内容理解的困难,但孩子们从之前《白鹅》《猫》《母鸡》等课文学习,转向《乡下人家》中"瓜""果""花""鸡""河""鸟""纺织娘"等内容学习,从"单一内容"走向"复杂内容","条理顺序安排"和"变式语句表达"可能是他们容易忽视的,因此,推测《牧场之国》中牧场之"复杂"要素同样是孩子们学习的难处。为有效引导学生了解"田园风光"的"异国"特性,本文教学可先放手让学生自己品读:认读字词——牧场要素(白天:牛马羊群;夜晚:沉默挤奶、运河沉静),在自读基础上,重点组织引导学生交流"荷兰印象",品味文中牛马羊群描写与人物活动的关系,体会这些动物与荷兰人民生活之间的联系,以感受人与自然的和谐统一之美。

　　分析: 以上案例的"学情分析"指向明确,通过什么方式了解,学生已有的状态和应该要学习的内容,都是具体的、明确的,而不是泛化、笼统的,在此基础上,选择的教学方法才显得有针对性。

练习题六 分析与解答

　　1. 问题一解析:有针对性的学情分析应该包含的内容为:了解学生的已知和未知、推测学生的应知、预设相应的方法、期望达到的目标(可作为教学目标)。也可以理解为四个要素:调查方式、学生状态、引导方法、追求目标(可作为教学目标)。

　　2. 问题二解析:说明"学情分析"要紧扣"学情",学生不同、教学环境不同,则会有不同的"学情"考虑,"学情分析"的本质其实就是为了因材施教。

练习题七 分析与解答

　　本题考查教师对"课程评价"的理解,"课程评价"的改革是新课程改革中根本性的改革,改变了传统教学中"目中无人"的武断性、终结性评价,取而代之的是"眼中有学生"的诊断性、激励性评价,由此,此题需要从新的评价观来解答。

第1小题解答:

　　刘老师对学生课堂表现的评价表现在以下几方面:

第一,做到教学评价的客观性,能让学生感觉到教师的评价是为了改进而不只是甄别。

第二,做到教学评价的针对性,教师评价的指向非常具体,让学生明确自己应该努力改进的方向。

第三,做到教学评价的激励性,刘老师的评价始终是充分肯定、及时表扬,帮助学生树立自信心,调动了学生的积极性。

第2小题解答:

"新课改"倡导的评价理念为:

一是倡导激励性评价和发展性评价。即在教学活动过程中,教师对学生的行为做出及时、积极的反馈,以调动学生的积极性,促进教学工作顺利完成。

二是评价目的是促进发展。评价不是为了甄别,更不是为了否定,而是为了提高。

三是评价内容综合化。不是为了某一结果而评价,而为全面素质的提高而评价。

四是评价方式多样化。定性和定量相结合的评价。

五是评价主体多元化。形成性评价和终结性评价有机结合,更注重过程评价,即教师、学生、家长、管理者共同参与的、交互作用的评价。

练习题八 分析与解答

第1小题解答:

《给予是快乐的》是人教版四年级上册"人间真情"专题中的一篇略读课文。本文以"一波三折设悬念"的写作手法叙述了一个感人的故事:圣诞前夜,保罗获得哥哥赠送的一辆新车,遇到一个小男孩在欣赏并问他的车,保罗以为男孩羡慕他有这样的哥哥,不料男孩却说希望能做这样的哥哥。当男孩希望保罗带他回家时,保罗又以为男孩好面子,可男孩竟然背着残疾的弟弟来到车前,说将来也要送一辆车给弟弟,保罗的心灵受到强烈的震撼,他深深体会到"给予是快乐的"。文中用"以为""理解"来刻画保罗的心理,以达到"一波三折"的叙述效果,表达了高尚的与人为乐的奉献精神。

本文之后再增加一个"阅读链接"《给,永远比拿愉快》,前篇是物质的给予,后篇是精神的给予。教材的编辑目的:给予他人,无论是物质还是精神,给,永远比拿快乐。

分析:解读课文是教材分析的主要环节之一,只有准确、深入地解读课文,才能正确地确立"教什么"(教学目标),以进一步确立"怎么教"。从解读课文的意义看,解读课文是"备教材"的起点又是终点。

第2小题解答:

依据写作特点和编辑意图,确立如下教学目标和重难点:

1. 学会本课生字,理解"圣诞节""饶有兴趣""富裕""羡慕""神气"等词语的意思。

2. 正确、流利、有感情地朗读课文,字里行间感受小男孩美好的心灵。

3. 了解"一波三折设悬念"的写作特点,体会心理描写对形成文章情节波折的作用。

教学重点:了解"一波三折设悬念"的写作特点,体会这样写的表达效果。

教学难点:能从人物的言语和行为中体会"给予是快乐的"的心理,懂得从小树立助人为乐、无私奉献的高尚情操。

分析: 本文写作很有特点——"一波三折设悬念",理解了这种写法的作用,也便容易理解"与人为乐"的主题,因此将"一波三折设悬念"作为教学点来看待。而将"给予是快乐的"作为难点,是出于现在的孩子多"以自我为中心"的现状,让他们理解"给予是愉快的"未必是每个孩子的现实体验,需要慢慢理解和体验。

第3小题解答:

谈话导入(参考)

1. 同学们,生活中能够让人感到快乐的事情很多,其中,有一种让人感到快乐是很特别的,你们能说出这种特别的方式吗?

2. 揭题:《给予是快乐的》(正音:给予 jǐ yǔ 理解词义)。

分析: 导入既要讲究简洁,也要注重与所学内容的联系,这种谈话导入,设置了悬念,与文章的写法相照应,引发了学生的思考,能吸引学生的注意力。

第二章 习题解析

练习题一 分析与解答

第1小题解答:

(1) 通过自主学习并借助工具书,认读"恨、漠、忱、炭"等10个字,会写"丑、饥、温、贫"等8个字。

(2) 通过有感情的朗读课文,合作学习,判断和理解反义词,提高判断能力。

(3) 通过小组讨论,感受到语言文字的魅力,体会到学习语文的乐趣。

分析: 依据给定的教材内容以及编写意图,这节课的内容是"识字";依据二年级的学情,"识字"依然是该年段的学习重点,由此,确定"认读""会写"的教学目标。

第2小题解答:

(1)"饥"是左右结构形声字,左偏旁是"饥"的意,右偏旁是"饥"的声。

(2)"贫"是上下结构,会意兼形声。"贝"指钱币、财富,"分"为"一分为二"。"分"与"贝"结合表示"钱财从一家转移到多家"。

分析: 汉字属于象形文字,字的结构与意义有着内在的字理联系。因此,根据汉字的外形、造字的字理来分析"饥""贫"的结构特点对认字有帮助。

第3小题解答:

通过观察,小学生写"暖"字易产生的错误有两方面:一是易把偏旁"日"写成"目"字旁,二是易把右部分写为"爱"字。产生这样错误的原因有:

(1) 儿童知觉的一个重要特征是观察事物笼统不精确。

(2) 小学生注意力不集中。

(3) 没有及时复习,对于生字关键部分的掌握不够仔细认真。

针对以上原因,设计以下写字教学过程:

1. 齐读"暖"字并分析字的结构

教师启问:开动眼力,看一看,这"暖"字是左右结构还是上下结构?

左右结构。进一步提示:偏旁部首比较窄,右半边比较宽。通过田字格中的板书,让大家直观认识。

2. 认识字的部首及笔画

通过对字意的解释,进一步认识"暖"字。教师启问:"大家想一想,什么时候你会觉得暖和啊?"

讨论、总结:太阳晒就会感到暖和,加深对"日"字旁的认识。

找两位同学上讲台,一个同学写"暖"字右半部分,另一位同学写"爱"字,然后让全班同学找出两者的不同之处。直观了解"暖"字笔画。

3. 空中书写笔顺

教师先在黑板上示范写,然后带领大家空中书写"暖"字。

分析: 本题重点考查"写字"教学的策略方法,当然,即使"写字"是教学重点,但还是与"识字"相关联的,它应该是在"识字"基础上的"写字"。所以,教学设计中,先齐读"暖字",这是为了先认识这个字,为后面的"写字"做铺垫。重点进行"写字"教学时,对于小学生来说,了解字的结构是关键,是写好字的起步,于是,后续的教学过程,从字的结构到示范写字,再到字的部首、笔顺的了解,这都是切合汉字学理循序渐进的教学。

练习题二 分析与解答

第1小题解答:

根据课标的要求,教师应从如下几点开展识字教学:

(1) 识字写字是第一学段的教学重点,是阅读和写作的基础。对识字与写字的要求应有所不同,要贯彻多认少写的识字教学原则,讲究教学方法,以减轻学生负担。

(2) 识字教学要将儿童熟识的语言因素作为主要材料,同时充分利用儿童的生活经验,引导学生利用课外各种机会主动识字,力求识用结合。

(3) 要运用多种识字教学方法和形象直观的教学手段,创设丰富多彩的教学情境,提高识字教学效率。

(4) 写字教学要重视对学生写字姿势的指导,引导学生掌握基本的书写技能,养成良好的书写习惯。

(5) 汉语拼音教学尽可能具有趣味性,宜以活动和游戏为主,与学说普通话、识字教学相结合。

分析: 一年级的学习内容,"识字写字"自然是教学重点,对于"识字写字"教学"主要教什么""如何教",课标里有明确规定,教师需要熟悉"课标"中的规定,以便确立"教什么",而具体的方法可以在教学过程中各显身手。

第2小题解答:

(1) 认识"万、复、苏、柳、歌、舞"等13个生字,会写"万、丁、冬、百、齐"5个生字,能用普通话准确流利地朗读课文,积累有关春天的词汇。

(2) 通过相互谈话的方式,培养学生的观察能力、语言表达能力以及审美能力。

(3) 感受春天的色彩,体会春天的美丽,培养学生热爱大自然的良好品德。

分析: 本题突出了"一年级"学段,确立教学目标则要考虑这个学段的学情,"识字写字""说话""观察""感受描述语言"自然成为这个学段的知识和过程学习目标;这学段的学生的情感价值观目标也自然在于"感受、体会和热爱"大自然的美。

第3小题解答:

一、谜语导入、激发兴趣

师:口述字谜"三人太阳下面游玩(打一字)"。

学生猜测,教师随机揭谜底,课件出示"春"字。

师:看到这个字,你想到了什么?给学生时间发言。小朋友们,我们知道一年有四季:春夏秋冬,我认为其中最美的要算春天啦,那么就让我们一起走进美丽的春天吧!

(播放课件:春天的音乐和图片,最后一幅用课文的插图)

二、看图感受春天的美,并认词识字

1. 看图识字并朗读词语

(1)师:请小朋友用"春天到了"作为开头,把你看到的、听到的告诉大家。教师根据学生说话内容随机引出词语,读词语。如:学生说到有关燕子的,就引出"莺歌燕舞";说到花开,引出"百花齐放";说到草绿,引出"春回大地";教师出示"百鸟争鸣"让学生说说,读这个词的时候,你好像看到了什么,听到了什么?教师指导轻读"泉水丁冬"……

(2)师:你还知道哪些描写春天的词语?鼓励学生从课外书上收集描写春天的词语。

(3)引导学生读一读收集的词语,记下来。

2. 学习生字

学习其中的13个生字(课件)。

(1)音难字:自由读读这些字,请小朋友提出难读的字。交流,提醒小朋友注意读音;教师点拨、示范。

(2)形难字:从字形看,你觉得哪些字笔画多、很难记?

① 学生提出形难字。引导学生记"舞""柳"。(用示范动作记"舞",像一个在跳舞的人,最长的一横像伸展的手臂,下面的横撇像抬起的右脚,最后一竖像站立的左脚;简笔画理解"柳",随机扩词:柳树、柳枝、柳叶)

② 学生分小组讨论记忆其他字的方法。

③ 师生交流:你用什么方法记住了其中的哪个字?

(3)去掉生字的注音,打乱顺序读生字。

三、书写生字

学生读小标题:我能写好这些字。(万、丁、百、齐、冬)

(1)读一读,口头组词。

(2)观察这些字在田字格中的占位,启问:每个字的哪些笔画最关键?

(3)教师范写,学生评价。

(4)学生独立书写这些汉字,教师巡视指导。

(5)展示、评价。(视频展示)

四、布置作业,课堂小结

（1）学生课后重温课上所学词语、生字。
（2）生字扩充练习。

分析:"识字写字"是小学低年段语文教学的重点,但"识字写字"教学都不是孤立地"识字"再"写字"的,"识字"总是要结合一定的内容背景的理解性记忆,学生才会有识记的效果。同时,"识字"总是要和"写字"联系在一起,学生的识记才会深刻,这也是语文"工具性和人文性的统一"在识字教学中的体现。

练习题三 分析与解答

拼音教学是一年级入学的学习重点,新编教材中的拼音安排在识字之后,这主要是尊重儿童学习的习得规律,先认字,再学拼音,降低学习难度,也符合儿童的认知规律。那么,拼音教学教什么？认读、外形、书写是拼音的主要教学内容也是主要教学方法,读音是基础,外形是保证,书写是规范,依此思路,做如下教学设计。

【教学目标】
1. 学会 a、o、e 三个单韵母,读准音,认清形。
2. 认识声调符号,掌握 a、o、e 的四个声调,能直接读出带声调韵母的音。
3. 学习使用四线格,正确书写。

【教学重点】学会三个单韵母的读音,掌握字母的形,能正确书写字母。

【教学难点】能读出单韵母的四个声调。

【教学过程】

一、激趣导入

小朋友,前面大家认识了不少生字,在认读的过程中有没有想到字的读音是怎么标记的呢？那么,今天我们开始来学习一个新东西——汉语拼音。

有了它(拼音),以后我们就不担心遇到生字了。这节课我们先认识3个拼音字母朋友"a o e"。

二、学习"a o e"

1. 认图画中的 a

问:你们在医生检查口腔的时候说过"啊"吗？会发什么声音？

教师范读 a 的读音,学生跟读、练读。

引导掌握 a 的形状,问:图片上小女孩梳着小辫子的头型是什么样子？比较一下与 a 的相似度。

引导学儿歌:圆圆的脸蛋带尾巴,张开大嘴"a a a"。

2. 认图画中的 o

观察课本图画上鸡叫的符号,试一下发出的声音:"窝窝",发音时嘴角隆圆,大小适中,舌头向后缩,舌面后部隆起。

教师范读、学生跟读、练读。

引导注意鸡叫的图形,比较一下与 o 的相似度。

引导学儿歌:雄鸡站立水塘边,伸颈长叫"ooo"。

3. 认图画中的 e

观察课本图画水面上"鹅"的外形和读音。试着发一下 e 的声音,平读发音时把嘴角向两边裂开。

教师范读、学生跟读、练读。

引导注意"鹅"与 e 的外形比较。

三、书写"a o e"

1. 认识汉语拼音的四线三格

```
              第一线
    上格
              第二线
    中格
              第三线
    下格
              第四线
```

2. 看一看,比较拼音字母"a、o、e"各占什么格?

a o e

3. 引导学生占格书写字母

教师示范,看教师书写的顺序。

学生自己练习书写,教师巡视指导。

四、结合图画,学习声调

作为教学难点,教师示范领读,学生练习。

下一节课,结合汉字进行不同调音练习。

【板书设计】

1. a o e

a

o

e

分析: 拼音教学中的认读、外形、书写三个学习重点,虽然都是陈述性知识,学习中也不需要运用创新,但对于刚入学的一年级孩子来说,能够准确识记也不是一件容易的事情,辨别差错、排除相似干扰成为主要教学内容。因此,识记方法自然成了教学的重点。在认读、外形、书写三大方向的学习内容确定的情况下,充分利用直观的图片以引发儿童学习兴趣,加之以模声,然后通过示范书写的引导,让拼音中该"教"的、该"学"的都做到了。

第三章 习题解析

练习题一 分析与解答

本文是根据小说节选改编,小说一般凸显故事内容,强调刻画人物性格,教学设计自然要围绕这两点来考虑。

第1小题解答:

教学目标:

(1) 了解课文的主要内容,以组词方式来认读"棒、押、睬、骗、昼、裳、羞、溜、沧、掂、枷、锭、抢"等生字,认识"解、还"两个多音字。

(2) 能正确、流利、有感情地朗读课文,体会内容中的作者情感倾向。

(3) 引导学生体会、感知林冲和洪教头的性格特点及其具体表现。

分析: 语文课程教学要体现"工具性"和"人文性"的统一,这在教学目标(1)(2)中得到体现;进一步需要考虑本文是小说故事改编,人物形象、性格特点应是本文学习的要点,这落实在教学目标(3)中。

第2小题解答:

教学重点:感知林冲的谦虚忍让和洪教头狂妄自大的性格表现。

分析: 一般而言,教学重点应该是教学目标的某一点,否则,不是"教学目标"的"教学重点"是不可理解的。而且,教学重点不宜多,若重点太多,落实到后续的"教学内容"中,也就突出不了"重点"。比照本文既定的"教学目标",其中"人物性格表现"应该是本文的学习重点,那么"如何写出人物性格"应该为教学重点,这是由该文文体和该单元"写人"的编辑意图所决定的,这样安排也是对"写"的训练的顾及。这样安排,该文学习中的"听、说、读、写"就都有所体现了。

第3小题解答:

设计思想:教学流程设计是教学设计的主体,对教学流程设计的最基本要求是紧扣教学目标,即"完成既定的教学任务"。下面的教学流程设计,严格遵循了这个要求。表现在:教学目标(1)在"教学过程三"里来解决;教学目标(2)在"教学过程五"中来实现;教学目标(3)又是本文的教学重点,放在"教学过程四、五"中落实解决。当然,教学流程的推进并非只是教学目标的机械推演,否则,教学就很可能演变为一种机械训练。这正如王荣生教授所说的,好的课堂教学结构应该犹如"一锅出"和"一根筋"。① "一锅出"是要求把语文教学的多项任务巧妙地统一在一个环节里;"一根筋"则要求教学的各个环节要围绕、指向核心教学内容的核心点。教学流程设计的"一根筋"又如"剥竹笋",即教学内容和步骤要一层层地推进到这节课的学习核心。以下设计遵从了这种思路,从认知"词语"到"整体感知内容"再到重点"研讨人物性格",每一个过程各自独立,逐步指向并逐步地实现"教学目标",且其内在的逻辑又是层层指向"教学重点",甚至最后的"作业"(人物性格的理解方法)和"板书"(呈现人物性格)也都是围绕"教学重点"而"设计"的。

一、导入

1. 可选择电视剧《水浒传》片断视频导入课文。
2. 板书课题:林冲棒打洪教头。同时指导规范书写。

二、学生再读课题,教师提出问题

1. 细读课题,你觉得课题中有什么疑问吗?
2. 这些问题中,通过初读课文,你已经能解决哪些?

预设(学生的)问题:

林冲的身份?洪教头的身份?

林冲为什么棒打洪教头?棒打洪教头的结果怎样?怎么打的?为什么是"棒打",不是用其他的东西打?

……

师生讨论交流:对"为什么是'棒打'?"进行原著补充。

第一处:洪教头怪这柴进说"休小觑他",便跳起身来道:"我不信他,他敢和我使一棒看,我便道他是真教头。"(是洪教头提出比棒的)

第二处:庄客拿一束棍棒来,放在地下。(庄客听了洪教头的话,拿来的是棍棒,所以林冲只好用棍棒和他比试,其实林冲最擅长的是枪

---

① 王荣生.教学艺术的落脚点是教学内容——欧阳代娜老师《岳阳楼记》研习[J].课程·教材·教法,2007(5):35.

3. 针对其他疑问(设置悬念),让我们在书中寻找答案。

三、自读课文,出示要求

读准生字词,读通读顺句子。把不懂的词语画出来。

1. 学习"棒、押、睬、骗、晕、裳、羞、溜、沧、掂、枷、锭、抡"等生字,找学生读,再齐读。

分别找学生认字组词、造句。

2. 认读多音字"解、还"。解 jiě jiè xiè　还 hái huán

文中有几个词容易读错:胸脯、踉跄、差人、好习枪棒、押解。

四、熟悉故事内容

教师引问:继续学习《林冲棒打洪教头》,课文讲了一件什么事情?

(起因),林冲棒打洪教头,(结果)。

1. 如果学生不知起因,教师补充:

林冲遭受高太尉的陷害,被开封府发配沧州。

这位林武师非比他人,乃是东京八十万禁军教头。("禁军"?可结合历史、电影来理解)

只因大官人好习枪棒,往往流配的犯人都来依草附木,冒称武师。(洪教头嫉妒林冲,柴官人借机了解林冲)

2. 结果:林冲棒打洪教头,洪教头"羞愧","灰溜溜"。

五、细读课文中的人物

1. 师生讨论:林冲是怎样的一个人?洪教头又是怎样的一个人?

提示:了解一个人物的特点,可以抓住人物的语言、动作来体会。引导读读课文,在人物的语言、动作下面标注,同桌商量、讨论。

引导学生,完成下表:

	洪教头	林冲	柴进	我的理解
外貌、神态	只见来人挺着胸脯,歪戴着头巾。 独自耍了一阵,然后喝道:"来!来!" 恨不得一口吞了林冲。		见了林冲,心中大喜,忙叫庄客杀鸡宰羊,厚礼款待。	
动作	(林冲起身让座)洪教头全不理睬。 先脱了衣裳,拿起一条棒掂量一番,独自耍了一阵, 便把棒在地上猛敲一下,冲向林冲。	林冲寻思,…… 连忙站起来躬身施礼。 比武决战时: 把棒"一横", 往后"一退", 抡起棒"一扫"。		

续表

	洪教头	林冲	柴进	我的理解
语言	大官人今天何故厚待一个犯人？ 只因大官人好习枪棒，往往流配的犯人都来依草附木，冒称武师，找你骗吃骗喝，……	"不敢，不敢" "小人戴着木枷，就算是输了吧。"	"这位林武师非比他人，乃是东京八十万禁军教头。" "哦，你可别小瞧了他。" "我也正想看看二位教头的本事，林武师就不要推辞了。" "还没见二位较量呢，怎么便输了？" 笑着说"请两位教头使出本事，再试一棒"。	

2. 讨论要点：

(1) 洪教头的语言、动作

① 洪教头一连对林冲有几个称呼？（犯人、流配的犯人、骗子）

② 请几位同学扮演洪教头，重点读准洪教头说话的语气、语调，体味性格。

③ 如果你是林冲，当时你会怎样想、怎样做？你还从洪教头哪些动作中体会到他的性格特点？

④ 从洪教头一连串的动作可以看出他是怎样的人？

(2) 林冲的语言、动作

① 从哪里看到林冲对待与洪教头比武的态度？

② 第一轮比武间，林冲说："小人戴着木枷，就算是输了吧。"他的意思是什么？这话的真正含义是什么？你从中读出什么？看出什么？

③ 林冲获胜是课文最精彩的部分，指名读第七小节，其他同学边听边想象两人比试的场面。

④ 从林冲的"一横""一退""一扫"打败洪教头中，你体会到林冲的什么性格特点？

⑤ 林冲为什么只用棒打洪教头的脚，而不是打他的头呢？

(3) 柴进的语言

① 学生讨论可能会涉及柴进的语言，讨论柴进的语言及其性格。

② "请两位教头使出本事，再试一棒"。思考：洪教头已咄咄逼人，柴进为何还这样说？这话是对谁说的？（学生思考）

原著补充：柴进见林冲踌躇，便道："此位洪教头也到此不多时，此间又无对手。林武师休得要推辞，小可也正要看二位教头的本事。"

3. 总结讨论：

文章的主角是谁？（林冲）为什么写洪教头的笔墨反而更多？洪教头的动作招式比林冲复杂多了，又有什么目的？

六、总结

这节课，认识了谦虚忍让、武艺高强的林冲，想要结识更多的水浒英雄，就让我们一起走进原著。想不想知道林冲离开柴进庄上以后又发生了什么？

第8回　柴进门招天下客　林冲棒打洪教头

第9回　林教头风雪山神庙　陆虞候火烧草料场

第10回　朱贵水亭施号箭　林冲雪夜上梁山

第11回　梁山泊林冲落草　汴京城杨志卖刀

七、作业

文中开头"林冲遭受高太尉的陷害，被开封府发配到沧州"，林冲是如何被高太尉陷害的？又是怎样被发配的？请阅读《水浒传》第六回"花和尚倒拔垂杨柳，豹子头误入白虎堂"，依照同样的方法，总结"鲁达"的性格特点。

分析：在完整的教学流程中，教学设计一般都会考虑到"课时数"的安排，但"课时安排"只是一种教学规划，不是教学时间的严格限定，因此，教学流程设计可以是分课时的，也可以是不分课时的。因为教学设计本身仅是一种"预设"，实际课堂教学中时间方面的不可控因素在所难免，所以，"课时数"只当作教学时间的预算分配，这才体现出"教学设计"既是遵从"学生主体"的实际，也反映出教学是教师引导课堂而不控制课堂的事实。因此，除非有着特定要求进行某个"教学片断"设计外，一个"整体设计"的内容教学还是比事先绝对化的"分课时"规定更能完整地展示教学者的教学思路。

练习题二　分析与解答

本文虽然写着"小鱼"，但该文不是介绍"鱼"的说明文，而是借"鱼"的存活来表达珍惜生命的道理，是一篇富有生活哲理的散文。因此，它与写人记事的课文教学思路不一样，学习的要点是生活的"理"而不是生物的"鱼"，由此有着以下教学目标和教学过程设计的考量：

第1小题解答：

生活哲理性散文的学习，除了知识性内容学习之外，文中的"理"和"情"是教学重点，也自然是教学目标。由此，根据三维目标要求和二年级的学情、教材内容，确立如下教学目标：

1. 认识课后练习中"我会认"的7个生字，会写"我会写"的8个字，理解

"浅水洼""蒸干"等词语的意思。

2. 正确、流利、有感情地朗读课文,体会小鱼对自己生命的"在乎"及小男孩对小鱼生命的"在乎"的含义。

3. 引导学生能够树立保护小动物、珍惜生命的意识。

第2小题解答:

二年级学生的"词语"学习,从学理上看,要有三方面的考虑:一是要读音(不读错),二是要认形(不写错),三是要结合课文识义(不理解错)。尤其是"识义"必须要"结合课文"或"联系生活运用"的强化理解,才会有识记的效果。而且,在"认读识义"之后还要有个"运用"练习,才会让"词语"教学落到实处。依照这个理念,进行以下的教学设计:

一、读题揭题,释题引入

1. 引导学生读题。

2. 揭题:今天我们要学习一个发生在海滩边的故事,题目叫——(课件出示)

3. 释题:见过浅水洼吗?(出示词卡)

4. 再读课题。

二、自读,把握生词

1. 自主学习:浅水洼里的小鱼遇到了什么事呢?请再读课文,画出难读的词语,然后多读几遍。

2. 交流难读的词语。

如:甚至、蒸干、继续、在乎、叨念等(平翘舌、前后鼻、轻声等)

教师指导:(课件出示) 甚至 shèn zhì　蒸干 zhēng gān

学生朗读,提醒注意翘舌音,分清前后鼻音。

3. 交流反馈,巩固识字。

"至",减法记忆:"到处"的"到"减去立刀旁。

三、回归课文,感悟理解

1. 将词语放入课文,自读感悟。

被困的小鱼,也许有几百条,甚至有几千条。

2. 师生交流:被困在水洼里的小鱼多不多?怎么看出来的?

明确:一个"甚至",把"几百条"和"几千条"连接起来,告诉我们被困的小鱼有很多很多。

3. 根据前面对"甚至"的理解运用,归纳"甚至"的意思。

表示在原来的基础上更进一步的程度加深。如:他们贡献出所有的精力,甚至最宝贵的生命。

四、巩固拓展

请大家再自己品味一下"甚至"的含义,请每位同学用"甚至"造两个句子。

指名学生回答,师随机评价。

第 3 小题解答:

精妙的板书设计,总是源于某种考虑,要么为了突出学习重点,要么为了呈现课文线索,要么为了反映文体特点,要么为了体现教学的内在逻辑关系,等等。但最不应该的则是:随意板书。以下的设计理念就是突出内容重点,分行对立,在对比中突出主题。

【板书设计】

浅水洼里的小鱼

捡　　　　小男孩

扔　　　　小鱼得救

保护动物,珍惜生命

练习题三　分析与解答

该文是拟人化手法的散文,不是寓言,也不是说明文。"教学设计"时需要考虑到散文、寓言和说明文的教学内容的差异。散文教学教什么?有研究主张,散文教学内容需要考虑避免"两个向外跑":一是从作者"个人化的言说对象"跑到"外在的言说对象",二是跑到概念化、抽象化的"思想""精神"上去。[①] 散文教学如果缺少这两方面的考虑则容易跑偏。于是,散文教学教什么,可归结为一句话:体味精准的语言表达,分享作者在日常生活中感悟到的人生经验。

第 1 小题解答:

文本写作特点总是包含在文体特点之中,因此,对文本写作特点的分析,也是确定"教学目标"的重要依据之一。文本特点分析得越深入、越透彻,文体特点呈现得也就越清晰,教学目标、教学内容的设计也就往往越精准。本文的写作特点可归纳如下:

(1) 运用对比的方法来突出鹅的形象。如,用鹅的"引吭高歌"与狗的"狂吠"对比,表现鹅的叫声"大"和"严厉"的特点;与鸭的"步调急速,有局促不安之相"对比,显出鹅的"步调从容""大模大样"大家风范;再有,与狗的"躲在篱边窥伺""敏捷地跑过来,努力地吃它的饭""立刻逃往篱边,蹲着

---

① 王荣生.散文教学教什么[M].上海:华东师范大学出版社,2014:12.

静候"等如小偷般的对比,彰显鹅的老爷派头。通过对比,"鹅"的形象栩栩如生。

(2) 运用反语、拟人等手法来表达感情。如,用"我们的鹅老爷""不胜其烦""架子十足"等反语,用"鹅的步调从容,大模大样的,颇像京剧里的净角出场"等拟人手法,表现鹅的个性,展现对鹅的喜爱之情。

(3) 用浅显朴实的语言表达浓厚的情感。文章用漫画式的独特视角与幽默的表述写出了鹅的高傲,渗透着欣赏和怜爱。作者眼里,白鹅是一位性格高傲的朋友,虽有些可笑,但很可爱,表现出对这只曾给一家人以物质帮助和精神慰藉的白鹅的留恋和喜爱。

第2小题解答:

教学目标:

1. 认识课后"颈、厉、吭、吠、苟、倘、脾、供"等8个生字,会写"颈、郑、厉、剧"等生字。

2. 有感情地朗读课文,了解白鹅的性格特点,学习抓住特点来描写事物的表达方法。

3. 抓住重点词句,体会作者运用对比、拟人、明贬实褒等手法来表达对白鹅喜爱之情的方法。

教学重点:读懂课文内容,理解重点词句,了解白鹅性格特点。

教学难点:学习作者抓住特点进行描写事物的表达方法。

第3小题解答:

教学"导入"具有引起学生注意、激发学生兴趣、启迪学生思维、安定学习情绪等作用,但导入只是教学流程的"引导"和"过渡",是组织教学的一种手段,它本身不是内容学习的要点;导入的方式也不是固定化的,而是具有随机性的,所以,导入设计要更多地注重导入内容的目的性、趣味性、启发性、简洁性等。以下三种方式的导入都可以作为选择的样式:

第一种:同学们,老师出几则谜语,你们来猜猜谜底。1. 一只顺风船,白蓬红船头,划起两只桨,湖上四处游。2. 头戴红帽子,身穿白袍子,说话伸脖子,走路摆架子。3. 头戴一顶红帽子,身穿一件白袍子,脚蹬一双红靴子,唱着歌儿伸脖子。(教师诵读谜语,学生举手回答谜底,活跃课堂氛围)

第二种:同学们还记得写鹅的诗歌吗?(跟着学生一起诵读:"鹅鹅鹅,曲项向天歌,白毛浮绿水,红掌拨清波。")那么漫画家丰子恺先生笔下的鹅有什么特点呢?让我们一起去书中寻找答案吧。

第三种:课件出示鹅活动的画面。这白鹅可爱吗?为什么你感到它可爱呢？下面我们来看看《白鹅》文中的它是怎么样的。

设计意图：

参考答案：导入不仅要与所教课程有相关性，还要具备启发性和趣味性，为整堂课的学习奠定一个良好的氛围。以上第 1 种设置谜语导入，符合儿童的心理特点，能够激发学生学习的兴趣，开拓学生的思维，活跃课堂气氛，使他们以最佳的思维状态进入到学习中来。第 2 种复习诗句导入，能够锻炼学生的阅读能力，还能够起到温故知新的作用。第 3 种直观画面呈现导入，形象、生动，开门见山，直接引入正题。

练习题四　分析与解答

诗歌教学教什么？首先，要看到诗歌文体的语言组织的独特性，即诗句的外在字面意思理解多不是重点，字面背后的含义才是重点也是难点。其次，诗歌教学的各个学段有没有差异？这才是诗歌教学设计的重点。从小学一年级开始一直到大学，每个年级几乎都有诗歌，但诗歌教学的各个阶段几乎都被同质化了，其实，只要是教学，都应该有教学内容的层级差异。对于诗歌教学来说，教学内容的层级差异应该更明显，一般而言，小学重在诗的诵读、感知，初中重在诗的理解，高中重在诗的鉴赏，这也是诗歌教学应有的阶段性的侧重点差异，否则，就会是诗歌阅读的重复。

第 1 小题解答：

题干要求的"描写该诗的意境并分析主题"，应该是对教师而不是对小学生而言的，诗歌"教学目标"的确定和"教学设计"的设计，首先需要教师先有对诗的意境和主题的理解，这属于教材分析的主体要素。

本诗选自《赋得古原草送别》，是唐代诗人白居易的成名作。此诗通过对古原上野草的描绘，抒发送别友人时的依依惜别之情。它可以看成是一曲野草颂，进而看成一曲生命的颂歌。全诗写景抒情水乳交融，意境浑成，读时朗朗上口，真切而清晰地再现了野草一生中经历的繁茂与枯败，一枯一荣、一青一黄之间，彰显出看似柔弱的小草的顽强生命力，而大火之后的顽强再生更体现一种生命的自强不息。

第 2 小题解答：

小学二年级诗歌教学，重在诗的诵读、感知，可拟定如下教学目标：

1. 能认识"离、岁、枯"等 6 个生字，理解"荒城、别情"等词语意思。
2. 有感情地朗读并背诵课文，理解"野火烧不尽，春风吹又生"的含义。
3. 能感受小草蓬勃生长的美感，体验热爱生命的情感和顽强向上的意志。

第 3 小题解答：

通常情况,因为教学研究的需要,将"识字"和"写字"分列看待,实际教学中"写字""识字"是紧密联系的,这里特定要求设计"写字"的指导过程,则可以不考虑"识字",但一定要有"写"的指导过程：

1. 看图片,对比茂盛与枯萎,感受"枯"的含义。
2. 引导学生观察田字格内"枯"字的结构：左右结构,左窄右宽。
3. 呈现"枯"字口诀：体型窄,左边站,横向短,捺笔收,右边宽,要舒展。笔画穿插不分家,左右谦让才美观。
4. 教师示范写字练习：边板书田字格,边讲解,学生跟随在田字格中练习。
5. 学生练习书写,教师巡视指导,运用投影仪进行评议。

练习题五 分析与解答

本文是一则寓言故事,寓言故事教什么？对于二年级学生来说,除了字词句等知识性内容外,寓言中寄寓的道理应该是学习重点,即"教寓言"必定要教学生体会、理解和消化故事中的寓意。

第 1 小题解答：

本题考查故事寓意的掌握是指向教师的,只有教师先深刻理解了寓意,然后才会有教学目标的准确确定和教学方法的科学考虑。本文的寓意：

看问题、认识事物,要站得高、看全面,不能像青蛙那样因为眼界小、见识少,犯了错误还自以为是。

第 2 小题解答：

根据内容分析以及学情状况,可以确立如下教学目标：

1. 认识"言、际、信"等生字并会组词。理解"坐井观天""大话""无边无际"等词的意思。
2. 分角色正确、流利、有感情地朗读课文。
3. 结合实际,体会青蛙鼠目寸光、自以为是的错误；懂得看问题、认识事物时要站得高、看得远的道理。

第 3 小题解答：

理解和揭示寓意是本文的学习重点,自然也是教学重点。所谓教学重点,指学科或教材内容中最基本、最重要的知识和技能,也是学生必须掌握的基础知识与基本技能。课堂教学中一般对教学重点的处理艺术为：讲究内容分解,便于学生接受,减轻学习负担。本题旨在考查设计"分解"教学重点的方法,如果把"教学重点"比喻为一个高地,那么,教学设计就是要搭建通向这高地的"阶梯",即教学中的深奥道理不应该突然呈现,而需要一步一步地去消化。由此,可设计如下教学环节:

一、图文结合,细读全文

学生齐声朗读第一句话,了解青蛙和小鸟所处的不同位置。

设计口头填空:青蛙坐在(　　　),小鸟落在(　　　)。用课件展示青蛙和小鸟的位置。

1. 学生读剩下的课文,用不同的符号画出小鸟和青蛙对天空大小不同看法的句子。

2. 引导同学朗读小鸟认为天大和青蛙认为天小的句子,看谁读得好。通过赛读激发学生兴趣,并引导学生体会句号、问号、感叹号所表达的不同语气,理解"大话""无边无际"的意思。

3. 指导朗读青蛙和小鸟的对话,要求读出青蛙的自信傲慢语气,读出小鸟的劝告诚恳语气。

4. 分角色朗读课文,感受语气的不同。

二、齐声朗读,感悟第三次对话

1. 引导学生思考:青蛙和小鸟为什么有不同的看法?

2. 动手实验:用纸筒看天花板,再要求学生说说"天"有多大。言之有理即可。

总结:其实我们用纸筒看天花板,和青蛙在井里看天是一样的。要想看到大的天花板,就得摆脱纸筒的限制,把我们的视野放大,才能看得更远,见得更多。

3. 引导学生思考:如果你是这只小青蛙的朋友,你会跟小青蛙说些什么呢?用以下四个问题引导学生:

(1) 青蛙和小鸟在争论一件什么事情?

(2) 它们俩谁说得对?从文中哪些地方可以看出来?

(3) 青蛙为什么会错?

(4) 你从这篇文章中学习到了什么样的道理?

通过这四个问题,引导学生了解道理:看问题,认识事物,要站得高、看得全面,不能像青蛙那样,犯了错误还自以为是。

分析: 对于成人来说这并不是一个深奥的道理,但对于二年级的孩子来说,可能只是刚开始感受这么一个"深奥"的哲理。所以,对儿童直接说这道理还是太抽象了,孩子对抽象的道理也不会有深刻的印象,但通过这样逐步分解故事内容(读语气、天花板实验等),抽象的道理就被化解为具体的现象了。教学设计的意义就在这里:一层楼即使不高,你也很难一步登上去,有了楼梯慢慢走上去就轻松多了。

第四章 习题解析

练习题一 分析与解答

提示语是指对人物说话时的动作、神态、心理活动、语气的描述。其作用是使说话人的神态、语气更加生动、具体和饱满。写话练习中,选择什么样的提示语属于语序和修辞的范畴,因此,用好提示语也是习作训练的基本环节。

一、引导学生自读片断,寻找问题

1. 发现问题:

师(提示):同学看了三段话后,有没有感觉需要修改完善的?有没有感觉缺少什么?

师生讨论:只说话,没写怎么说的或缺少神态、动作(板书:神态、动作)。

2. 继续研讨:

对,这里的人物只会说话,亦如面无表情,太单调了。你能不能展开想象,把爸爸和"我"的神态、动作表现出来呢?

(学生讨论)寻思神态词语,可运用提示语:愤怒、恼火、沮丧、悲伤、痛苦;气呼呼、怒冲冲、泪汪汪;火冒三丈、大发雷霆、勃然大怒;满面怒容、垂头丧气、泪流满面。

(学生讨论)寻思动作词语,可运用提示语:站、拍、拿、指、敲、摔、躲、哭;挥动、低头、瞪眼、怒视、拍桌子、跳起来、浑身发抖。

3. 总结问题:

启发:加上了神态、动作的词语,有什么效果呢?比较一下。

讨论结果1:人物神态、动作更加清楚了,人物形象栩栩如生了。

讨论结果2:对话生动活泼了,避免了一说到底、一个腔调。

4. 延伸:

启发:就人物言说来看,这一个"说"字还可以用哪些替代词?

学生讨论、归纳:还有"叫、喊、问、答、道、骂、吼、责备、咕噜"等等。

思考:就以上这些不同的"言说词",比较它与"说"字的差异。(这些词本身就兼有"提示语"的性质,反映出汉语词汇的丰富多彩)

二、修改训练

1. 请同学们拿起笔,修改以上"习作片断",丰富"提示语"。要求:(1)正确使用标点符号(冒号、前引号和后引号);(2)适当地运用"说"字替代词;(3)写出人物说话的表情、动作等。

2. 教师巡视检查、指导。

3. 小组讨论,选出优秀的习作。

三、拓展练习

为下列对话描写添加恰当的提示语:

1. 生:"老师,我要上厕所。"

师:"不行,现在是上课时间,刚才下课怎么不去?"

生:"下课时间那么宝贵,用来上厕所多可惜呀!"

2. 妈:"天冷了,戴上帽子,不然会感冒的。"

我:"我不感到冷,每次都要我戴帽子。"

妈:"上周你不就是凉感冒了?"

练习题二 分析与解答

第1小题解答:

略。

第2小题解答:

本题主要考查提示语的运用。在对"提示语"作用有了一定的了解基础上,可借鉴如下教学设计:

一、要求学生自读课文

1. 请同学说一说对话的主要内容。

2. 启发提问:以上对话中,提示语的呈现有哪几种方式?

二、学生交流、归纳

1. 概述对话内容。

2. 重点找出对话语言,研讨、归纳对话方式。

(1) 杰西说:"这刀是爸爸的,要不然我会送给你。好汉查理,能推我到外面晒晒太阳吗?"(提示语在前,引语在后,引语之前用冒号)

(2) "你想把它拿走吗?"听到说话声,查理才发现有个小女孩坐在轮椅上。

"谢谢!"查理显得彬彬有礼。他抽刀出鞘,仔细地看着。(引语在前,提示语在后,提示语后面用句号)

(3) "不,好汉查理从来不随便拿别人的东西。"

"你可以拿下来看看。好汉查理,我叫杰西。"(只有引语,没有提示语)

3. 引导学生朗读这些句子,探讨"提示语"不同方式呈现的作用。

讨论、归纳:使得对话形式多元化、不单调;对话分行,有层次感。

4. 引导提问:提示语的呈现方式就这三种吗?有没有其他方式了?

学生回答、总结:不只这三种,还有一种重要的方式:引语在提示语的前面和后面,即提示语在两个引语的中间,提示语后面要用逗号。

要求学生举个例子:

生:"今天我真的不想出去活动了!"张军为难地说,"感冒还没有完全好,身上犯困。"

……

三、总结

今天通过课文学习,知道了言说中"提示语"的四种呈现方式,希望同学们能够学以致用,请拿起你们的笔,写一段与你身边的同学、朋友、老师或亲人交往过程中的对话,请使用不同的"提示语"描述对话。

第 3 小题解答:

本题主要考查阅读教学的设计。重点是通过诵读感悟人物形象,可借鉴如下教学设计:

一、品读人物对话语言

划出查理的语言,引导学生品读。

二、通过语言体验查理形象

1. 教师启问:从课文中的哪些地方感受到查理是个好汉?

学生从文中找、归纳:

(1)"不,好汉查理从不随便拿别人的东西。"

(2)"谢谢!"查理显得彬彬有礼。

(3)"当然可以。"

(4) 查理虽然很调皮,但说话是算数的,整整一个暑假,他每天都陪杰西在草地上玩。

(5)"杰西,我会做个好汉。"

2. 引导学生再读以上语句,提问:从这些句中,看到查理有哪些变化?

学生讨论、归纳:变得有礼貌,变得诚实、守信,有爱心了。

3. 从查理的交往过程中,谈谈查理成为好汉与什么有关系。

师生研讨、总结:遇到需要帮助的人;感受到自己有能力帮助他人;周边镇上的人的信任。

第 4 小题解答:

本题的"板书设计"一般需要突出重点,可借鉴如下教学设计:

好汉查理

$\left.\begin{array}{l}\text{杰西需要帮助}\\\text{查理有能力帮助}\\\text{镇上人的信任}\end{array}\right\}$成为好汉

不再调皮、恶作剧

练习题三 分析与解答

本题是考查童话编写的习作练习。童话是儿童文学的重要体裁,是通过丰富的想象、幻想、夸张、象征来塑造形象,反映生活,具有浓厚的虚构色彩。童话的意义在于,以理想化的想象来克服或战胜生活中的困难、丑恶或残酷,以给孩子们一种生活追求和希望的指引。因此,好的童话不仅能够吸引儿童的阅读兴趣,还可以帮助儿童在无意识的层面上习得人类智慧、社会习俗和生活美德以及宣泄不安、恐惧、仇恨等情感。但童话故事也不是随意杜撰的,就如文学创作一样,编写童话故事也需要有一定的正向导引规范。据此,设计如下教学过程:

一、欣赏童话

前面我们学过《乌鸦喝水》,有同学对故事的真实性有疑问,说明同学们生活观察很细致。确实,老师也看到有人做过试验,发现乌鸦想要喝到那瓶里的水是需要条件的,即瓶里的水不能太少,太少的水会渗在石子中而喝不到,可见,课文中的内容确实不太严谨,好在它是一篇童话,吸引我们更多注意力的应该是这篇童话中包含的道理。当然,尽管我们都知道童话都是想象虚构的,但想象中的事理只有不违背科学常识,故事的启发意义才会更大。

那么,下面老师先给大家修改一篇《新乌鸦喝水》故事,大家看看:

自从乌鸦喝到那瓶水之后,心里非常得意、高兴,常常在大伙儿面前夸耀自己的聪明。

一天,它飞呀飞呀,飞得累了,口渴得很,嘴里还不停地唠叨:"好渴呀,好渴呀。"忽然,它看到前面有一口井,心里想:"这下可好了,有水喝了。"

乌鸦停在井沿上往下瞧,井里的水清澈极了。真想喝口井水解解渴呀,可怎么能喝得着呢? 有了,用上次的老办法。好,试试看。

在井外面,乌鸦发现了许多小石子。它街来一颗,扔入井中。"叮咚",水面溅起一朵小水花,它又街来一颗,"叮咚",水面又溅起一朵小水花。就这样,乌鸦飞上飞下累得满头大汗,可水呢,一点儿也没往上升。它想:"咦,上次的办法怎么不管用了呢?""哈哈……"就在它疑惑不解的时候,传来了一位老人的笑声。原来一位头戴草帽的农民目睹了发生的一切。只见农民把水桶往井里一抛,再往上一提,满满一桶的水就被提了上来。乌鸦看见水,忍不住大口大口地喝起来。

农民笑着对乌鸦说:"瓶里的水换成了井里的水,情况就变了,你不能总拿老办法来解决新问题啊!"乌鸦听了,惭愧而又略有所思地点了点头。

启问:同学们看过老师编的童话,有什么想法?

二、了解童话特征及其写法

1. 师:刚才的故事,大家看到了什么道理?

生1:水太少了喝不到水,水太多了也喝不到水。

生2:好像不是说水少水多的问题吧!应该是"情况变了,不能总拿老办法来解决新问题"。

师总结:对,童话的意义主要不在于是否呈现了生活事实,毕竟童话的内容本身就是"不真实的",这篇童话告诉我们的道理应该是:情况变了,不能总拿老办法来解决新问题。

2. 师:从这个故事里,你们看到了童话有什么特点?

师生讨论:有故事内容、过程(情节)、虚构、幻想、拟人、夸张、象征。

3. 再来看看一则故事

从前,北方的边境居住着一个精通术数的老人,他家的马无缘无故地跑到邻国去了。人们前来安慰他,老人却说:"这未必就不是一件好事。"过了几个月,那匹马竟然带着邻国的良马回来了。人们又都前来祝贺他们家。那老人又说:"这或许也是一件坏事。"家中突然多了很多好马,他儿子就天天骑马,结果有一天从马上掉下来摔断了大腿。人们又都前来安慰他们家。老人又说:"这怎么就不能是一件好事呢?"过了一年,邻国大举入侵,壮年男子都去作战。边境一带的人绝大部分都死了。唯独他儿子因为腿瘸的缘故免于征战,父子得以保全生命。

启问:将这则故事与《新乌鸦喝水》比较,两则故事都是一样的吗?

师生讨论:不一样,这故事是寓言。

师:那么,两者的主要区别是什么?

讨论归纳:尽管寓言也是采用虚构、幻想,采用拟人、夸张、象征手法,但童话的核心、灵魂是幻想,寓言的幻想色彩没有童话浓厚,寓言的情节、结构也比童话简单。

4. 归纳编写童话的方法

师:通过前面对童话特征的了解,请同学们讨论一下编写童话的主要方法。

研讨、归纳:展开合理的想象(既要大胆夸张、幻想,又要尊重事实);抓住人物的拟人化动作、语言、神态和心理活动进行刻画;故事要有一定的意义。

三、编写童话练习

根据前面对童话的特征和写法的掌握,结合课文《丑小鸭》,续编童话故事。
教师巡视、查看,呈现学生的作品:

学生作品1

丑小鸭变成了天鹅,又来到了鸭棚,鸭妈妈已经认不出它来了。鸭妈妈问:"你是谁呀?"它说:"我是丑小鸭呢!"它把离家出走后发生的事情跟鸭妈妈说了一遍,鸭妈妈心疼地把丑小鸭揽在怀里。

就这样丑小鸭又和鸭妈妈、哥哥姐姐们生活在一起。直到有一天,它看见一群天鹅往南飞,其中有两只领头的天鹅,离开了队伍向它飞来。一只天鹅把它抱在怀里说:"孩子,终于找到你了。"原来它们是丑小鸭的亲父母,正往南飞去的天鹅是它的亲兄弟姐妹……它依依不舍地向鸭妈妈告别,跟它的兄弟姐妹们飞向南边。

学生作品2

丑小鸭看到自己美丽的影子,他想起了自己的妈妈。

丑小鸭经过森林,小鸟说:"你好,你好,我可以跟你交个朋友吗?"猎狗说:"我也想跟你交个朋友,可以吗?"丑小鸭高兴地说:"可以,可以。"

丑小鸭来到了家门口,哥哥姐姐说:"哇,好漂亮的天鹅啊,你叫什么名字?"丑小鸭说:"我就是你们的弟弟丑小鸭啊!"哥哥姐姐不好意思地说:"我们以前都欺负你,取笑你,你肯定还恨我们,是吗?"丑小鸭说:"不是啊,我不恨你们。"

妈妈出来了,说:"丑小鸭你这些天去哪里了?我都要急死了!"丑小鸭红着脸,低着头不好意思地说:"我,我……"他们围着鸭妈妈说:"人不可貌相,海水不可斗量啊。"

学生作品3

丑小鸭飞呀飞,飞到树林里,小鸟不再讥笑它,猎狗也不再追赶它,但它一点也不骄傲。它飞呀飞,飞到了小屋前,落到地面上,养鸭的小姑娘不再讨厌它,她还说:"呀!好美的天鹅呀!"

它走到哥哥姐姐面前,哥哥姐姐不再咬它,还说:"丑小鸭你真美丽!"它又走到公鸡面前,公鸡不再啄它,还唱起歌欢迎它,一路走来,许多人都说它美,但丑小鸭还是一点也不骄傲。它来到妈妈那儿,妈妈惊呆了说:"丑小鸭你什么时候变成白天鹅了呀?你可真漂亮呀,我的孩子。"丑小鸭不好意思地低下了头,其实它也很开心呢!

……

练习题四 分析与解答

根据第四章第五节归纳的"启示类散文"的写作步骤策略:言说启示的策略、展开事件的策略与选择细节的策略,教学设计可以借助这三方面策略来设计如下习作步骤。设计的理念还是:归纳启示类文章写作思路—示范导引—模拟训练。

一、导入

根据(五年级上册)第四组前面课文内容的学习,师生共同讨论、归纳本单元这四篇文章的"启示"道理:

1.《钓鱼的启示》,告诉我们"道德只是一个简单的是与非问题,可实践起来却很难"。

2.《通往广场的路不止一条》,告诉我们"遇到困难,只要多想一想,总能找到解决的办法"。

3.《落花生》,告诉我们"做人应该要像落花生一样,不要做只讲体面,而对别人没有好处的人"。

4.《珍珠鸟》,告诉我们"人与人之间要彼此信任,信赖,往往会创造出最美好的境界"。

以上四篇课文都是作者通过观察生活而获得的启示。今天我们也来学习写一写——生活中的启示(板书)。

二、言说启示(确定主题)

生活中对我们有启发的事情很多,请同学们先想想、归纳一下有哪些启示性的事情和主题?(提示:可以是一件事,也可以是一样物品、一张照片、一种自然现象……都可以)

学生讨论、师生共同归纳:

生1:周末登山至顶,看到了更多的风景,给我的启示:美好的风景并不是山顶制造的,而是努力攀登寻找到的。

生2:伞在雨天里是很有必要,但在狂风中它又是多余的,给我的启示:一个地方的长处有可能是另一个地方的短处。

生3:今天在家翻到爷爷奶奶年轻时的照片,让我感受到"已经过去的时光是永远不会再回来的……"

生4:雨过天晴看到天边一道彩虹,给我的启示:不经历风雨,怎见得彩虹……

生5:有人说:人的身体就如"1",人的生活追求是"1"之后的无数个"0",追求数不尽,身体却只是唯一。好有启示的比喻啊:生命可贵,身体价更高。

……

师生共同点评。

三、展开事件

1. 请将刚才归纳出的启示,再讨论,梳理叙述"事件",可借助《落花生》的叙述引导学生模仿构思:种花生→收花生→议花生→吃花生。

这部分叙述中,"种花生""收花生""吃花生"是基础、铺垫,"议花生"的启示才是重点、核心。

2. 完成"生1"观风景的"事件"构思:

周末设想登山→登山过程→克服劳累至顶峰→眺望美丽的远景→启发。

3. 引导同学们依照以上的事件梳理,构思前面的启示话题。

师生研讨,梳理各结构内容。

四、选择细节

1. 结合《钓鱼的启示》,探讨刻画细节的作用

教师出示自己的范文:

望着刚刚钓上来的大鲈鱼,我高兴极了。这时,爸爸突然对我说:"还没到开放捕捞鲈鱼的时间,你得把它放掉。"

听到爸爸的话,我很不情愿,但争辩不过爸爸,最后还是把它放掉了。

比照原文,看看有什么不同?

我等到那条鱼挣扎得筋疲力尽了,迅速把它拉上岸来。啊,这样大的鱼!我还从来没有见过,还是条鲈鱼。我和父亲得意地欣赏着这条漂亮的大鲈鱼,看着鱼鳃在银色的月光下轻轻翕动着。

父亲划着了一根火柴,看了看手表,这时是晚上10点,距离开放捕捞鲈鱼的时间还有两个小时。父亲盯着鲈鱼看了好一会儿,然后把目光转向了我:"孩子,你得把它放回湖里去。"

"爸爸!为什么?"我急切地问道。

"你还会钓到别的鱼的。"父亲平静地说。

"可是不会钓到这么大的鱼了。"我大声争辩着,竟然哭出了声。

我又抬头看了一下四周,到处都是静悄悄的,皎洁的月光下看不见其他任何人的影子,我再次把乞求的目光投向了父亲。

尽管没有人看到我们,更无人知道我是在什么时候钓到这条鲈鱼的,但是,从父亲那不容争辩的声音中,我清楚地知道,父亲的话是没有商量的余地的。我慢慢地把鱼钩从大鲈鱼的嘴唇上取下来,依依不舍地把它放回到湖里去。大鲈鱼有力地摆动着身子,一转眼便消失在湖水中了。

2. 学生谈论,回答

生1:"范文"太简单了。没有了对话,我是怎么争辩的,争辩的过程,"范文"中也就不清楚了。

生2:"范文"少了心理活动,我的心情是怎么变化的。
生3:"范文"少了动作描写。我是怎么哀求的,怎么放鱼的。

3. 总结

研讨、归纳:以上所说的对话内容、心理活动、动作词语,这一系列的描写就是细节描写。缺少这些细节内容,文章就显得浅显了;反过来,写作中一旦抓住了细节描写,内容就精彩了。

4. 学习模仿细节描写

五、练习训练

将其余的话题(主题),依照细节描写的要求,练习训练。

练习题五 分析与解答

第1小题解答:

课文向读者介绍了景色奇特的黄山奇石。文章思路清晰,语言生动,给人以身临其境的感觉,使读者激起热爱祖国山河的情感。

分析: 对一篇文章的文本解读,一般是从主题情感、语言特点、写作方法等方面进行。这里的"解读文本"就相当于"教材分析"的一部分,了解了教材(文本)内容,才能够确定"教什么"。

第2小题解答:

教学目标:

1. 学习文中"区、仙、胳、膊"等生字并能联系上下文理解新词。
2. 有感情地朗读课文,学用准确的词语描写景物。
3. 通过看图、朗读等形式体会黄山石奇特的具体表现,感受祖国大好河山的美。

分析: 在了解教材内容的基础上,判断低年级的学情,"识字""积累词语""正确流利有感情地朗读"应该是这个年级学生的主要学习目标,同时,教学目标的表述要尽可能做到具体、可检测。

第3小题解答:

写话是低年级儿童的习作基础,一般来说,写话总是和说话相伴的,写作心理学研究认为:从说话到写作,人要经历由口头语言向书面语言的二级转化,说话是写话的基础,口语训练有助于书面语训练。儿童口语训练的主要方式是听、说、读,这也决定了写话教学必然是和听、说、读等练习同步进行的,因此,写话教学和"听(或看)—说—读—写"紧密相连时才会最有效果,以下是写话教学环节的一种设计:

一、导入

同学们,上节课我们读了课文,记住了生字的字音,了解了黄山上有哪些奇石,并且还学习了课文的第一自然段。这节课我们继续欣赏,请大家齐读课题。

二、习词练句

1. 通过上节课的学习,你觉得黄山石怎么样?

同学们说了两个词"神奇""有趣",很好!

2. 那么你觉得哪块黄山石最神奇、最有趣呢?请结合课文插图,读读课文,边读边把描写它神奇、有趣的语句画下来。在读的过程中,如有不理解的词语,就把它标出来,待会儿一起解决。

3. 谁愿意把自己最喜欢的奇石介绍给大家听听?可以结合词句给大家讲出它的神奇有趣;可以用动作表演出石头奇特的样子;也可以用画图画出它的神奇。

4. 小组讨论,请同学分别介绍

(1) 仙桃石

生:"从天上飞下来的一个大桃子"中"飞"字很"神奇"。

引导学生读一读。教师改写这一句:"它好像一个大桃子,落在山顶的石盘上。"看看哪句好?为什么?

讨论、归纳:说明作者用词非常准确。读一读,体味一下"飞"的奇特。要求同学们用"飞"字模仿写一句话。

生1:列车从旁边而过,飞向远方。

生2:山涧里立着一块巨大的石柱,真是飞来神笔。

……

(2) 猴子观海

生:"一动不动地蹲在山头"很有趣。

引导学生有感情地读一读,读出你的喜爱。对比猴子好动的特点,想象说说为什么会一动不动?老师看着奇石也写了一句话:"猴子两只胳膊抱着腿,一动不动地蹲在山头。"比较哪句更有意思?

请同学们模仿这句话,用"一动不动"学写一句话。

生1:公园里立着一个逼真的狮子,一动不动。

生2:楼下的猫在逮老鼠时,趴在那里一动不动。

……

(3) 仙人指路

生:"像一位仙人""伸着手臂指向前方"。

师:写出了奇特、有趣的原因在哪里?(用了比喻、拟人,学生还不懂修辞)引导学生模拟写话。

(4)金鸡叫天都

生:"伸着脖子,对着天都峰不住地啼叫"。

启问:谁能想象出它的样子?它好像在对天都峰说什么呢?读出它的奇特有趣。

请同学们模仿这句话,用"伸着脖子"学写一句话。

生1:考试时,小明伸着脖子想看前面的同学做题。(哈哈)

生2:公园里长颈鹿伸着脖子,吃着树顶上的叶子。

……

5. 课文还写了什么奇石?想象一下"天狗望月""狮子抢球""仙女弹琴"是什么样的?

三、总结、练习

同学们,黄山很美,美在它的神奇,它的有趣,但是,如果我们大家不能在现场看这些神奇、有趣的美景的话,就只能通过别人的描写来感受它的"美"了,不过,并不是每个人都能够把他见到的"神奇"和"兴趣"写出来,通过刚才的学习,发现同学的模仿学写能力很强,课后同学们走出校园、家门,踏上原野,写一写你自己的独特的见闻。

练习题六 分析与解答

第1小题解答:

习作课的教学目标重在引导学生"有话要说""说出真意",以此为基础,再在师生交流或评价的过程中,对学生"说出来"的思想、情感或价值观予以正向引导。但要使学生"有话要说""说出真意",教师提供习作方法指导是必需,提供相关习作材料只是手段,相比于命题写作,材料作文的优势在于:给予学生习作的范围大、约束少,便于自由表达。据此,确立以下教学目标:

1. 引导学生选择恰当的语言和具体的事例来表达内心的真情实感,能够正确使用冒号引号等标点符号。

2. 通过师生交流,学会倾听、尊重别人独特的内心感受,提高自己的认识。引导学生通过观察、讨论和回忆等形式发现自身的真实感受,学会真实写作。

3. 引导学生乐于分享内心的真实感受,愿意表达自己,感受习作的快乐并增强习作的自信心,养成留心观察勤动笔的写作习惯。

第 2 小题解答：

学生习作的普遍性难点主要有三方面：一是没有东西可用，其本质不是心里没东西，而是内心缺乏对外物的敏感度，缺少对见闻的思考，也就没有想法，心中无思，手下自然无辞。二是没有能力可写，这主要是因为缺少言语的敏感度，即语言表达能力不够，课外阅读不够，或有阅读却对好的"言辞"熟视无睹，这就需要教师在阅读教学中多以课文中"用词"为例进行写话指导，同时，习作教学中，需要有写作背景、写作内容指向、写作思路、写作结构规范等方面的指导。三是真实表达的儿童价值观与成人主流思想有距离，小学生的思维非常活跃，但也有创造幻想和视野受约束的对立矛盾，这要求习作指导中有着放任"异想"和加以引导的必要，引导的渠道常在两个方面：写作前的师生交流对话和写作后的批阅评价指引。据此，确立四年级学生该内容写作的教学难点为：

能够根据不同对象和情境运用得当的语言，能够真实而又正向地表达情感。

分析： 习作教学设计意在引导学生联系生活和思想的实际，抒真情讲真话，自由表达，写出独特的感受和体验，做到情感体验朴实。因此要重视习作前的充分酝酿，习作中的思考，习作后的再次交流等。

第 3 小题解答：

习作评语的作用犹如竞技场上的裁判，亦如公路岔口中的路标，学生习作未必需要教师的句句修改，但一定要有教师的指向点评，这就是习作评语。好的习作评语既注重评的内容又注重评的形式，但习作评语不似竞技场上决定谁胜谁败的评判，而似竞技过程中如何利用规则的评判，它应该是习作指引和习作走向的路标。因此，习作评语的原则：正向导引替代负面批判，写作真实与价值判断相结合，习作理论高度与师生感情交流相结合。据此，这里设计如下的参考评语：

你的内容真有创意，真让老师觉得出乎意料。文中对爸爸的描述让老师看出来你对爸爸的观察还真是细心啊！列举了那么多当爸爸的好处，我都能感受到你的强烈愿望了。但是，你还没有当爸爸的真实体验，当爸爸也不光是那么的威风啊，爸爸一定也有他很多的苦恼你没注意，为了家庭生活爸爸总是要工作的，做好工作也是辛苦的，照顾好家庭肯定也是有难处的。另外要注意一下，写完后自己要读一读，不要丢字落字，"我再告诉当爸爸最后一个好处"这句话中是不是丢了一个重要的字呢？

第五章 习题解析

练习题一 分析与解答

这是一道典型的"转述"型口语交际,根据第五章的案例解析,"转述"型口语交际教学,重点是要引导学生注意交际者之间的人物转换、时间变化,其次是检查说话者的主要信息是否有遗漏。依此教学思路,可进行如下的教学设计:

一、复习回顾

今天我们来练习一下"口语交际"中的一种新的交际形式——转述,什么是转述呢?转述就是把别人说的话转说给另外的人。前面我们已经学习过转述的注意要求,现在再来回顾复习一下,转述别人的话要注意哪些方面?

讨论归纳1:注意人称的变化。

根据转述时"我"的说指对象与原初说话者的说指对象之间的人称称呼差异,确定需要人称怎么转换。如(1)小虎说:"我一定要坚持长跑锻炼。"转述为:小虎说,他一定要坚持长跑锻炼。(2)张红说:"你做得很好。"转述为:张红说,我做得很好。(3)姐姐说:"你说得对,我就这样做。"转述为:姐姐说,我说得对,她就这样做。(4)王丽丽对何萍说:"我今天要做完这些作业。"转述为:王丽丽对何萍说,她今天要做完那些作业。

讨论归纳2:注意时间的变化。

根据转述时的时间与原初说话者的说指时间的差异,确定转述的"时间"变化。如:(1)丽丽说:"明晚之前我一定要完成这项任务。"转述为:丽丽说,今晚之前她一定要完成这项任务。(2)小军说:"我必须要在今天完成这项任务。"小军说,他必须要在昨天完成这项任务。

讨论归纳3:注意标点符号的变化。

直述句改为转述句,冒号要改为逗号,引号要去掉,再加上句号,并相应改变人称。如前面的例句。

二、创设情境

巩固复习后,下面来做一个转述的训练,呈现PPT上的习题(如下):

赵小刚原定后天上午与李明同学一道去市内花山公园玩,后因另有其他事情而去不了,就请张小丽同学转告李明,顺便问他游玩改在后天下午2点行不行。张小丽因为遇到李明的母亲,就请李明的母亲转达赵小刚的意思,李明的母亲第二天晚上转告了李明。

请四位同学分别扮演赵小刚、李明、张小丽、李明的母亲,转述他们之间的对话。

三、围绕话题、师生互动

1. 引导同学先自己练习一下将上面的话改为转述句,再请同学们回答

巡视检查后,请同学扮演回答,依照前面转述句的规律及时发现问题并给予指正。

教师巡视、学生讨论时,注重在四个方面对学生的转述进行评点:"口语交际"者的语言语音(普通话)、内容(讲究文明礼貌)、听力(领会主要内容)、表达(清楚明白)。

2. 讨论、归纳学生的转述

张小丽遇到李明的妈妈,说:"阿姨,你好,小刚原定与李明后天上午到花山公园玩,因为他有事不能如约,麻烦你转告一下李明,并问他能不能改到后天下午2点再到花山公园去玩。"

第二天晚上,李明的妈妈对李明说:"小明,你原定和小刚明天上午去花山公园玩,小刚托小丽转告我了,说他有事不能如约,问你能不能改到明天下午2点一起去玩。"

四、总结

归纳提醒:重点要注意句中"人的称谓""指称代词""时间"的变化。

此外,还要注意"标点"的变化,以及注意说话指向的身份(阿姨)、语体色彩(妈妈)、态度等是否契合"口语"的色彩。

五、拓展延伸

布置相关作业。

练习题二 分析与解答

口语交际是"口语"的交际,而非"书面语"的交际。其重要特征体现在:言语色彩上的"口语性"和核心价值的"交际性"。所谓"口语性"即说话交流中一定要体现为"口语"而不是"书面语";所谓"交际性"即交流的是眼前面对的现实话题,一定是指向双方的言说和答复,而不是单纯的提问和回答。

口语交际教学的目标是培养学生的口语交际能力,这种能力主要是听说能力,但又绝不是听和说的简单相加,为达到有效交流,它需要考虑交际的对象、语言环境,如身份、场合、时机等因素。

"口语交际"训练的设计要定位于现实生活的"实用",即口语交际的环境必须是现实生活的呈现或再现。因此,构建生活化的交际环境,才是口语交际训练达到实效的有力保证。

一、创设情境

同学们,这节课我们准备进行一次"借东西"的口语交际练习,借什么呢?老师本想画个图,但发现班上好像没有了彩色粉笔,那就以"如何向他人借粉笔"为话题进行一次"口语交际"练习吧!

设问:做事情都要有预想、有准备,那么,在你向别人借东西之前,你觉得应该要有对"问话"的哪些方面考虑呢?

学生讨论、教师了解讨论结果,归纳总结:需要考虑的因素有,到哪里(向谁)借、借的理由、借的数量、借的礼节态度等。

二、交际演练

教师引出话题:教室里的彩色粉笔没有了,刚才一想,老师办公室里也没有了,请哪位同学帮老师到隔壁班级老师那里借几支过来,设问:借粉笔的同学应该怎么和隔壁班级里的老师进行交流呢?

分别请几组同学上讲台,扮演借粉笔的学生和被借的老师,进行"借粉笔"的交流,教师旁边点评。

扮演交流中,可能会有以下的交流语言:

生:李老师(张老师),我想向您借彩色粉笔用一下。

生:李老师好,我们老师想要您的彩色粉笔用一下!

隔壁教师可能的回答:噢,好的,这里正好有。你要借什么颜色的,借多少。

……

教师旁白指正:向别人借东西,想一想要注意什么语气、态度,是不是还要说清楚借东西的品质、数量,等等。

交流、总结:向别人借东西的问句结尾应有"好吗",表示商量的态度;借东西应该用"借"而不用"要",也是一种礼貌;借时需要说清楚具体品质、数量等,否则交代不清楚。

根据指正的要求,请两位同学再演示交流一遍。

分析:文明和谐地进行人际交流,是现代公民的基本素养。本案例的绝妙处是"将计就计",使得"教学"内容与"生活"真实的联系天衣无缝,这样的"口语交际"既真实、又有效。此案例中,还呈现出"口语交际"的四个方面注意点:① 言之有"礼",即语气不生硬,文明得体;② 言之有"物",即有内容,把握对方要点,做出准确判断;③ 言之有"序",即表达要简明、得体、连贯;④ 言之有"节",即简明、清楚、明白。

练习题三 分析与解答

二年级学生尽管已具备一定的口语交际能力,在一定的指导下也会积极地展示自己,但他们未必都能够正确(或准确)地表达清楚自己的想法,这就需要教师在学生交际练习中加以引导。

一、激趣导入

1. 同学们,谁愿意向大家简单地介绍你爸爸、妈妈是干什么工作的?

可能的回答:工人、农民、教师、医生、做生意……

2. 启问:那么你们长大了,将来最想做什么呢?并说明一下原因。

二、小组口语交流

组内交流、轮流发表意见。

生:我长大了想当一名宇航员,觉得探索太空太奇妙了。

生:我长大了想当一名老师,因为老师有丰富的知识,懂得很多东西。

生:我长大后想当一名魔术师,魔术师可以变出各种东西,太奇妙了。

(工人、美容师、演员、模特、设计师、律师、作家、记者、主持人、飞行员……)

师生倾听,及时提醒:说清楚想做什么?为什么想做?归纳出实用的格式:我的理想是(　　　　),因为(　　　　　)。

……

三、问题指正

交流这个话题时,小学生可能会有很多奇特的想法,教师倾听中给予指正。

生:我的理想是做一条狗,因为爸爸长期不在家,我和妈妈每到晚上就不敢出门,如果我变成一条狗,以后妈妈晚上就再也不怕了。

师:(哈哈)你的理想吓我一跳,但听到你后面的补充,老师才知道,你想当的一条"狗"应该是加引号的,你也不可能成为狗的,但一定会成为孝敬妈妈的"忠实狗",好样的。

生:我的理想是做一名警察,因为昨天妈妈的电动车被偷了,我要当警察的话,把这些小偷都抓起来枪毙了!

师:噢,你的理想很现实,也看到了你的疾恶如仇,值得肯定。确实,警察是除暴安良的依靠,但警察也需要依法办事的,可不是你想的那样简单执法的哟。

……

四、总结提升

这节口语交际课,同学们一起畅谈了自己的理想,让老师看到了你们各自的努力追求。尽管你们有些同学的理想有点奇特,甚至不符合事实,但我想,只要你们的理想是真的、善的、美的,那也是值得肯定的,因为只有大家抱有积极的、正确的追求,才会保留奋斗的动力和努力的方向。祝你们心想事成!

分析:这堂口语交际训练的落脚点在:我长大了想做什么?我为什么想要做这个职业?并将"为什么这样想"作为口语交际训练的重点。因为"想做什么"只是结果,如果没有"为什么这样想"的过程补充,就很难对学生的交际内容做出价值判断,这样看,"为什么这样想"比"想做什么"更有意义,因此,教师从"为什么这样想"上对学生口语交际进行训练的设计是准确的。

第六章 习题解析

练习题一 分析与解答

教学过程设计:
一、听读课文,认读字词
1. 引导学生从课文中找出生字词。
2. 重点指导学习生字。
(1) 分别给各汉字注音,指导学生准确拼读。

誉(yù)　　瞰(kàn)　　统(tǒng)　　率(shuài lǜ 多音字)

征(zhēng)　靡(mǐ mí 多音字)　魁(kuí)　　搏(bó)

(2) 引导学生观察字形、推测字义。

在学生观察基础上,教师讲解:"誉"字有形、声部分,上部"舆"本指"车",可引申为承载的意思,下面"言"指言说,这"车"里承载许多的"言论",该是它愿意和希望得到的"美言",承载的"美言"多了,也就是好的"赞美"了,进一步引申,就有"荣誉、赞誉、信誉"等意思。同学们,记住"誉"字了吗?请大家跟着老师再写好这个字。

以下依次讲解:

"瞰":是"目"与"阚"的会意字,"阚"倚门向下看,就又引申指窥伺。

"统":字左边的"纟"本指"丝"和"糸",本义指丝线的头绪,引申出治理、系统、统帅等意思。

"率":字本形为"挛",原指捕鸟的丝网,上下有其竿柄牵连。逐步引申为表示带领、顺着的含义,

"征":由"彳"和"正"两部分构成。"彳"指三胫相连,与行走有关;"正"指

用守一的方式制止某一行为,即行正为征。本义为出征、征伐,引申出征召、征兆、征信等。

"靡":本意指披在身上的衣物随风倒下,引申为浪费、腐烂等。

"魁":右边"斗"是长柄酒勺,依"鬼"声,表示非常大的汤勺、调羹。引申为凡物大的皆曰魁。

"搏":用手索持进而扑打争斗的意思。

(3)指导学生用以上汉字组词。

二、学习"享誉世界、殊死拼搏、惟妙惟肖"等词语

1. 学生认读词语,教师讲解词意。

享誉世界:重点理解"享""誉"的含义,"享"本是祭祀、敬献意,进而为宴用、受用意;享誉世界意为在世界的范围里很有名气、誉满天下。

殊死拼搏:殊,本意死,汉朝时处决死刑犯人的首身分离为殊死。解释为一个人身处困境或危险,即将要死还去努力战斗。

惟妙惟肖:惟,发语词,只是突出某种程度的语气,没有意思。肖:相似。该词形容描写或模仿得非常逼真、非常生动形象。

2. 根据词义的理解,引导学生用以上词语分别造句,根据学生的造句判断掌握的程度。

……

分析:所谓讲解法,即教师通过口头语言向学生解释和说明知识、材料、规定、要求等的教学方法。在当前倡导自主、合作、探究学习方式的时期,讲解似乎成为教师最不敢钟爱的一种教学方式,甚至成为"灌输"的代名词,其实,学生自主、合作、探究的根基在于已有的经验或理解,而讲解是人之经验理解的最直接渠道。要让学生在有限的时空里快速获取某种知识,适时的讲解自然是首先的选择,尤其对于那些"陈述性知识",没有基础意思的了解,学生的自主、合作和探究充其量也是在"暗中摸索"。

小学语文教学中,识记、理解字词属于典型的"陈述性知识",在识记和运用字词前,字义的深入讲解既是必需也是必要。本案的"认字识词"吸收了"字理识字"方法,通过对字源的分析讲解,以强化学生对汉字的理解和识记,此时讲解的意义在于,学生"在具体情境中习得的知识、技能,则因为有个人的体验而保持得更持久,运用得更自如"[①]。这也看出,对于陈述性语文知识的认知和识记,意义讲解是学生获得新知识的最快捷、最适用的方法,效果也

---

① 张心科.教学内容吁求选用适合的教学方法[J].小学教学(语文版),2019(1):9-11.

来得最直接。

其实,不仅仅是"陈述性知识"识记,对于文本内容的理解,有针对性的讲解也是学生自主探究的催化剂。如在某一则教学案例中,学习(美国)诗人狄金森的诗《篱笆那边》:

篱笆那边/有草莓一颗/我知道,如果我愿/我可以爬过/草莓,真甜! /可是,脏了围裙/上帝一定要骂我/哦,亲爱的,我猜,如果/他也是个孩子/他也会爬过去,如果他能/爬过!

教师在引导学生探讨诗的主旨时,有学生认为"写'我'的淘气顽皮",有学生认为"写外界的诱惑力",有学生认为"有什么样的环境,就会有什么的结果"……机智的教师在此增加了一段讲解:

篱笆那边,有草莓一棵,红红的草莓多么的诱人! 谁见了不想去摘下来尝尝呢? 当然这并不是一件为难的事情——如果我愿意,我可以爬过去。可是,翻越篱笆会给自己带来很多麻烦——脏了围裙,上帝都要骂我的。但这又有什么呢? ——如果他也是个孩子,他也会爬过去的。

经过这样一讲解,学生的理解思路豁然开朗:美好事物的获得总是不能阻碍人们进取的步伐,但是,追求美好总是要付出代价的。这里就看出了讲解在教学中的巨大作用!

可见,在全民倡导自主、合作、探究学习的时候,我们对于"讲解"也无须"谈虎色变"。

【板书设计】

秦兵马俑

誉、瞰、统、率　　享誉世界
　　　　　　　　　殊死拼搏
征、靡、魁、搏　　惟妙惟肖

分析:《秦兵马俑》是一篇状物类散文,文章突出描写秦兵马俑的规模宏大、类型众多、个性鲜明的特点,旨在反映中华民族的聪明才智和辉煌历史。根据要求,描绘出兵马俑的宏大、栩栩如生的词语是本文的学习重点,板书自然要围绕着教学内容而设计。

练习题二　分析与解答

现代课堂提倡自主、合作、探究性学习,"提问"自然成为课堂教学的主要手段。之所以要倡导"提问"启发而反对一味地"讲解"灌输,是因为学习本身就应是学生自己的思考、探讨和总结的过程,而不只是教师"传授"的结果,学生的自身体验和提升才是教学的根本目的,否则,"教"只会是教师自己的进步。

不过,课堂教学中的"提问"和生活"疑问"不能混为一谈,两者的区别不在于问之内容而在于问之目的,正如孔子所言"不愤不启,不悱不发","愤"和"悱"才是教学提问的目的所在,因此,具有"启发"意义下的教学提问才是有意义的、有价值的。以此为据,本案中的"提问"至少可看到三方面的价值:

一是重在"兴趣"的引导。如"教学过程一"中的"说说是什么季节的景色?""你觉得这样的景色美吗?你喜欢秋天吗?为什么?"等,这里的提问不仅仅是指向内容的提问,更重要的是指向"兴趣"的提问,"兴趣是最好的老师",这样提问的价值不言而喻。

二是重在能力的培养。语文能力因素很多,这也要求每一次的"提问"不仅要指向某种知识的获得,还应指向学生某种能力的培养。这样理念下的提问,有比没有更有价值,如本案"教学过程四"中的"秋天的雨是多样的,文中写到的秋天的雨又是怎么样的呀?请同学们找出关键句来",这里提问的出发点很明确,旨在训练学生的概括能力。

三是重在拓展迁移能力的培养。教是为了不教,教学的根本目的是培养学生解决问题的迁移能力,那么,如果"提问"仅仅是获得现存的结论,那也只是"较低水平"的提问,高认知水平的"提问"则是培养学生的分析、评价和解决问题的能力,有时候甚至要用"追问"来强化培养学生的迁移能力。如本案"教学过程五"中问及"菊花仙子的多种颜色"时提问:"用一个词语来概述了秋雨的颜色,这词语是什么呢?"(五彩缤纷)进而追问"你还知道跟它意思相近的有哪些词吗?"学生迁移归纳出了"五光十色、五颜六色、色彩缤纷、五色斑斓、万紫千红……"这已经不是孤零零地在理解词语了。再有"在这段景物描写中,我们确实感受到秋雨带来的色彩美,不过,老师觉得秋雨肯定远不止这些色彩,如果是你眼中的秋雨,秋雨还会把颜色给谁呢?咱们学着这段话的表达方法来写一写"的启问,这样的"提问"已经是由引导学生知识理解走向了语言运用了,可谓一举两得。

需要说明的是,本案中看到的都是"正面"效应的"提问",或称之为有效的(或高效的)提问。那么,这必然会有另外一种思考,摒弃"无效"(或"低效")的提问才是"有效"(或"高效")的提问。那么,如何使得教学提问"有效"(或"高效")呢?从内容和方法来看,该问什么、不该问什么,什么时候该问、什么时候不该问,这是最基本的提问原则,在此基础上,才做问题的深度、广度及问题的启发性上的考虑。这里不妨再看看以下案例中的提问:

(1)《大青树下的小学》

提问1：同学们，大青树下小学的周边你看到了什么呀？（鸟语花香、姹紫嫣红、小鸟、蝴蝶、猴子、松鼠、山狸来陪伴）你感受到这是一种什么样的环境啊？（人与自然的友好生活，和睦相处）

提问2：同学们，这样的小学，不仅在大青树下，旁边还有小鸟、蝴蝶、猴子、松鼠、山狸来陪伴，好不好？（有同学就说不好，因为这样的环境下怎么能够看好书啊！问题直接将教师自己带入了死胡同）

(2)《黄山奇石》

提问1：同学们，通过刚才的朗读，大家都找到了黄山奇石所在，谁来说一说，你都找到哪些奇石了？它们"奇"在什么地方？（仙桃石、猴子观海、仙人指路、金鸡叫天都）

提问2：同学们，学习课文后，黄山的奇石多不多啊？课文最后一句话说"那些叫不出名字的奇形怪状的岩石，正等着你去给它们起名字呢！"好的，你们能够给它们起什么名字呢？（这样的提问貌似在思维拓展，但带偏了学生的注意方向）

(3)《少年闰土》

提问1：在闰土月夜看瓜的细节中，少年闰土聪明机灵，可为什么没有刺到猹？（有说是猹皮太滑难刺中，有说是月光朦胧看不清，有说是要表现少年闰土纯真活泼的童趣。这就看出了教师提问的启发性来）

提问2：少年闰土给"我"的童年带来了无穷的快乐，最快乐的事情主要是干什么？（雪天捕鸟，月夜刺猹）教师追问：如果要是今天，让你去捕鸟、刺猹，你是否也非常高兴？（不少学生愕然，怀疑能否捕鸟、刺杀动物？教师是否主动掉进自设的陷阱中……）

(4)《蔺相如》

提问1：蔺相如是真的要将和氏璧撞在柱子上，还是故意吓唬吓唬秦王？为什么？（问题将学生带入更深层次的思考）

提问2：秦王不惜十五城和两国关系而求得和氏璧，蔺相如也不惜自己的生命而保留这颗和氏璧，足见这璧的价值应该非常高，同学们设想一下，这个价值连城的"璧玉"应该要值多少钱？（同学们只能七嘴八舌地乱答，教师设问跑偏）

通过比较以上种种的提问，足以见得：同样的内容，不一样的提问，就会有不一样的效果，有的甚至是相反的效果。

正如有研究者"反对教学中的假对话"一样，对于课堂教学中的"提问"，我们同样反对教学中的"假提问"，因为课堂教学中类似的"假提问"还时常发生。犹如一目了然的三段课文，教师还在问"课文有几个自然段？"教师还没有提出问题就先请学生站起来准备问答；本应该面向全体学生提问的却非要请某一两个同学来回答；等等，这样的"提问"都属于教学中的"假提问"。可见，所有的教学提问，不只是"师问生答"那样简单，而需要教师在提问前就应有着"问题意识"的考虑：问什么内容，什么时候问，该不该问，面向什么层次的学生问，直问还是曲问，正问还是逆问，快问还是慢问……这都是教师在提问前就要考虑到的。

练习题三 分析与解答

这是一则典型的"课堂意外"，随着多元解读观念的深入，语文教学中的这种"意外"越来越普遍。本案中的"意外"，表面看，考验着教师的课堂教学智慧，实质是考查教师的文本解读能力。陶行知"三块糖的故事"是教育管理中的经典范例，而面对具体学科教学的"课堂意外"时，解决的方法似乎显得很狭窄，只能从学科内容来解决。就如《生命桥》中学生对"壮举"理解的"意外"，多数教师是从课文理解差异来解决，再进一步思考，这其中既有着师生解读课文立足点的差异，也有师生审美指向的差异。"立足点"差异指处在某一视角是美的，换到另一视角则可能是丑的；本案中多数师生看到"母（父）爱的伟大"与某一学生看到"猎人的凶残"的差异就在此，这也是不同视角点造成的认知差异。再如前例《大青树下的小学》中，从人与自然和谐相处的角度看其环境是很美的，但从校园周边有鸟叫、蝶飞、猴子、松鼠、山狸的热闹，则又感到这样的读书环境绝不是好的。"审美"差异这里指文学审美与生活审美的差异，也可以理解为文学（艺术）的美不可等同于生活的美，亦如生活美不一定就能产生艺术美、生活中的丑未必就不能产生文学（艺术）美。生活中有人故意砸碎水缸、有人攀爬铁道都是不美的，但在《司马光砸缸》《背影》（朱自清著）中则就是"人性美"。

可见，"课堂意外"并不可怕，可怕的是我们缺少"课堂意外"的应对思考和解决能力。

练习题四 分析与解答

本题考查学生对实际教学中的教育理念的理解和运用，学科教学需要以学科知识为基础，但也要以正确的教育理念做保证，理念不对则教学方法就会运用不当。因此，此题需要从教育理解的角度来解答：

(1) 沈老师的教学行为对新课改理念的把握，表现在以下方面：

① 创设的情境激发了学生的学习兴趣。教学中沈老师让学生自己体会走在雪景里，激发了学生的兴趣，调动了学生参与的热情。

② 践行了以学生为主体的理念。学生是具有独立意义的人,教学中应该尊重学生。沈老师在教学中发挥学生主体参与教学的能动性,引发了学生情感共鸣。

③ 发挥了教师在教学中的主导地位。沈老师在课堂上作为教学活动的领导者和组织者,引导了学生的学习内容,规范和评价了学生学习方向。

总之,在教学中教师应该尊重学生,调动学生的积极性,引导学生参与到课堂中。

(2)沈老师在教学过程中通过以下几个方面发挥了主导作用:

① 沈老师在教学中始终紧扣"雪景感受"引导学生,决定了学生学习的方向、内容、进程、结果和质量,并以能不能"体验"来引导、规范、评价学生。

② 沈老师带领学生感悟,从引读、再读到自己范读,对学生的学习方式以及学习态度发挥了引导示范作用。

③ 沈老师始终相信学生能够读好并能够感悟,对学生个性、人生观的影响有着正面激励引导作用。

④ 沈老师在引导学生悟读的过程中,从无感觉、有点感觉再到有感觉,始终作为学生学习的指导者和学习质量的检查者。

练习题五 分析与解答

教学其实是在尊重学生、理解学生、掌握学情基础上的内容选择和方法运用,本案例中于老师的组织教学是随着学生的掌握情况而设计自己的引导方法。

(1)于老师处理学生朗读文章段落的做法符合教学过程基本规律的要求,同时运用了启发性和直观性的原则,值得学习。

首先,于老师的做法遵循了教学过程中教师主导和学生主体相统一的原则。在充分发挥教师主导作用的同时调动了小鹏的主动性,既没有挫伤学生的积极性,也能因势利导启发其他同学的思考,建立了一个民主平等的课堂氛围。

其次,于老师的做法符合教学过程中启发性原则的要求。在课堂中于老师启发小鹏如何声情并茂地演绎文章段落内容,做到了教学民主,提高学生自觉自主解决问题的能力。

再次,于老师的做法体现了直观性教学原则。于老师用生动形象的肢体语言让小鹏心领神会,尽量利用学生多种感官与已有经验,使学生获得生动的表象,从而全面轻松地掌握知识。

最后,能够根据小鹏的特点,做到因材施教,灵活转变教学思路。教师要遵循规律,善用方法,正确引导,才能更精彩地完成课堂教学。

(2) 教学既是一门科学,又是一门艺术,这是人们的共识。

第一,从教学的主体来看,教学是教师与学生的双向活动,教师和学生都在从事社会实践活动,都在进行艺术创造,表现出艺术天赋。

第二,从教学活动来看,教学在本质上有审美和艺术创造的特点。教学作为人类最高级的实践活动,是科学技术和文化知识的生产和再生产的过程,是培养人、塑造人的特殊实践。教学过程中的一举一动无不体现着教师和学生的艺术创造天赋。这个过程中,教师追求艺术的创造效果,学生渴望得到艺术的享受和表现。

第三,从教学内容看,无论是自然科学还是社会科学,都是真、善、美的统一。所以,教学内容包含审美的因素,具有艺术性。有效的教学不仅可以使学生学到丰富、扎实的学科知识,也可使学生在学的过程中得到艺术的享受。

所以说,教学既是一门技术,也是一门艺术。教师要想形成自己的教学风格,达到艺术化教学的水平,就必须遵循教学技术发展的规律,在熟练掌握教学技术的基础上,不断探索和创新。

练习题六 分析与解答

教学中不怕学生学不好,就怕教师教得错误,本案例中的教师,明显不懂得教学中的"教"和"育"的含义。

(1) 这位老师违背了教学中的启发性原则,正确的学生观应该是尊重学生的个性化理解,保护好学生的"异见",这种尊重和保护表现为注重"引导""指正"而不是"压制"。

新课程背景下的教学,要充分调动学生学习的积极性,激发学生能够主动地学习,以达到对所学知识的理解和掌握。材料中,老师面对学生的疑问没有认真思索,反而随意地以不耐烦的态度对待,严重打击了学生学习的积极性,不利于学生创造性思维的培养。新课程教学强调学生是独特的人,认可学生的差异性,学生从自身的角度提出质疑是合理的,老师应该予以耐心的解答,而不是用一句话来应付。

(2) 问题意识,指学生在认知活动中意识到一些难以解决的、疑虑的实际问题或理论。它在学生的思维活动和认知活动中占有重要的地位,保护和培养学生的问题意识,教师可以从以下方面着手:

首先,构建和创设心理安全区域,给学生以心理上的安全感和精神上的鼓舞,让学生敢问。尽可能给学生多一些思考和活动的空间,多一些自我表现和交流的机会，多一些尝试成功的体验；尊重学生提出的一些意想不到的意见，及时采纳并给予充分肯定。

其次，强化学生主体地位，让学生会问。质疑是学生的内驱力，是探索和创新的源头。课堂上，教师要经常诱导和启发学生改造、重组和重新解释自己的经验知识，并且使学生在这个过程中不断发现尚未解决的问题。

最后，改变学生学习方式，让学生善问。教师应依据学生的认知水平精心设计教学的各个环节，为学生提供充足的、典型的、完整的感性材料，让学生自己操作、实践，学会学习；在探索、合作中发现问题。

第七章 习题解析

练习题一 分析与解答

本题是文献资料综述题。所谓文献综述，是指在广泛占有和阅读某一问题研究文献的基础上，对该研究领域的研究现状（包括学术观点、前人研究成果和焦点问题等）、发展前景等内容进行综合分析、归纳评论，并提出自己的见解或研究思路的一种文体。文献综述要有对先前文献研究观点的综合整理、陈述，还要有自己的认识、评析和归纳，而不能只是已有研究资料的"堆砌"。可见，文献综述需要占有大量文献资料并进行有选择的概述。综述文献一般有两种目的：一是整理和归纳前人的研究成果，二是为进一步的深入研究做准备。本题旨在考查学生对文献资料的收集能力和概述规范。如下解答可做参考：

语境，简单地说就是言语理解和表达的环境。早在公元前300多年，逻辑学家亚里士多德（Aristotle）曾在《工具论》中提到词语的意义依赖于其出现的不同语境，不过他当时并没有把"语境"这一概念特意提出来加以论述。

将语境正式当作一个逻辑学或语言学的问题来研究，始于20世纪。1904年，美国哲学家皮尔斯（Peirce）提出了指示符号（indexical signs）概念，并强调这些提示词素一旦离开具体的语境便无法确定其所指。

1923年，波兰人类学家马林诺夫斯基（Malinowski）在《意义的意义》中把"语境"分为"情景语境""文化语境"两类，认为如果没有语境，词就没有意义，什么也不能代表，话语也只有在情景语境中才有意义。马林诺夫斯基被学术界认为是最早提出"语境"一词的人,并为后来的研究提供了方向。① 此后,1951年,英国语言学家弗斯(Firth)继承并扩展了马林诺夫斯基的语境理论,认为语境并不单指上下文语境,主张将"语言"视为一个社会过程,他说:"在语言出现的环境中人们所从事的活动之外,整个社会环境、文化、信仰,参与者的身份、经历以及参与者之间的关系等都构成语境的一部分。"② 并提出"语义存在于语境的观点"。1964年,另一位英国语言学家韩礼德(Halliday)也在马林诺夫斯基的基础上,提出了"语域"概念,即话语的方式、话语的范围和话语的风格,三者综合组成话语的情境语境,与"文化语境"互补。1965年,美国社会语言学家费希曼(Fishman)提出了"语义场"的概念,即"受共同行为制约的社会情境,包括地点、身份和主题"。1968年,美国社会学家海姆斯(Hymes)再发展语境学说,认为话语的形式和内容、背景、参与者、目的、音调、交际工具、风格和相互作用的规范等因素构成了语境。③ 他指出:人们进行社会交际时,要有在一定的时间、地点、场合说出相应恰当话语的能力,即"交际能力"。人们说话既要符合语言规则,又要适应言语环境。1977年,英国语言学家莱昂斯(J. lyons)认为,语境是一个理论概念,语境的因素是语言学从具体的情景中抽象出来的。他认为要正确判断话语是否适合具体语境,说话人必须具备一定的知识,这些知识即构成了语境。④

20世纪80年代,从特定的言语环境下研究语境的语用学兴起。产生的最有代表的两部专著有:英国语言学家莱文逊(Stephen Levinson)的《语用学》(1983年),法国学者斯珀波(D. Sperber)和英国学者威尔逊(D. Wilson)合著的《关联:交际与认知》(1986年)。《语用学》指出传统的语境参数应该包括某一文化背景下的社交原则和人类共同的社交原则,提出了语境相对性的概念。《关联:交际与认知》提出"认知语境",即存在于听话者大脑中的一系列假设,构成一个人的"认知环境",它对话语理解起主要作用的是构成听话人认知语境的一系列假设,而不是具体的情景因素。交际者要以语境为基础,努力使自己的言语行为符合相应的语境,因此,语境不是听话人在话语理解之前预先确定的,而是在话语理解过程中不断选择的结果。⑤

---

① 胡壮麟. 语篇的衔接与连贯[M]. 上海:上海外语出版社,1994:1-3.
② 索振宇. 语用学教程[M]. 北京:北京大学出版社,2014:17.
③ 索振宇. 语用学教程[M]. 北京:北京大学出版社,2014:18.
④ 谭弘剑,刘绍忠. 近年来国外语境研究综述[J]. 四川外语学院学报,2002(6).
⑤ 蓝岚. 国外语言学界语境研究概述[J]. 安徽农业大学学报(社会科学版),2004(5).

90年代后,语用研究进一步深入,1999年,比利时人维什尔伦(Verschueren)出版《理解语用学》(Understanding Pragmatics),把语境划分为交际语境和语言语境。他认为语境不是静态存在的,而是动态生成的。语境会顺应着交际过程的发展而不断发展更新,而不是在交际发生前就给定的。同时交际者在言语交际中不仅能够能动地适应语境,选择适合的语言,也可以根据交际意图有目的地建构和操纵语境。

尽管各家对语境的内涵看法各有异同,但总的概念却没有大的相悖。参考国外语言学家的论述,对语境最简易的理解就是:语境就是使用语言的环境。

练习题二 分析与解答

十八大以来,我国坚持"把立德树人作为教育的根本任务"。作为教师,了解"立德树人"内涵,也就是要了解"培养什么人"及"怎样培养人"的问题,这对深化教育理念,落实国家教育方针具有战略意义。教育宗旨"立德树人",自古有之,但"立何德""树何人",有着时代差异。本题考证"立德树人"概念,既要溯求其本源,更要结合时代需求以认识"立德"与"树人"之关系。

在我国传统语汇中,"立德""树人"是各自独立存在的词汇。"立德",出自《左传·襄公二十四年》,"太上有立德,其次有立功,其次有立言,虽久不废,此之谓三不朽"。"树人",《管子·权修》中提道:"一年之计,莫如树谷;十年之计,莫如树木;终身之计,莫如树人"。《辞源》将"立德"解释为"树立德业",把"树人"解释为"培植人才"。①

关于"立德"与"树人"之间的关系,《管子·心术》中论:"德者道之舍,物得以生,生知得以职道之精。故德者得也。得也者,其谓所得以然也。"《资治通鉴·周纪一》中论:"才者,德之资也;德者,才之帅也。"可见,"德"是"得"的前提,只有"立德"才能"树人";"立德为先,树人为重","树人"是目的和归宿,立德也是为了树人。

至于"立"什么"德"、"树"什么"人",不同时代则有不同标准。新时代把立德树人提升到国之大器、党之大计的高度予以对待。关于所立之德,习近平总书记2014年5月4日同北京大学师生座谈时提出过:"一个人只有明大德、守公德、严私德,其才方能用得其所"②。这里的"明大德"指要铸牢对国家

---

① 广东、广西、湖南、河南辞源修订组,商务印书馆编辑部.辞源[M].北京:商务印书馆,2009:2550,1781.

② 习近平谈治国理政[M].北京:外文出版社,2014:173.

和民族的情感,"守公德"指应该遵守的道德规则,"私德"指作为个人的品质道德。关于所树之人,归根结底是要培养担当民族复兴大任的时代新人,即要成为"求真学问,练真本领,更好为国争光、为民造福"的人。①

人不应该只是为生活而活着,更应该怀有诗意地栖居于大地之上。所以,我们认为新时代的"立德树人",还应该保留一份"审美情怀"。

练习题三 分析与解答

随着技术革命变革和信息时代的来临,教育正经历着从"教"到"学"的范式转型。何谓"范式"?最早提出"范式"的是美国科学史学家托马斯·库恩(Thomas S. Kuhn),1962 年,他在《科学革命的结构》中解释:"范式代表着一个特定共同体的成员所共有的信念、价值、技术等等构成的整体。"即"范式是共有的范例"②。依此理论,教育界的共有价值、技术范例呈现"授受范式""导学范式""对话范式""认知范式""情境范式""教学范式""学习范式"等多种范式。本题解构"学习范式"的特点,对转变教师教育观念,改进教学方式具有重要意义。

"学习范式"是美国教育研究专家的巴尔(R. B. Barr)和塔戈(J. Tagg)1995 年提出的,③是与传统"授受范式"相对应、相区别的概念与理论。我国教育改革以来,信奉这一理论的人越来越多,但对其称名并没有统一:欧洲学生联合会称之为"以学生为中心的学习"④;国内学者赵炬明称之为"以学生为中心"⑤、贺武华称之为"以学习者为中心"⑥。与传统"授受范式"相比,"学习范式"具有下列三个特点:

1. 强调学生的主体地位。传统的"授受范式"将教师看作中心,"学习范式"是将学生作为课堂的主人,它相信每个学生都有成功的潜力,每个人都可以创造自己的成功。"学习范式"下教师的主要任务是协助学生学习。

2. 强调学习过程中"学"的产生,关注学习过程中学生是否获得独特体验

---

① 习近平在北京大学师生座谈会[N]. 人民日报,2018-05-03(02).
② 托马斯·库恩. 科学革命的结构[M]. 北京:北京大学出版社,2003:157,168.
③ 刘海燕. 向学习范式转型本科教育的整体性变革[J]. 高等教育研究,2017(1):49-54.
④ 魏丽娜."以学生为中心的学习":欧洲高等教育内部质量管理框架及其思考[J]. 重庆高教研究,2019(3):119-126.
⑤ 赵炬明. 论新三中心:概念与历史——美国 SC 本科教学改革研究之一[J]. 高等工程教育研究,2016(3):35-56.
⑥ 贺武华."以学习者为中心"理念下的大学生学习力培养[J]. 教育研究,2013(3):106-111.

和收获。学习既是过程,也是结果;既是手段,也是目的;既是个人行为,也是集体努力。而这正是"授受范式"所忽视的。

3. 更加关注学生的学习效果。传统的"授受范式"很少关注学生学到了什么,学得怎么样,而对教师"教"的效果给予更多关注。"授受范式"下的评课常关注的问题为:有没有完成教学任务?是否达到了教学目标?"学习范式"却不同,它要求教师时刻关注课堂学习的生成,关注学生把握学习内容的程度,关注学生学习方法的掌握情况,关注学生运用知识的有效性。

练习题四 分析与解答

新的教育理念认为"教学就是对话",那么,课堂教学就应该是对话式教学,即理论上的"教学对话",但本题需要学生能够辨别:对话式教学总是有"教学问话"(或教学提问),但"教学问话"未必都是"教学对话",主张对话式教学即主张教学一定要有着"教学对话"的品质,而不是仅仅有"教学问话"。于此,本题的回答思路可如下:

对话式教学相较于传统的授受式教学,具有调动学生自主学习、激发学生学习兴趣、培养学生创新思维的作用。但是,正确理解对话式教学,需要注意以下几方面:

第一,做好课堂教学中的对话生成与依本定教的协调。时下,一些教师认为,新课程下的语文课堂主张对话教学,注重动态生成,因而课前的教学设计越简单越好,甚至不用备课。于是,脱离文本、任意生成的教学在课堂上屡见不鲜。[1] 其实,虽然对话教学反对依教材教教材,但也不是一味地追求脱离文本的漫无边际的生成。对话式教学应该是依据教材内容的学习交流。

第二,要分辨和摒弃教学中徒有对话形式的"假对话"。当交流和互动成为课堂教学的主流时,有些教师生怕自己的教学被人评价为"教学灌输",也便为了"对话教学"而创造"师生问话",以致"假对话"泛滥成灾。如,"师问:《小马过河》在课本多少页?这篇课文总共多少段?"(无意义的问话)"师问:学习了《董存瑞舍身炸暗堡》,你们最崇拜的是谁?你们猜,老师最崇拜谁?——学生答:老师最崇拜董存瑞。"(掩盖真实意图的对话)[2]"师问:学习了《富饶的西沙群岛》,你们觉得美吗?想不想去旅游参观?好的,下面我们探讨一下旅游的线路。"(游离主题的对话)可见,教学中是需要问话、提问,但

---

[1] 别文录. 莫让生成迷住眼[J]. 河南教育,2006(2):38-39.
[2] 刘徽,李冲锋. 警惕语文教学中的"假对话"[J]. 教学月刊(中学版),2004(6):19-20.

并不是有了问话、提问那就是对话式教学。真正的对话式教学应该具有教学对话的品质,即问话的问题应具有启发性甚至挑战性。只有那些能够引起学生深入思考甚至引发学生沉默思考的提问才具有对话的品质,那样的问话才会是真对话。如,"学习了《乌鸦喝水》之后,师问:同学们想一想,这乌鸦为什么不飞远处找水而非要喝到眼前的瓶子里的水,这又给你什么启发和思考呢?"此问题既依据文本,又超越课文,具有对话的品质。

第三,教师要创设和保持对话式教学的条件。对话式教学既需要教师的教学准备,更需要教师创设对话条件,这里的条件包括:(1)依据巴赫金的对话前提条件,对话者之间要有差异性、未完成性和社会性。① 即没有差异性、未完成性的对话则是重复多余,没有社会共性的对话则是话不投机。(2)依据弗莱雷的对话前提,对话式教学需要师生之间的平等、关爱、谦逊、信任、希望和批判思维。② 即只有平等互信才有沟通交流,在压迫的情境下不会有真话。(3)依据海德格尔的前有、前见、前设,对话的双方需要有一定的文化背景、传统观念、风俗习惯、知识水平等等③,否则,对话就是对牛弹琴。

除此之外,要做好对话式教学,还需要执教者课前认真备课,准备好"学习目标""主问题支架""概念支架""活动支架""教学媒体"等方面的预设,讲求预设的系统性与技术性,这就既能避免语文课堂对话的"无效生成",又保持适度的开放性,给具体对话内容、教学过程以及对话中的师生具体行为留下极大的弹性生成空间,保障对话式语文课堂"焕发生命活力"。④

---

① 李冲锋. 语文教学范式研究[M]. 北京:华龄出版社,2006(11):174-176.
② [巴西]保罗·弗莱雷. 被压迫者的教育[M]. 上海:华东师范大学出版社,2001:39-41.
③ 张汝伦. 意义的探究——当代西方释义学[M]. 沈阳:辽宁人民出版社,1986:150.
④ 赵年秀. 新课改视野下语文教学设计规范的反思与重建[J]. 教育测量与评价(理论版),2012(5):27-30.

参考文献

[1] 中华人民共和国教育部:《全日制义务教育语文课程标准(实验稿)》,北京师范大学出版社,2001年

[2] 周庆元:《语文教育研究概论》,湖南人民出版社,2005年

[3] 朱绍禹,庄文中:《本国语文卷》,人民教育出版社,2001年

[4] 倪文锦:《初中语文新课程教学法》,高等教育出版社,2003年

[5] 王文彦,蔡明:《语文课程与教学论》,高等教育出版社,2002年

[6] 巢宗祺:《全日制义务教育语文课程标准解读》,湖北出版社,2002年

[7] 倪文锦:《高中语文新课程教学法》,高等教育出版社,2004年

[8] 董小玉:《现代写作教程》,高等教育出版社,2000年

[9] 周庆元:《语文教学设计论》,广西教育出版社,1996年

[10] 王荣生:《语文科课程论基础》,上海教育出版社,2003年

[11] 张良田:《语篇交际原理与语文教学》,湖南师范大学出版社,2003年

[12] 倪文锦,欧阳汝颖:《语文教育展望》,华东师范大学出版社,2002年

[13] 中外母语教材比较研究课题组:《中外母语教材选粹》,江苏教育出版社,2000年

[14] 傅道春:《教学优秀案例分析——教师行为研究》,教育科学出版社,2001年

[15] 韩雪屏等:《语文教学技能训练》,高等教育出版社,1999年

[16] 雷玲:《听名师讲课》(语文卷),广西教育出版社,2004年

[17] 王麦喜:《〈黄河,母亲河〉综合活动课教学设计及反思》,语文建设,2004年第1期

[18] 施良方,崔允漷:《教学理论:课堂教学的原理、策略与研究》,华东师范大学出版社,1999年

[19] 周庆元:《中学语文教学原理》,湖南教育出版社,1992年

[20] 邵瑞珍:《教育心理学》(修订本),上海教育出版社,1997年

[21] 韦志成:《作文教学论》,广西教育出版社,1998年

[22] 瞿葆奎等:《教育学文集·教育评价》,人民教育出版社,1989年

[23] 王文彦 蔡明:《语文课程与教学论》,高等教育出版社,2002 年

[24] 吴清山等:《班级经营》,台湾心理出版社有限公司,1994 年

[25] 裴娣娜:《教育研究方法导论》,安徽教育出版社,2000 年

[26] 叶澜等:《教师角色与教师发展新探》,教育科学出版社,2001 年

[27] 李秉德:《教育科学研究方法》,人民教育出版社,2001 年

[28] 宋虎平:《行动研究》,教育科学出版社,2003 年

[29] 顾书明:《中小学教育科研方法》,中国矿业大学出版社,2000 年

[30] 王松泉等:《语文教学概论》,高等教育出版社,1999 年

[31] 张隆华:《中国语文教育史纲》,湖南师范大学出版社,1991 年

[32] 张隆华,曾仲珊:《中国古代语文教育史》,四川教育出版社,1995 年版

[33] 李杏保,顾黄初:《中国现代语文教育史》,四川教育出版社,1997 年版

[34]《叶圣陶语文教育论集》,教育科学出版社,1980 年

[35]《朱自清论语文教育》,河南教育出版社,1985 年

[36]《吕叔湘语文论集》,商务印书馆,1983 年

[37] 张志公:《传统语文教育初探》,上海教育出版社,1962 年

[38]《段力佩教育文集》,上海教育出版社,1982 年

[39]《魏书生文选》,漓江出版社,1995 年

[40] 于漪:《我和语文教学》,人民教育出版社,2003 年

[41] 黎利云:《吾爱教学——张楚廷"五 I"课程哲学的理论与践行》,中国发展出版社,2019 年

[42] 皮连生:《小学语文教学设计与实施》,华东师范大学出版社,2018 年

[43] 蒋蓉等:《小学语文教学设计》,高等教育出版社,2016 年

[44] [美] R. M. 加涅著 皮连生等译《教学设计原理》,华东师范大学出版社,1999 年

[45] [美] 小威廉姆 E. 多尔著,王红宇译:《后现代课程观》,教育科学出版社,2000 年

[46] 李白坚:《题型写作教学法》,中学语文教学,2002 年第 1 期

[47] 周庆元:《承传与创新:语文教育改革的哲学思考》,湖南教育,2006 年第 2 期

[48] 高万祥:《当前语文教改讨论综述》,辽宁教育,1999 年 Z1 期

[49] 童庆炳:《语文教学与人的建设》,课程·教材·教法,1999 年第 5 期

[50] 陈钟梁:《成绩与问题》,中学语文教学,2000 年第 3 期

[51]钟启泉:《文本与对话:教学规范的转型》,教育研究,2001年第3期

[52]刘正伟:《杜威教育哲学与胡适语文教学观》,淮阴师专学报,1996年第3期

[53]刘正伟:《别求新声于异邦——留学生与现代语文教育改革》,中学语文教学参考,1998年12期

[54]陈本源:《论胡适对国文"教授法"的构想——20世纪中国语文教育史散论(其二)》,苏州教育学院学报,1999年第4期

[55]陈本源:《梁启超的语文教育观——20世纪中国语文教育史散论(其四)》,苏州教育学院学报,2000年第2期

[56]胡国枢:《陶行知——杰出的中华本土教育家(上)》,生活教育,2006年第3期

[57]张颖:《朱自清语文教育思想研究综述》,临沂师范学院学报,2003年第5期

[58]余应源:《向周学敏潘凤湘老师学习授之以渔》,中学语文教学,2006年第1期

[59]余应源:《由鱼到渔》,中学语文教学,2006年第1期

[60]任小艾:《斯霞长子的回忆:慈母和恩师——访斯霞老师的长子孙复初教授》,人民教育,2004年Z1期

[61]杨再隋:《一代师表霍懋征》,语文教学通讯,2005年第4期

[62]赵年秀:《语文教材言语技能训练型单元结构新构想》,当代教育论坛,2005年第1期

[63]赵年秀:《论李白对送别诗的创新》,湖南科技学院学报,2005年第3期

[64]赵年秀:《对中学语文教材写作训练方案的跨文化比较与思考》,写作,2005年第1期

[65]赵年秀:《语文教材单元结构设计策略新探》,人大复印报刊资料中学语文教与学,2004年第3期

[66]赵年秀:《文学教育教材单元结构新构想》,湘南学院学报,2005年第3期

[67]崔允漷:《基于课程标准:让教学"回家"》,内蒙古教育,2017年第5期

[68]崔允漷:《指向学科核心素养的教学即让学科教育"回家"》,基础教育课程,2019年第2期

[69]赵年秀《小学语文教学设计》在线开放课程。网址:http://mooc1.xueyinonline.com/course/template60/202255241.html

后 记

在某种意义上，本成果不单属于个人，还与两个团队项目关联着：一个是笔者领衔的长沙师范学院小学教育专业建设团队，本著作系该专业成为教育部"双万计划"一流专业建设点后在课程建设方面取得的一项重要成果；另一个是潘天正教授领衔的合肥幼儿师范高等专科学校小学教育专业教学团队，该团队系安徽省2018年高等学校省级质量工程项目立项建设的高水平教学团队，本书也属该教学团队建设的成果之一。

作为一本基于OBE(Outcome-Based Education)理念探索教学改革问题的著作，本书的创造性与开拓性主要表现在两个方面。

一是初步形成了关于小学语文教学设计的理论体系并实现了一个"转变"：变传统的重知识传授为重分析思辨、重理念重建及重"理解—应用—分析—评价"等高阶能力培养。

二是初步建构了一个服务于学习者能力形成的实践体系并导引学习者解决若干难题：如梳理教材分析与学情分析具体策略、教学内容确定方法、教学程序设计窍门、板书设计要诀与教案编写规则，编写高匹配于理论的成套设计样例及习题解析。

本书是多轮教学改革探索与实验后的成果，适宜普遍推广。2019年3月，五位小学一线教师经我授权，分别依据本书中的《学写提示语》《转述》《学写"睁挣净"》《规劝》《学习音序查字法》五个案例施教并拍成微课视频参加第二届"语文报杯"全国语文微课大赛，4人获特等奖、1人获得一等奖。

自 2002 年以来笔者一直坚持应用对话理论、语境理论、交际信息学及加涅的教学设计原理探讨语文教学设计与实施的种种问题,同时注重实验研究、行动研究与实践反思,形成了数量比较可观的阶段性成果。本书便是笔者在十多年前期研究基础上的集大成之作,顺应着教师教育改革与基础教育发展的大潮。

本书撰写过程中,理论部分与习题解析部分中引用了斯霞、袁瑢、霍懋征、王崧舟、吴琳、曹爱卫与张敏华等众多特级教师的有关课例,也参考了大量时贤的观点,还吸纳了团队朋友与优秀学子们的宝贵建议。在此,对各位学者和学子们一并表示崇高敬意与衷心感谢!

赵年秀
2019.8